MW01178151

Henri Stierlin

Fotos: Anne y Henri Stierlin

El Islam

Desde Bagdad hasta Córdoba

Las edificaciones de los siglos VII al XIII

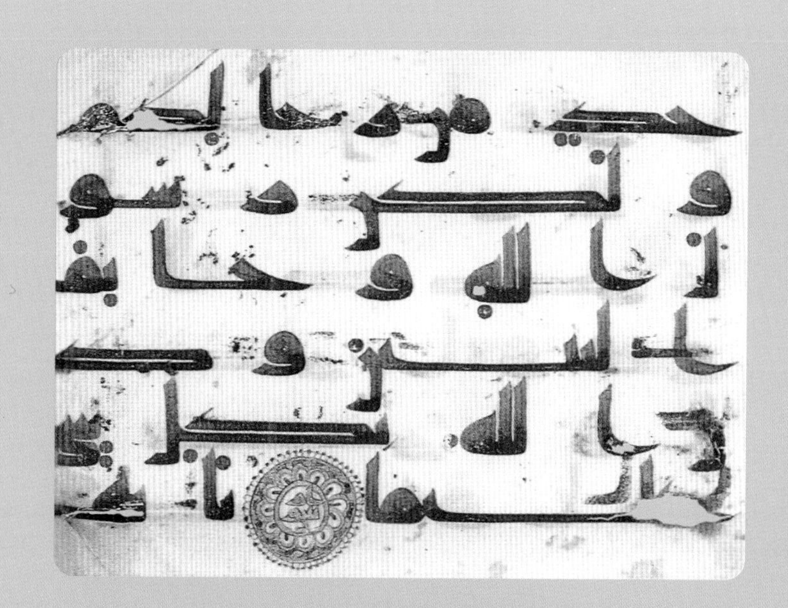

TASCHEN

KÖLN LISBOA LONDON NEW YORK PARIS TOKYO

Página 3
Una hoja de un Corán del siglo IX con escritura cúfica muy estilizada: la palabra del Profeta domina el pensamiento y la arquitectura del Islam.

Página 5
Caja de marfil cincelado que data del 946, adornada con figuras de pavos reales y gacelas entre arabescos, procedente de Zamora. Dinastía de los Omeyas de Córdoba.
(Museo arqueológico, Madrid)

Hohenzollernring 53, D-50672 Köln

Dibujo y paginación: Marion Hauff, Milán
Portada: Marion Hauff, Milán; Angelika Muthesius, Colonia
Traductores: Felicita Di Fidio; Rafael Claudin

Printed in Italy
ISBN 3-8228-8024-8

Sumario

الله اکبر دیدی اندن اول مسلمانلر دخی بیله
دیدیلر چونکم مکه قومی بو حالی کوردلر ینه بیر مسلمانلره
صوردلر ایتدلر کم بو نه حکایت دور دیدلر اول مسلمانلر
ایتدلر وقتین کم نماز وقتی ایرشسه بلال چقار

Introducción

Los orígenes del Islam

La llamada a la oración
Según la tradición, el primer almuédano, en tiempos de Mahoma, fue un negro llamado Bilal. Encaramado sobre la Kaaba de La Meca, lanzaba su llamada para convocar a los fieles a las cinco oraciones diarias, prescritas por el Corán. Miniatura del «Siyer i-Nebi», o «Vida de Mahoma», manuscrito turco que data del siglo XVI. (Biblioteca de Top Kapi, Estambul)

Tanto si evocamos la Cúpula de la Roca en Jerusalén, la mezquita de los Omeyas en Damasco, la mezquita de los Aglabíes en Kairuán o la Gran Mezquita del Califato de Córdoba, todas estas obras maestras del primer arte árabe manifiestan la fastuosidad del Islam clásico.

La eclosión en Arabia, en el siglo VII de nuestra era, de la tercera de las grandes religiones con Escritura, tras la predicación del Profeta Mahoma en La Meca y Medina, es un acontecimiento que revoluciona el mundo tardoantiguo. Poco después de la muerte del fundador del Islam, y basándose en los suras del Corán, las tribus árabes extienden la fe musulmana: lanzan sus escuadrones al asalto de las dos grandes potencias –la bizantina y la sasánida– que entonces se disputaban el Oriente Próximo.

Al igual que los Sasánidas de Persia, los Bizantinos, dueños del Imperio cristiano de Oriente, son derrotados. Sus ejércitos se vienen abajo ante los camelleros y jinetes surgidos del desierto de la península arábiga. En unas décadas, los recién llegados ocupan inmensos territorios. Un siglo después del comienzo de la expansión musulmana, los califas reinan sobre un imperio que va desde el Atlántico y desde España hasta las puertas de China. El mundo sasánida se ha eclipsado, y Bizancio ha perdido gran parte de sus posesiones en Oriente Próximo y en el Mediterráneo. La afirmación del Islam reúne bajo la bandera verde del Profeta a millones de hombres que instauran un orden mundial inédito.

A esta nueva religión le corresponden evidentemente unos cultos y unos rituales nuevos, que exigen unos edificios particulares. A partir del modelo que crea Mahoma en su propia morada, en Medina, se elabora la forma de la mezquita. Se trata de un lugar de oración original que responde a las necesidades de los creyentes musulmanes y constituye un centro de reunión muy concreto. La mezquita conocerá infinitas variantes bajo las latitudes y los climas más diversos. Los alzados se multiplicarán a finales del siglo VII, para dar vida a una arquitectura grandiosa. Porque crea unos espacios sin igual; porque constituye una profunda innovación en el arte de construir; porque proporciona a la civilización islámica un prodigioso instrumento de expansión religiosa y de meditación colectiva.

Es la expansión de este arte en el mundo árabe, durante los seis primeros siglos de la hégira –es decir, hasta el fin del imperio de los Abasíes de Bagdad en 1258–, lo que constituye el objetivo de nuestro estudio. Vamos a precisar, de entrada, que aquí sólo han sido tomadas en consideración las obras nacidas en los territorios donde se habla el árabe (lengua del Corán). Por tanto han sido excluidos de este volumen el mundo de Persia (que habla el *farsi*), las regiónes turcófonas, y en particular Anatolia, así como los principados de la India. Todos estos territorios, como también los monumentos árabes construidos después de la mitad del siglo XIII, serán objeto de estudios posteriores.

A pesar de estas limitaciones, nuestra «Arquitectura del Islam clásico» cubre un área inmensa, que va desde Bagdad hasta Andalucía, desde Siria hasta Arabia, y desde Sicilia hasta Túnez y el Magreb. Engloba el califato de los Omeyas, el de Damasco y posteriormente el de Córdoba, el de los Abasíes de Bagdad y de Samarra, así como

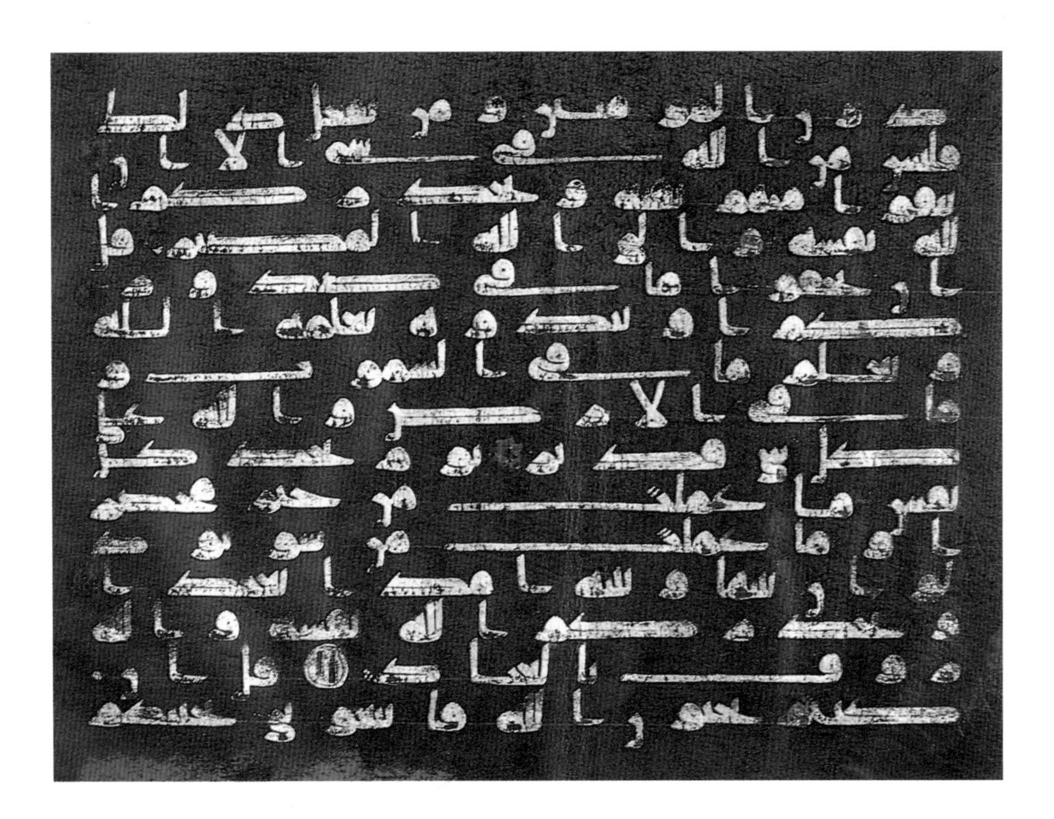

Las palabras del Profeta
El libro sagrado del Islam, el Corán, que recoge las enseñanzas de Mahoma, ha sido objeto de un especial esmero por parte de los calígrafos musulmanes. Esta hoja con fondo azul está redactada en escritura cúfica y data del siglo IX de nuestra era. Esta grafía, muy estilizada y geométrica, es característica de los primeros siglos del Islam.

una serie de dinastías locales: los Aglabíes de Kairuán, los Tuluníes de El Cairo, los Fatimíes y Ayubíes que dominaban Egipto y Siria, los Almorávides y Almohades de Marruecos y de España, etc., sin contar con las zonas de influencia, como el Palermo de los Normandos, o las sinagogas de Toledo que adoptan el «estilo» árabe.

Fuentes preislámicas

El poder árabe no surge de la nada por un golpe de gracia a la llamada del Profeta: un largo pasado pre-islámico había dado a la Península Arábiga una historia que sigue siendo poco conocida, aunque jalonada por los vestigios de civilizaciones complejas. Con una extensión tan grande como la de cinco o seis veces España (3 millones de km^2), pero relativamente poco poblada debido a la presencia de grandes extensiones desérticas, Arabia se extiende entre el mar Rojo y el golfo Pérsico. Limita al norte con Mesopotamia. Su masa compacta presenta al sur unas cadenas montañosas que hacen de protección contra los vientos del monzón procedente del océano Índico. El Yemen, el Hadramaut y el territorio de Omán, son regiones lluviosas y favorecen una existencia sedentaria. Aquí se practica una agricultura sobre terrazas en los *djébels*. Los valles son fértiles y facilitan las instalaciones hidráulicas: embalses y canales de riego. Por otra parte, en los oasis que salpican el desierto –donde crecen las palmeras de dátiles– las tribus llevan una vida semi-nómada desplazándose en busca de pastos para sus rebaños. Esta forma de vida jalonada por las lluvias irregulares de los territorios esteparios es opuesta a la de los agricultores del Sur, cuya actividad está marcada por las estaciones.

Fundada, según la tradición, por Abrahán
Centro del mundo islámico, la Kaaba, en La Meca, es el polo hacia el cual se dirigen todos los lugares de oración musulmanes del mundo: el *mihrab* de todas las mezquitas indica la dirección de la Piedra Negra, hacia la que se prosternan los fieles. La Kaaba, además, es objeto de la peregrinación ritual que un musulmán piadoso ha de cumplir al menos una vez en la vida. Aquí se lleva a cabo el rito de la circunvalación, rito que perpetúa un culto pre-islámico.

Entre estas dos clases de población, las tensiones son siempre muy fuertes. Pero la prosperidad de los sedentarios –que ocupan pueblos fortificados en la montaña, donde practican la agricultura y cultivan arbustos que producen el incienso– tiene como contrapartida la movilidad de los semi-nómadas. Éstos disfrutan de las ventajas del comercio a gran distancia, transportando en sus caravanas los preciosos aromas hasta los puertos del Mediterráneo.

Las poblaciones del Hedjaz –en el centro de Arabia– se especializan en este comercio a través del desierto. Conseguido el control de los intercambios por tierra y por cabotaje, los marineros árabes se lanzan a la navegación de alta mar. Aprovechando las grandes corrientes del monzón descubierto por el legendario Hipalos,

Paisaje de Arabia
Las extensiones de arena de los desiertos arábigos están a menudo rodeadas de cadenas montañosas. Entre estos territorios desolados, unos cuantos oasis jalonan con sus verdes palmeras la inmensidad árida. Para proteger a los sedentarios y recolectores de las razias de los nómadas, el hábitat de tierra adquiere carácter de fortaleza.

Las montañas del Yemen
Al sur de la península arábiga, el Yemen y el Hadramaut presentan sus paisajes montañosos que reciben las lluvias de monzón del océano Índico. Los habitantes han hecho aquí un fantástico trabajo de acondicionamiento del territorio para la construcción de terrazas destinadas a los cultivos.

aprenden a hacer el trayecto, a través del océano Índico, entre los puertos de Leuké Komé, en el mar Rojo, y de Adén, y la costa de Malabar, en la India, regresando cuando los vientos dominantes cambian de dirección. De este modo, Arabia se convierte progresivamente en un centro de intercambios entre Oriente y Occidente.

Las etapas del desarrollo

Durante la prehistoria, Arabia tenía un clima más templado y estaba mejor regada que hoy. Pero sufrió, como el Sahara, una progresiva sequía («desertización») que condujo a los pueblos del neolítico a desplazarse hacia las zonas donde las lluvias del monzón permitían mantener una agricultura y hacia los oasis diseminados por el desierto que ofrecían pasto para su ganado.

A pesar de que no ha habido excavaciones sistemáticas ni se han hecho investigaciones lo suficientemente numerosas como para permitirnos reconstruir la prehistoria de la región, a partir de la edad del bronce constatamos la presencia de sepulturas en forma de *tumulus* con cámaras funerarias en su interior. «La Isla de los Árabes» estaba entonces en contacto con las grandes civilizaciones que la rodeaban: la de los Faraones al noroeste y la de Mesopotamia al nordeste. Los documentos atestiguan que los pueblos de la península hablaban una lengua semítica emparentada con el acadio. Su primera referencia que tenemos entre los egipcios se remonta al 2100 antes de nuestra era, y se basa en las relaciones comerciales que mantenían con los árabes a fin de obtener el incienso, un producto precioso, necesario para los cultos y para el proceso de momificación. La búsqueda de los «aromas» es el motor de estos contactos.

En el siglo IX a. C., los Árabes son mencionados en los textos asiro-babilónicos, que relatan los combates entre camelleros árabes y tropas asirias. Los príncipes de Saba –la Biblia habla de su reino que comercia con Salomón, hacia el 950 a. C.– pagan tributo a los soberanos de Nínive. Para conquistar Egipto, Cambises se alía con los

Las casas-torres del Sur de Arabia
La fertilidad de las tierras montañosas del Sur de la península suscita codicias. De modo que ha sido necesario hacer de cada casa una plaza fuerte. Ante el menor peligro, los habitantes se refugian aquí con sus bienes.

El arte de los Nabateos
Antes de los albores de nuestra era, en el Norte de Arabia, el pequeño reino de los Nabateos supuso una importante plaza comercial del negocio de las especias y de la seda entre Extremo Oriente y Occidente. Su arte, en un principio esquemático, como la de esta estela, pronto adquirió formas helenísticas. Los Nabateos poseían una escritura que, como el árabe o el hebreo, no tenía vocales.

Árabes a fin de asegurar el abastecimiento de su ejército. Sus sucesores aqueménidas incluyen Arabia en su imperio, como lo demuestran los bajorrelieves de Persépolis (siglo VI a. C.). En el 539, se constituye la satrapía de Arabia, que deja al reino árabe una cierta independencia, a cambio del pago de un importante tributo.

Entre el siglo VI y el siglo IV a. C., el Sur de Arabia se une a los principados de Mâïn y de Qataban, de Asuán y de Himyar, así como de Aksum y Yeha, en la orilla etíope del mar Rojo. La construcción de tres grandes presas asegura la riqueza del Yemen. La más importante, la de Maarib, hecha de tierra y reforzada por bloques de piedra de 2 m de longitud, alcanza 600 m, con una altura de unos quince metros. Funcionará hasta el 575 de nuestra era, época en la que la ciudad es destruida.

En los siglos V y IV a. C., Maarib posee grandes templos formados por altos pilares monolíticos. Es el caso del Auwam, o santuario de la Luna, y del Almaqah, que son contemporáneos de la Acrópolis de Atenas. En esta época, en Maarib se crea una escultura exenta hecha en bronce, utilizando el antiguo método de la cera perdida. Esta estatuaria representa a los reyes (o Mukarrib): llevan una piel de león como Hércules, y un tipo de puñal que todavía siguen utilizando los yemenitas. La marca de Grecia se encuentra en la acuñación de monedas: éstas están copiadas de la tetradracma ateniense.

Esta civilización, llamada «himyarí», posee su propia escritura, que -como las otras grafías semíticas- sólo transcribe las consonantes, sin ninguna vocal. Descansa, al parecer, en una «monarquía parlamentaria» formada por asambleas: las tribus se reúnen para celebrar elecciones y para tomar las decisiones importantes.

Al norte de la península, el reino de los Nabateos que limita con Palestina tiene un extraordinario desarrollo en las épocas helenística y romana. La ciudad de Petra, en el centro del macizo rocoso, constituye un verdadero «puerto del desierto» que filtra el comercio internacional. La influencia del arte griego tardío se manifiesta en las fachadas de sus grandes tumbas cinceladas en arenisca rosa. En la ruta del incienso y de las especias, más tarde de la seda, las caravanas árabes siguen sacando provecho de su situación geográfica dando un extraordinario impulso económico y artístico a su región: entre el siglo IV a. C. y el siglo I d. C., los Nabateos manejan las alianzas en un Oriente Medio en el que los sucesores de los diadocos están perpetuamente en lucha. Posteriormente Roma, bajo el reinado de Trajano, se anexionará la región sin topar con importantes resistencias, en el 106 de nuestra era.

Mil años antes de la hégira
La antigua civilización de los Hymiaritas, en el Sur de Arabia, contemporánea del siglo de Pericles, disponía ya de una escritura con grafía geométrica, de la que subsisten unas inscripciones en la región de Maarib, cuyos templos de piedra y embalses para el riego demuestran un desarrollo considerable.

Durante el Imperio, Arabia conoce algunos altibajos, debido a las sacudidas procedentes de la política que Roma llevaba contra los Partos, y después contra los Sasánidas. Progresivamente, la ruta del comercio internacional se va desplazando de Arabia y del mar Rojo hacia el golfo Pérsico y Mesopotamia, cruzando el Éufrates a la altura de Palmira, que se convierte en el centro de la importación-exportación. Pero basta que los ataques del ejército parto, y del sasánida después, corten esta vía de comunicación, para que los mercaderes tomen de nuevo la ruta meridional, menos directa, pero más tranquila.

A partir del siglo I a. C., una serie de ciudades más o menos independientes habían surgido sobre la franja limítrofe entre los grandes imperios: además de Petra, vamos a citar a Djérash, Palmira, Dura-Europos y Hatra, que constituyen unos centros activos desde donde se expande una cultura árabo-semítica, animada por tribus de procedencia aramea.

Los reinos de los Lamidas y Gasánidas

Esta situación prevalece hasta la época bizantino-sasánida, donde la creación de reinos «satélites» atribuye una cierta importancia a las tribus árabes que rodean los

El nacimiento de Mahoma
Huérfano desde niño, el fundador de la religión musulmana será criado por su tío. El ciclo del «Siyer i-Nebi», que relata la «Vida de Mahoma» según la tradición de la miniatura otomana del siglo XVI, constituye una «hagiografía» del Profeta. (Biblioteca de Top Kapi, Estambul)

La familia del Profeta
Mahoma, con el rostro cubierto, entre su hija Fátima y su yerno Ali, que constituyen su descendencia directa. La línea de los herederos del fundador del Islam reivindicará la legitimidad del poder sobre el mundo musulmán: la ruptura entre los Alíes y los Abasíes provocará el cisma que opone a chiítas y sunnitas. (Biblioteca de Top Kapi, Estambul)

imperios respectivos de Constantinopla y Ctesifonte. Los Sasánidas, contra quienes los emperadores bizantinos están en guerra, reinan sobre Persia, incluyendo el actual Irak, cuya capital está situada a orillas del Tigris. Practican la religión de Zoroastro y son también objeto de un intenso proselitismo por parte de los cristianos nestorianos, que separaban la naturaleza divina y humana en Cristo, y eran por tanto hostiles a la ortodoxia bizantina.

En los confines de los dos imperios –en la zona más conflictiva– se encontraban por tanto dos reinos árabes vasallos que eran Estados neutrales. Se trataba, por el lado persa, de los Lamidas, establecidos en al-Hira, cerca de Kufa, hacia la mitad del Éufrates, y por el lado bizantino, de los Gasánidas, que ocupaban la zona de Palmira y una parte de Palestina, y cuya capital era Bosra. Pero el miedo que suscitaba en Constantinopla la fuerza creciente de un rey gasánida a la cabeza de una serie de tribus árabes, y la aversión de los Bizantinos por el monofisismo dirigieron su poder a desmantelar las fuerzas de estos aliados, cuya desaparición iba a ser desastrosa.

Estos territorios fronterizos evidentemente habían facilitado unas relaciones estrechas entre las tribus de Arabia y las dos grandes potencias que se desgastaban en incesantes guerras. Habían hecho que los jinetes beduinos se familiarizaran con las grandes civilizaciones tanto de Persia como de Bizancio, y con las técnicas de guerra desarrolladas en una y otra parte. Esta intimidad de relaciones que existían antes de Mahoma entre los Árabes y las fuerzas que ellos aplastarán cuando se afirme el Islam, es lo único que permite comprender la rapidez de su victoria.

El mensaje de Mahoma

Para captar los resortes que animan la arquitectura musulmana árabe, hay que estudiar el propósito de Mahoma y su obra profética que funda la tercera religión monoteísta procedente de Abrahán, «el amigo de Dios». Mahoma nace en La Meca, rica ciudad de caravanas del Hedjaz, cerca del mar Rojo y del puerto de Gidda, en el 570 de nuestra era. Tuvo una infancia desdichada: pierde a su padre a los dos años y a su madre a los ocho. El pequeño huérfano es criado, según la tradición árabe, por su tío. Durante años, se dedica a conducir caravanas de La Meca a través de los desiertos llegando hasta Siria. Es aquí donde encuentra a un monje cristiano que al parecer le inicia en los Evangelios. Se une también a unos judíos, con quienes comparte la herencia semítica del Pentateuco.

A la edad de veinticinco años, Mahoma se casa con una rica viuda, quince años mayor que él, de la que tendrá varios hijos, de los cuáles sólo una hija, llamada Fátima, sobrevivirá, y se casará con Ali, primo hermano de Mahoma. Hacia el 610, Mahoma, con cuarenta años, siente por primera vez que el arcángel Gabriel se dirige a él y le transmite la llamada de Dios, mandándole «recitar en el nombre de Alá»; de ahí el término Corán (quran) que significa «recitación». Su predicación empieza en La Meca, donde se prolonga a lo largo de una docena de años, y suele ser acogida con burlas por los ricos mercaderes que se niegan a creer en la revelación profética de aquel cuya obra se sitúa en la línea de los escritos de la Torá y del Nuevo Testamento. Porque Mahoma menciona explícitamente en el Corán los personajes de Abrahán y de Ismael, pero también de Adán, de Noé, de Moisés, de Lot, así como de José, de Jesús y de María. No excluye por tanto en absoluto la herencia cristiana, así como no rechaza la de los judíos.

Ante la amenaza de los comerciantes de la Meca que se inquietan al ver que Mahoma hace adeptos, el Profeta decide alejarse de su ciudad natal. Emigra con un pequeño grupo de creyentes hacia el oasis de Yathrib, que se llamará a partir de entonces Médinat al Nebi (la «ciudad del Profeta»), o más sencillamente Medina. La fecha de esta huida, calificada de «expatriación», se sitúa en el 622 d. C.: es la que marca el comienzo de la hégira (*hidyra* o «emigración»), que funda la era islámica.

A la cabeza de su pequeña comunidad, Mahoma dirige el oasis que forma el primer «Estado» musulmán. Como jefe político y religioso, pasa diez años en Medina, profundizando en sus revelaciones que se expresan en una lengua de un elevado lirismo. Así es como perpetúa la cultura árabe preislámica cuya herencia literaria constituía una original aportación. Y Mahoma, en los suras (capítulos) del Corán, confiere a la lengua árabe una verdadera perfección clásica.

El «gobierno» del Profeta, sea cual fuere la importancia de la misión de su jefe, no descuida las realidades de la vida diaria. Mahoma da pruebas de energía y diplomacia en el manejo de los negocios. Organiza incluso el *djihad* o guerra santa con habilidad, llevando a cabo razias y cortando el tráfico de las caravanas hacia La Meca, su patria, a la que está decidido a volver como vencedor.

La estancia en Medina permite a Mahoma sentar las bases de la religión que predica y conferirle su organización específica. Construye así la primera mezquita en su propia casa. En un principio la oración se hace mirando hacia Jerusalén. Mahoma demuestra con esto que no ha venido a romper con el símbolo que para judíos y cristianos representa la Ciudad Santa. La solución que adopta, en el aspecto arquitectónico, se inspira en las sinagogas, en particular, en la de Dura-Europos, cerca del Éufrates.

Pero la ruptura con el judaísmo se produce en el 624, cuando los representantes de la *diáspora*, que eran numerosos en Hedjaz, constatan muchas incompatibilidades entre los escritos de la Tora y la revelación del Profeta, al que a partir de ese momento niegan el papel de enviado de Dios. El antagonismo es tan fuerte que Mahoma expulsa a los judíos de Medina, llegando incluso a ordenar la matanza de algunos miembros de su comunidad. En consecuencia, el Profeta decide en el 630 que durante la plegaria ya no mirarán hacia Jerusalén, sino hacia el santuario de la Kaaba, en La Meca.

Mahoma quiso inscribir ciertamente su religión dentro de la continuidad del mensaje de Cristo. Pero consideraba a Jesús como un profeta igual que él, no le reconocía como Hijo de Dios. A partir de entonces, se encuentra con el rechazo de los cristianos. Por tanto se ve obligado a afirmar claramente la originalidad del camino que él instaura.

Seis años después de la hégira, en el 628, Mahoma decide iniciar una peregrinación a La Meca. Mediante el rito de circunvalación alrededor de la Kaaba, espera poner fin a la oposición guerrera que le hacen los mercaderes de La Meca. Las tropas que defienden la ciudad se oponen a su entrada. Tras algunas negociaciones, se establece un acuerdo por el cual, a partir del año siguiente, los musulmanes podrán hacer su peregrinación durante una tregua. Así pues, en el 629, Mahoma vuelve a La Meca y constata que muchas personas están ya de su lado. Un año después, más fuerte gracias a los apoyos con los que puede contar, entra como triunfador en la ciudad, a la que ocupa militarmente.

Para afirmar su mensaje, hace pedazos los ídolos del templo, a excepción de la Piedra Negra, la Kaaba, de la que conserva el culto ancestral que se remontaba a Abrahán y a su hijo Ismael, ancestros comunes de los Judíos y los árabes. A partir de ahora, la Kaaba se convierte en el santuario sagrado hacia el que miran todas las mezquitas del Islam. Después Mahoma vuelve a Medina, donde muere en el 632, tras haber declarado solemnemente la conclusión de su predicación.

Con el Corán, el Profeta aporta una ley completa –divina y humana– que está formada tanto por prescripciones rituales relativas a la oración y a la peregrinación como por disposiciones jurídicas, cosmológicas y escatológicas. Dotando a su pueblo de un sistema convincente que pone fin a los antagonismos entre tribus, Mahoma inspira a los árabes y les da un objetivo común: adherirse al *djihad* (guerra santa), concebida como una obligación colectiva y un camino hacia la salvación individual. Gracias a este ímpetu espiritual, los escuadrones surgidos del desierto llegarán a derribar los grandes imperios que conquistarán en nombre del Islam, término que en árabe significa «sumisión a Dios».

Elegido por el arcángel Gabriel
Ante la multitud de los ángeles, Mahoma es encargado de la «recitación»: él referirá los términos de la revelación que Dios le hace y que sus fieles consignarán en el Corán. La imagen de un entorno transfigurado traduce la importancia de la misión confiada al Profeta. (Biblioteca de Top Kapi, Estambul)

La expansión de los Árabes

En los albores del siglo VII, la situación de los Bizantinos no es nada brillante. Heraclio, que sube al trono en Constantinopla en el 610, hereda un imperio desorganizado. En la lucha secular que los *basileïs* mantienen contra los soberanos sasánidas, Bizancio ha sufrido algunas derrotas: Siria, Palestina y Jerusalén han caído en las manos de Cosroes II. Las tropas del Rey de Reyes llevan la reliquia de la Vera Cruz a Ctesifonte. Después, los Sasánidas entran vencedores en Egipto. En el 626, Constantinopla es también asediada simultáneamente por los Persas y los Eslavos aliados con los Ávaros. Pero Heraclio es un hombre enérgico y se propone restaurar el Tesoro; vuelve a tomar el mando del ejército y restablece la unidad del imperio. Ante los éxitos de los Persas, adopta una estrategia audaz, atacando a su enemigo en el territorio de Armenia. Así obliga a Cosroes II a abandonar la Capadocia y el Ponto. Cruzando el río Araxes, invade Mesopotamia en el 627 y se apodera de Ctesifonte. Los Persas devuelven entonces Siria y Egipto. Heraclio puede llevar otra vez la Vera Cruz a Jerusalén. Al año siguiente, su adversario es asesinado (628). Gracias a considerables esfuerzos, el *basileus* ha salvado el Imperio de Oriente. Pero Bizancio está extenuada. La situación de los Sasánidas es todavía peor: vencidos, pierden sus antiguas posesiones y Persia cae en la anarquía. Éste es el dramático resultado de tan furiosos e implacables enfrentamientos.

Muerte de Mahoma
El Profeta muere en el 632, en presencia de su hija Fátima. La desaparición del fundador de la religión musulmana deja a uno de sus suegros, Abu Bakr, el cargo de califa o jefe de la comunidad de los creyentes. (Biblioteca de Top Kapi, Estambul)

En cuanto a los árabes, el balance no es más glorioso: tras la muerte de Mahoma, estallan las pugnas entre las tribus a causa de la apostasía de ciertos grupos. Sin embargo, estas luchas intestinas se resuelven pronto, gracias al fervor que el mensaje del Profeta inspira a los escuadrones del desierto. Entre el 632 y el 634, Abu Bakr, uno de los suegros de Mahoma (éste se casó nueve veces, casi siempre por razones meramente políticas) se convierte en califa, es decir, jefe de la comunidad musulmana. Omar, que le sucede, es el que promueve realmente la fulminante expansión del Islam en el mundo antiguo: da inicio a unas guerras de conquista fuera de la península. Animados por un ímpetu extraordinario, los propagadores de la fe musulmana conquistan rápidamente Palestina y Siria, arrebatadas al imperio bizantino tras la victoria de Adjnadayn en el 634, seguida por la derrota de las fuerzas de Heraclio en el Yarmuk, en el 636. Al no disponer de medios para el asedio, los jinetes árabes no se atreven a tomar las ciudades de Jerusalén y Damasco, que no caerán bajo sus armas hasta el 638.

La toma de la Ciudad Santa representa algo más que una victoria: es la apropiación de un símbolo que veneran tanto judíos como cristianos, y que ahora está en poder de los musulmanes. ¿No fue sobre la roca de la explanada sagrada donde Abrahán se disponía a sacrificar a su hijo Isaac, cuando Dios le retuvo el brazo? Posteriormente, en esta ciudad venerable fueron levantados los sucesivos Templos de Yahvé: el primero, erigido por Salomón, fue destruido por Nabucodonosor en el 587 a. C., después fue levantado otra vez tras el Edicto de Ciro, y reconstruido una vez más bajo Herodes (40–4 a. C.). Fue arrasado por Tito en el 70 de nuestra era.

Pero el Haram al-Sharif era también el lugar mítico de los *miradj*, punto de partida del «viaje nocturno» a través del cual Mahoma contempló los cielos, según los comentarios del sura XVII, 1 del Corán: «Gloria a Aquel que, de noche, lleva a su siervo en un instante, del santuario sagrado al santuario último, cuyos muros hemos bendecido a fin de mostrarle nuestros signos.»

Iniciador del *djihad*
Tras haberse retirado durante varios años a Medina con sus fieles, Mahoma vuelve como vencedor a La Meca. A partir de ahora, las campañas de conquista del Islam se sucederán hasta los confines del mundo conocido. Un siglo después de la hégira, que corresponde a «exilio» a Medina en el 622, los escuadrones árabes habrán extendido la religión musulmana desde el Atlántico hasta las fronteras de China. (Biblioteca de Top Kapi, Estambul)

La toma de este importante lugar de las religiones con Escritura es por tanto simbólica. Pero la ocupación de Siria y Palestina no absorbe todas las fuerzas árabes: ya en el 635, éstas cruzan el Éufrates y se lanzan al ataque del imperio sasánida que entonces estaba en plena decadencia. Ganan la batalla de Kadisiya, en el 637, y saquean la ciudad de Ctesifonte, después toman Nínive en el 641. Al norte, llegan hasta Armenia. En Mesopotamia, los Árabes fundan Kufa y Basra, y en el 642 penetran en las mesetas de Irán tras la victoria conseguida en Nihavend. Todo el Fars se les rinde en el 644, cuando sus escuadrones acaban de hacer una razia en el Khorasan.

Sus esfuerzos los llevan simultáneamente hacia el oeste: el general Amr ibn el-Ass invade Egipto en el 640. Funda Fostat y toma Alejandría a la que trata con clemencia. Pero una contraofensiva bizantina le obliga a saquear la ciudad en el 642. Continuando hacia el oeste, las fuerzas islámicas se lanzan hacia la provincia de Ifrigiyya, alcanzando la Tripolitania en la que hacen incursiones a partir del 647, dirigiéndose hacia la Berbería.

Hacia Oriente, las ciudades de Herat y Balkh caen en el 654, así como el Seistan. Después, los conquistadores consolidan su poder sobre Persia y Afganistán, tomando Kabul y Kandahar en el 655, tras haber dado muerte, cerca de Merv, en el Turkmenistán, a Yazdegerd, último soberano sasánida.

Sólo faltan veinte años para constituir este primer imperio árabe, cuya capital es Medina. A partir del 644, el califa Othman conduce los destinos del mundo islámico. Los territorios que posee se extienden desde Persia y Pakistán hasta la actual Libia, igualando a los mayores imperios de la Antigüedad. El asesinato de Othman, en el 656, provoca una pausa, durante la cual se organiza la administración y se islamizan a las nuevas posesiones. Ali, primo del Profeta, es llamado a suceder a Othman; pero los problemas surgidos entre clanes árabes destruyen la unidad islámica, oponiendo a partidarios y adversarios del nuevo califa. Mueawiyya, que había sido secretario de Mahoma y después gobernador de Siria, encabeza la resistencia a Ali. En el 660, llega a hacerse proclamar califa, fundando la dinastía de los Omeyas, cuya capital será Damasco. Ali, expulsado, cae en el 661 delante de la mezquita de Kufa, bajo las armas de los Jariyíes insurrectos, cuya secta constituirá durante mucho tiempo un peligro para el poder.

Después de este intermedio sangriento, que perturba la unidad del mundo musulmán, la marcha victoriosa vuelve a empezar en el 670, con la anexión de Túnez y la fundación de Kairuán. A continuación, las tropas árabes cruzan el río Oxus (Amu-Daria) en el 671, y se lanzan hacia la Transoxiana y el Khwarezm. Mientras tanto, fuerzas musulmanas llegan, en el 673, a sitiar Constantinopla. Se encuentran con la resistencia de la capital bizantina que tiene la soberanía de los mares. Por eso los Árabes tendrán que levantar su asedio en el 678.

Entre el 680 y el 683, el califa Yasid I reina en Damasco, durante una época perturbada por la presencia de un anti-califa en La Meca. Será necesario que los Omeyas se apoderen de la ciudad para poner fin a la secesión. En la misma época, el hijo de Ali, al-Husayn, es asesinado a su vez en Kerbala, Mesopotamia.

Sesenta años han pasado desde la hégira. Respecto a la arquitectura, es un período de balbuceos. Las primeras mezquitas son unos edificios perecederos, cuyo carácter provisional, a pesar de sus impresionantes dimensiones, está vinculado a las contingencias de la conquista. Todo el esfuerzo de los Árabes está dirigido hacia la expansión militar y religiosa. Pero el fin del siglo VII estará marcado por la primera eclosión de las artes en el imperio omeya. Y es en Jerusalén donde se afirma este esplendor.

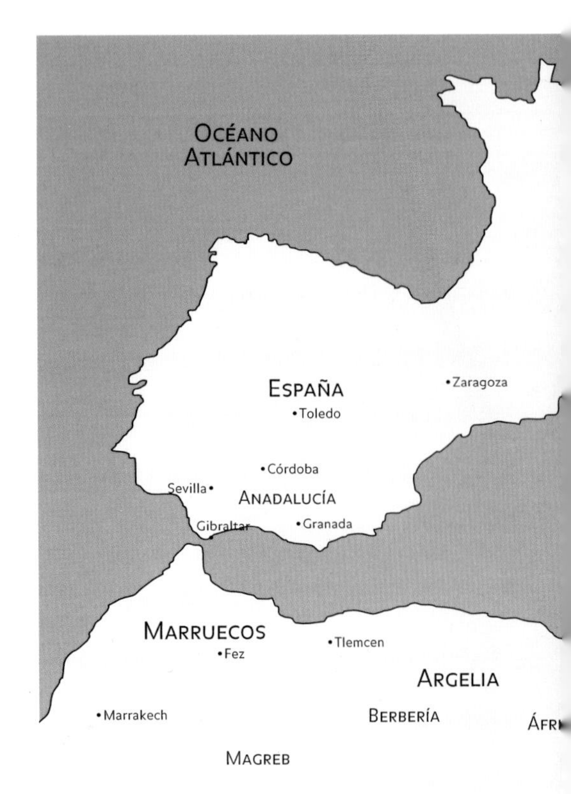

El Occidente y el Oriente Medio islámicos
Mapamundi musulmán en la época clásica, con los principales lugares mencionados en el texto.

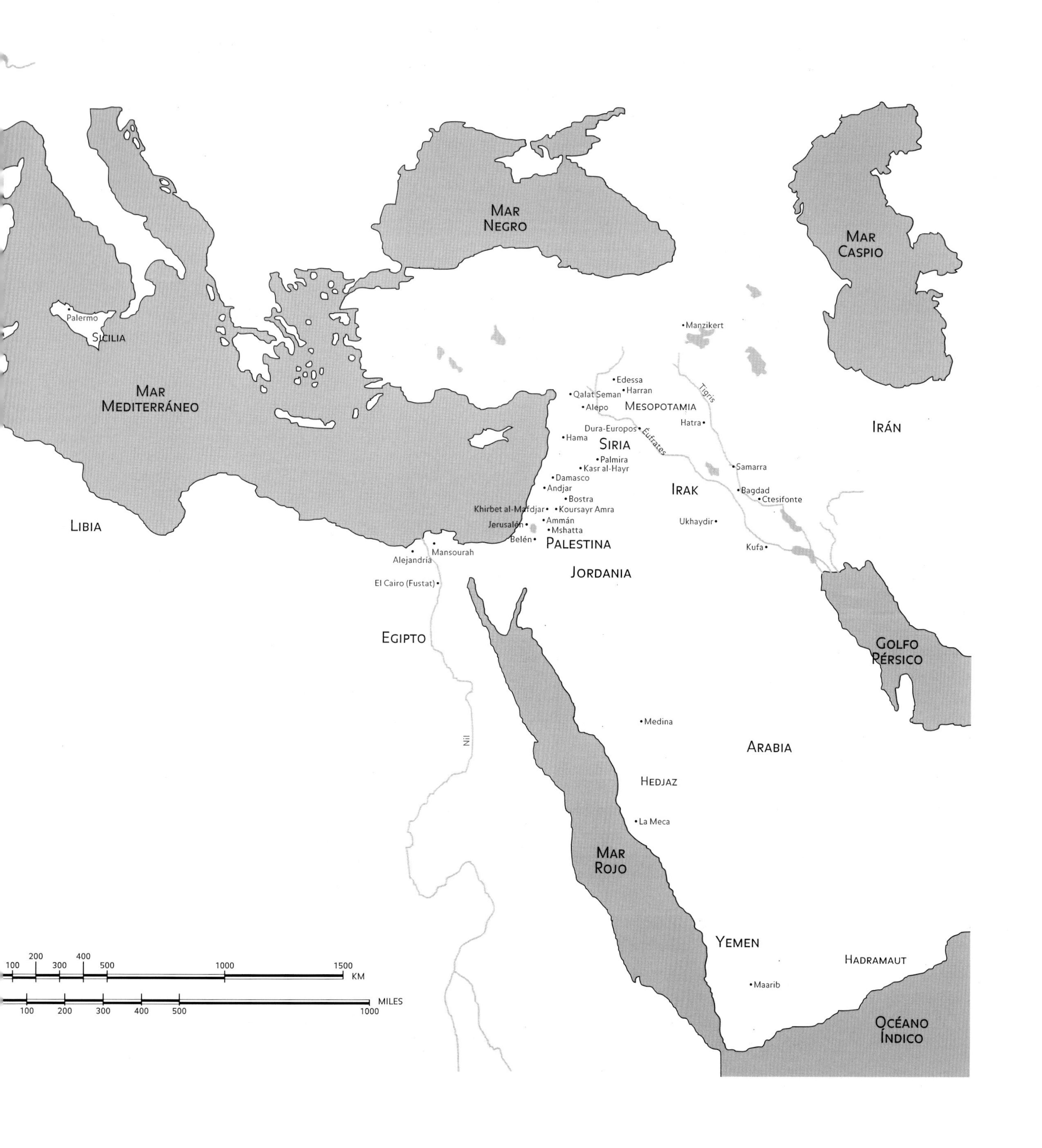

Mar Negro
Mar Caspio
Mar Mediterráneo
Palermo
Sicilia
Manzikert
Edessa
Harran
Qalat Seman
Alepo
Mesopotamia
Tigris
Hatra
Irán
Dura-Europos
Éufrates
Hama
Siria
Palmira
Kasr al-Hayr
Damasco
Andjar
Samarra
Irak
Bagdad
Ctesifonte
Bostra
Khirbet al-Mafdjar
Koursayr Amra
Ammán
Jerusalén
Mshatta
Ukhaydir
Libia
Belén
Palestina
Alejandría
Mansourah
Kufa
Jordania
El Cairo (Fustat)
Egipto
Golfo Pérsico
Medina
Arabia
Nil
Hedjaz
La Meca
Mar Rojo
Yemen
Hadramaut
Maarib
Océano Índico
100
200
300
400
500
1000
1500
KM
MILES
100
200
300
400
500
1000

La Cúpula de la Roca en Jerusalén

عاد قومن هلاك قلدوم سنك دوشمنلروكى داخى شويله هلاك
قلايم ددي اندن رسول عليه السلام اول برسنى دخى ايلرو
اوقدي ايتدي سن نيه موكلسن ددي اول فرشته دخى ايتدي
بن دكزلر صولر اوستنه موكلم حق تعالى بلوتدن انى يغمورلر

Primera obra maestra del arte islámico

Página 21
El *mihrab*, símbolo de la plegaria
El origen y el sentido de la hornacina que adorna el muro *kibla* de las mezquitas son controvertidos. Este *mihrab* de piedra con arco polilobulado, que data del siglo XIII, presenta en su centro un portal entreabierto, que evoca la idea de que la plegaria es la puerta que da acceso al mundo divino. (Museo arqueológico, Bagdad)

En una nueva civilización, basada en una religión naciente, la expresión artística y arquitectónica no se concibe sin una herencia cultural a partir de la cual se elaboran las formas de una estética original. El primer arte islámico rinde tributo al pensamiento y las obras grecorromanas.

La mayoría de los grandes lugares antiguos de Baalbek, Djérash, Tyr o Alejandría subsisten gracias a que han sido transformados en iglesias cristianas. Pero además del patrimonio antiguo, la principal fuente de inspiración de las primeras décadas del Islam procede de la herencia del mundo bizantino. En efecto, por una parte la organización de las provincias y la administración del Estado a través del cual los califas omeyas ejercen su poder se basa directamente en los sistemas instaurados por los *basileïs;* y por otra parte, el arte de Constantinopla, continuación del de la Roma antigua, revitalizada por el Imperio cristiano, ejerce una fuerte influencia sobre los Árabes.

Una herencia considerable

Un verdadero frenesí de construcciones se había apoderado de los cristianos cuando sus persecuciones terminaron, con las obras que surgieron en Constantinopla y en el Imperio cristiano de Oriente, entre el reinado de Constantino y el de Heraclio, más o menos entre el 330 y el 630. Empezaremos por citar las iglesias constantinianas y teodosianas edificadas en Tierra Santa, como el Santo Sepulcro en Jerusalén, la Natividad en Belén, la basílica del Monte de los Olivos, la basílica de San Juan Bautista en Damasco; ya que a partir del siglo V, Oriente Próximo «se había cubierto con un blanco manto de iglesias», podríamos decir parafraseando a Raoul Glaber.

En el Norte de Siria, la gigantesca basílica-martyrium de Qalat Siman (San Simeón el Estilita) y el santuario de peregrinación de Qalblozeh, así como los edificios de Anatolia –como la basílica de Djambazdé o el martyrium de Hierápolis– aportan un estilo nuevo, riguroso y sobrio, que renueva los órdenes antiguos. Pero es sobre todo en el siglo VI, con las obras constantinopolitanas, cuando la arquitectura bizantina alcanza un extraordinario apogeo. Bajo Justiniano (527–565) surgen unos monumentos soberbios, en particular la fantástica Santa Sofía que lleva a su perfección el arte de los abovedados y las cúpulas, según una evolución de la que son buen ejemplo tanto la iglesia de Bosra como la catedral de Edesa.

La planta central de las construcciones que tienen la función de martyrium es ilustrada por construcciones redondas u octogonales. Igual que el edificio construido por Constantino sobre la gruta de Belén, el Anastasis de Jerusalén, el San Felipe de Hierápolis o, finalmente, el octógono de Qalat Siman. Estas fórmulas que proceden de los mausoleos romanos se perpetuarán en el arte islámico con la Cúpula de la Roca y en los edificios funerarios cuya utilización se extenderá a partir de la época abasí. La herencia bizantina es perceptible también en la moldura de las cornisas y la decoración. No se trata solamente de la columna de capitel corintio (como copia, o ejemplo sacado de otras construcciones), sino de los mosaicos con fondo de oro, que serán admirablemente utilizados en el arte omeya, tanto en Jerusalén como en Damasco. Finalmente, la arquitectura palatina, las termas y las pequeñas fortalezas edificadas a lo largo del *limes* por los Romanos y por los Bizantinos influyen en numerosas construcciones de los primeros

El viaje nocturno de Mahoma
Un breve pasaje del Corán sugiere que el Profeta realiza «en espíritu» un viaje que le lleva a la roca sagrada de Jerusalén, lugar del sacrificio de Abrahán. Desde aquí, sería elevado hasta los cielos, donde, en presencia de los ángeles, habría contemplado a Alá. (Biblioteca de Top Kapi, Estambul)

siglos de la hégira. Esta continuidad no se explica solamente por la perpetuación de las formas y las técnicas, sino también por el hecho de que en un principio los musulmanes utilizaban como lugares de oración las iglesias cristianas –confiscadas a sus primeros propietarios– antes de edificar por sí mismos verdaderas mezquitas. De este modo se familiarizaron con el lenguaje arquitectónico cristiano, del mismo modo que las construcciones musulmanas de Mesopotamia asimilaron las obras de los Sasánidas.

Unos comienzos modestos

Las primeras manifestaciones, todavía modestas, de la construcción musulmana aparecieron ya en vida del Profeta. Se trata de unas transformaciones que Mahoma hace en su propia vivienda para adaptarla a las necesidades del culto por él instaurado. Ciertamente, hablar aquí de «arquitectura» sería exagerado, ya que nos encontramos en una comunidad árabe donde se mezclan los sedentarios y los semi-nómadas. Se recurre –para personas y animales– a simples refugios hechos con argamasa de barro y paja, formados por tierra batida y cubiertas de palmas. Sin embargo, estas primeras construcciones van a marcar las opciones fundamentales que regirán en la arquitectura árabe clásica.

Tenemos que remitirnos a los trabajos de Sauvaget para imaginarnos esta primera casa-mezquita levantada por Mahoma en Medina. Los autores árabes comentan que la casa del Profeta estaba formada al este por una serie de habitaciones que daban a un patio cuadrado que medía unos 100 codos, es decir, 50 m de lado, con aproximadamente 2500 m^2. La casa estaba cercada por una tapia. Estas grandes dimensiones proceden de la costumbre que tenían los camelleros de encerrar sus animales en un vallado durante la noche. Cuando fue adaptada como lugar de oración, para los primeros seguidores de Mahoma, a este patio se le añadió un cobertizo a lo largo de la parte norte de la tapia. Su techo de palmas estaba soportado por dos filas de troncos de palmeras que formaban una especie de pórtico primitivo. Esta zona cubierta ofre-

La explanada del Haram al-Sharif
Justo a la derecha de donde se alzaba el Templo de Jerusalén, en el Monte Moria, tercer lugar santo del Islam, el califa Abd al-Malik mandó construir, entre el 687 y el 692, la Cúpula de la Roca que ocupa el centro del espacio sagrado.

Página 25
Un santuario en forma de martyrium
De planta octogonal, la Cúpula de la Roca, en Jerusalén, está coronada por una cúpula sobre tambor. Su original cubierta con estructura de madera fue revestida de cobre dorado en planchas, y recientemente ha sido objeto de una restauración. Su concepción procede de las rotondas funerarias bizantinas.

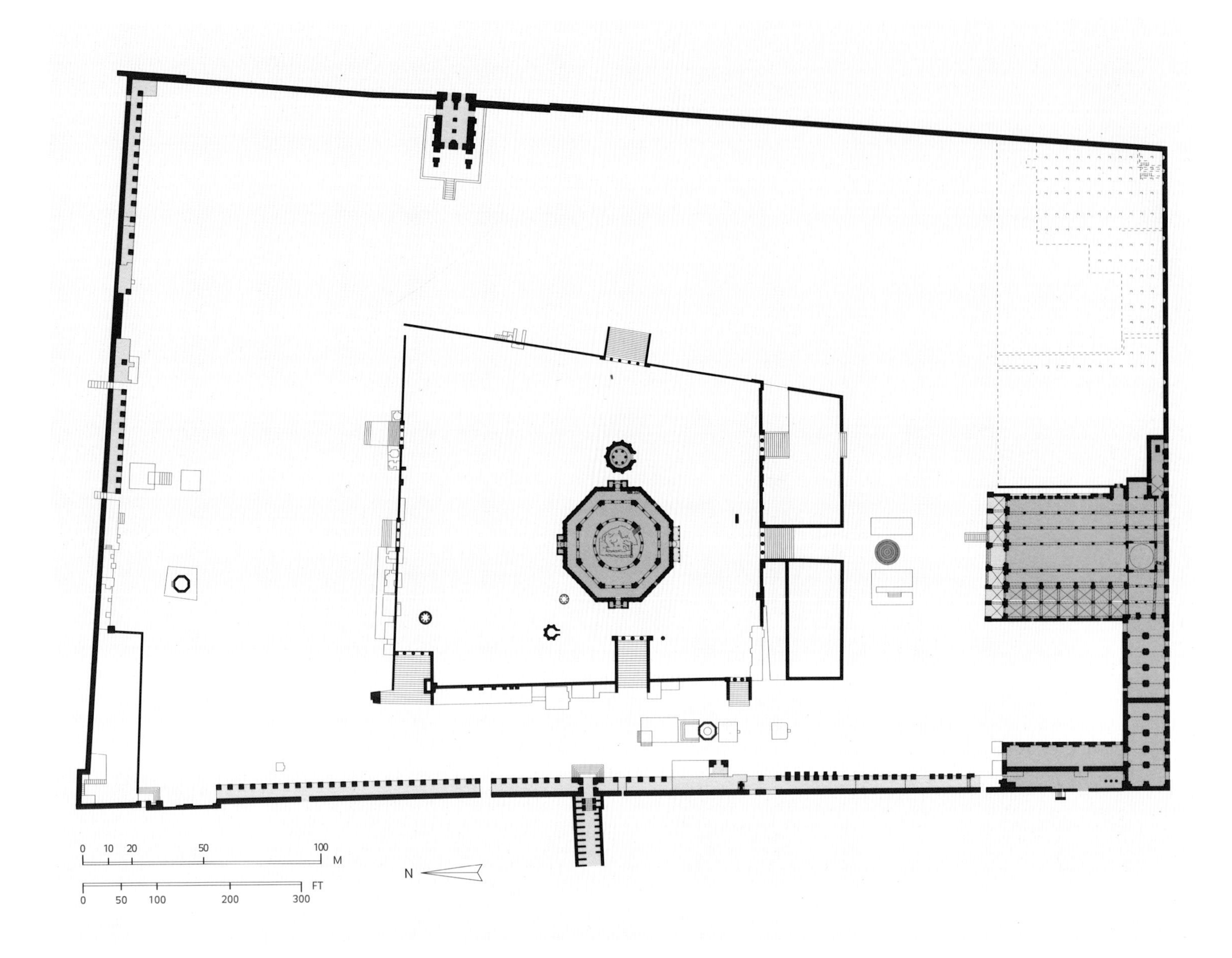

cía sombra a quienes iban a escuchar las palabras del Profeta en el *haram* o sala de oración de esta primera mezquita. La marquesina, ancha y tosca, flanqueaba el muro perpendicularmente orientado hacia Jerusalén, muro que marca la dirección de la plegaria y que lleva el nombre de *kibla*. Indica, en efecto a los fieles, el punto hacia el cual tienen que dirigir sus prosternaciones rituales.

Tras la ruptura con las comunidades judías del Hedjaz y la entrada de Mahoma en La Meca, esta orientación hacia Jerusalén será sustituida, en el 630, como hemos dicho, por la prosternación en dirección a la Kaaba. Resulta que Medina está situada aproximadamente sobre la línea imaginaria que une Jerusalén con La Meca. Por tanto bastaba, para satisfacer la nueva orientación, construir, al lado sur del patio, un segundo pórtico con cubierta de palmas. Como la pequeña comunidad musulmana había aumentado considerablemente, este nuevo pórtico estaba formado por una marquesina más, soportada por tres filas de troncos de palmeras, que hacían de columnas. El edificio presentaba así, tanto al norte como al sur del patio, una estructura cubierta. Estos dos pórticos con techos de palmas tenían unas proporciones más anchas que largas, es decir, oblongas. De modo que la mezquita del Profeta, si bien rudimentaria, poseía desde el principio las características de un espacio islámico, en contraste con las alargadas naves de las iglesias bizantinas. Estos espacios hipóstilos, cuyas «fachadas» sobre el patio tienen grandes aberturas, prefiguran la forma que tendrán posteriormente las grandes mezquitas con columnas de la época de los Omeyas. Contra el

Planta del Haram al-Sharif en Jerusalén
En el centro de la antigua explanada del Templo, el octógono de la Cúpula de la Roca y, a la derecha, la mezquita al-Aksa, situada sobre el mismo eje norte-sur. Todo el espacio está considerado por los musulmanes como un *haram*, o lugar consagrado a la oración.

Página 27
Un ornamento suntuoso
Si la decoración de mayólica azul que adorna la parte superior de las fachadas de la Cúpula de la Roca forma parte de una restauración llevada a cabo en la época otomana, el alto plinto de mármol con motivos geométricos se inscribe dentro de la tradición bizantina en la que se formaron los constructores del edificio que trabajan al servicio de Abd al-Malik.

muro de la *kibla* se encontraba, además, una especie de púlpito de madera, elevado sobre unos cuantos peldaños, en el que Mahoma se sentaba para dirigirse a sus fieles: es el primer *minbar*, cuya función será capital en todas las mezquitas.

Antecedentes autóctonos

Si las características de la planta de esta primera mezquita -patio, sala oblonga, pórticos, etc.- eran indispensables para la arquitectura clásica del mundo árabe, se debe a que correspondían a unos conceptos espaciales pertenecientes a las culturas árabo-semíticas. ¿Cuáles eran los arquetipos a los que se sujetaba esta obra de Mahoma, en su casa de Medina? Empezaremos por citar, en la época pre-islámica, un ejemplo elocuente: el antiguo templo de Huqqa en el Sur de Arabia, que data del siglo II a. C. Ya tiene forma de patio cuadrado, con pórticos de columnas y sala de oración oblonga.

Pero existe otro «prototipo» más notable todavía: la segunda sinagoga de Dura Europos, que data del siglo III de nuestra era. Al fondo de un pequeño patio bordeado en tres de sus lados por un pórtico con columnas de mampostería se abre una sala oblonga. En el santuario, hay un banco de piedra a lo largo de la base de los muros. La pared que ocupa el fondo de la sinagoga de Dura Europos ofrece una disposición análoga a la *kibla* de la mezquita de Medina, con un púlpito en mampostería. Desde lo alto de los peldaños, el oficiante se dirigía a los fieles presentes en la sala. De modo que este púlpito anuncia el *minbar* de la mezquita del Profeta. Además, la sinagoga de Doura Europos tiene, a la izquierda del púlpito, una hornacina de medio punto destinada a la Torá, el libro sagrado. Esta hornacina evoca el *mihrab* de las mezquitas. Paradójicamente, la primera sala de oración de Medina no estaba provista de este elemento fundamental que caracterizará a todas las futuras mezquitas.

¿Por qué no está el *mihrab* en la casa del Profeta? ¿Cuándo aparece este elemento arquitectónico esencial en el mundo islámico? Éstas son las preguntas que surgen del estudio de estos antecedentes históricos.

La casa del Profeta en Medina
Reconstrucción de la planta de la casa de Mahoma, acondicionada como lugar de oración, con sus pórticos norte y sur que bordean un gran patio. Disposición después del 630, según Sauvaget.

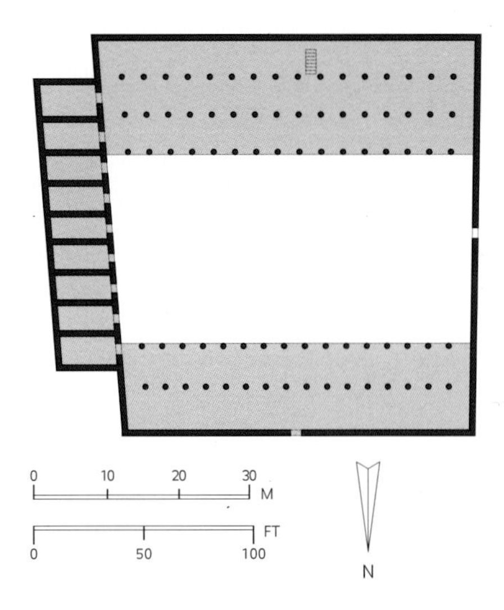

La aparición del *mihrab*

Es muy probable que el *mihrab* proceda, en un principio, del «prototipo» que representaba la hornacina para la Torá de la sinagoga. Pero se inspira también en el ábside de las iglesias cristianas, fórmula cuya presencia anticipada se encuentra en particular en las capillas coptas de Bauît, en Egipto. La hornacina, como el ábside, proceden del antiguo baldaquín que dominaba tanto la estatua del dios como el trono del soberano divinizado. Se trata de un símbolo divino. En el caso de la hornacina de la Torá, esta construcción demuestra el respeto que los judíos tienen por la Sagrada Escritura. Entre los cristianos, el símbolo del ábside se combina con el arco triunfal que domina el altar, y encuentra su máxima expresión en el *ciborium* del sagrario donde se manifiesta la presencia de Dios.

¿Cuál es el significado semiológico del *mihrab* entre los musulmanes? La interpretación de este elemento arquitectónico divide a los especialistas del Islam. Para algunos (Papadopoulo, Sauvaget, etc.), procede de la antigua hornacina con estatua, y representa la «forma que simboliza la presencia física de Mahoma en su casa». Esta interpretación, demasiado influenciada por la Antigüedad clásica, no parece aplicarse al contexto de un pueblo árabo-semítico que ha condenado el «culto a las imágenes», y en el que la prohibición de toda escultura exenta se remonta al Decálogo. Porque el *mihrab* de la mezquita no es el signo de un culto rendido a Mahoma, quien no puede de ninguna manera ser igualado a Dios; la función del lugar de oración consiste, por el contrario, en ofrecer un marco para la prosternación ante Alá. Según esta explicación, la función del *mihrab* es esencialmente la de indicar la dirección en la que hay que hacer estas manifestaciones de veneración. Por tanto es preferible ver en el *mihrab* una especie de puerta simbólica que conduce a un más allá hacia el que ascienden las plegarias. Abriéndose sobre el universo divino, este vano es una representación concreta de las aspiraciones humanas hacia la divinidad; invita a la meditación;

El templo pre-islámico de Huqqa
Planta de un santuario árabe del siglo II antes de nuestra era, con su patio con pórticos, su fuente para las abluciones y su sala oblonga detrás de una doble columnata que hace de vestíbulo, sobre un podio.

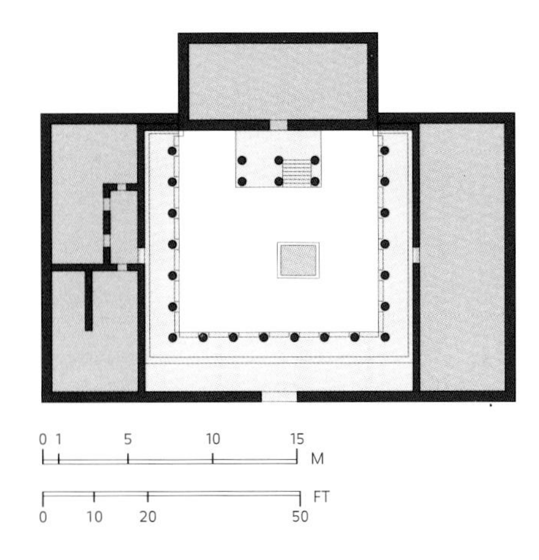

inicia en la espiritualidad. Ofrezco como prueba el ejemplo de un pequeño *mihrab* del siglo XII procedente de Mosul (en el Museo de Bagdad) que presenta la imagen, al fondo de la hornacina, de una pequeña puerta ligeramente entornada. Una interpretación así es bien distinta al deseo de «señalar el sitio donde se encontraba el Profeta». Hacía del *mihrab* un símbolo de lo absoluto, una afirmación de lo divino dentro de este mundo. Y como polarizados hacia la *kaaba*, todos los *mihrabs* convergen hacia un mismo objeto inmaterial, situado en la eternidad de Dios.

Respecto a saber por qué la primera mezquita, adaptada por el Profeta en su casa de Medina, no tenía aún –al parecer– esta hornacina como connotación altamente espiritual, la pregunta sigue en pie. Las dudas entre la orientación hacia Jerusalén o hacia La Meca puede que no sean ajenas a ello.

A comienzos del siglo VIII, en el lugar donde estaba la casa de Mahoma, los Omeyas elevarán en Medina una gran Mezquita. Duplicarán las dimensiones de la construcción inicial, pero conservando sus primeras disposiciones, con su patio y sus pórticos hipóstilos, donde se colocarán las tumbas del Profeta y de sus dos sucesores. Es con la *kibla* de esta venerable sala de oración cuando aparece el primer *mihrab*, «la mayor innovación de esta mezquita de Medina», según Papadopoulo. Pero esta hornacina sagrada que se inscribe dentro del muro sur del edificio de los Omeyas sólo es inédita en el contexto musulmán, porque este símbolo arquitectónico, como ya hemos dicho, estaba presente tanto en las sinagogas como en las iglesias cristianas. Su significado, asociado a las nociones de veneración y divinidad, lo único que hacía era adaptarse al contenido específico de cada una de las religiones con Escritura.

A partir de ahora, la mezquita posee sus elementos principales, con su patio, su sala oblonga, su *kibla*, su *minbar* y su *mihrab* que indica la orientación hacia la *kaaba*, a los que vendrá a añadirse el minarete destinado a la llamada a la oración que salmodió, por primera vez, el etíope Bilal. La arquitectura islámica árabe puede empezar su desarrollo y crear sus primeras obras maestras.

Evolución hacia la fastuosidad

Antes de tomar en consideración las obras mayores, hay que subrayar lo improvisadas que fueron las primeras obras del Islam; porque los Árabes del siglo VII no son todavía

Un antecedente arquitectónico
A la izquierda: Planta de la segunda sinagoga de Dura Europos, que data del siglo III de nuestra era, con su pequeño patio con pórticos, su sala oblonga y su hornacina con la Torá.
A la derecha: «Prototipo» del *mihrab*, la hornacina con la Torá de la sinagoga de Dura Europos, con su pintura decorativa y sus dos columnas pequeñas que encuadran el nicho coronado por una bóveda de medio punto.

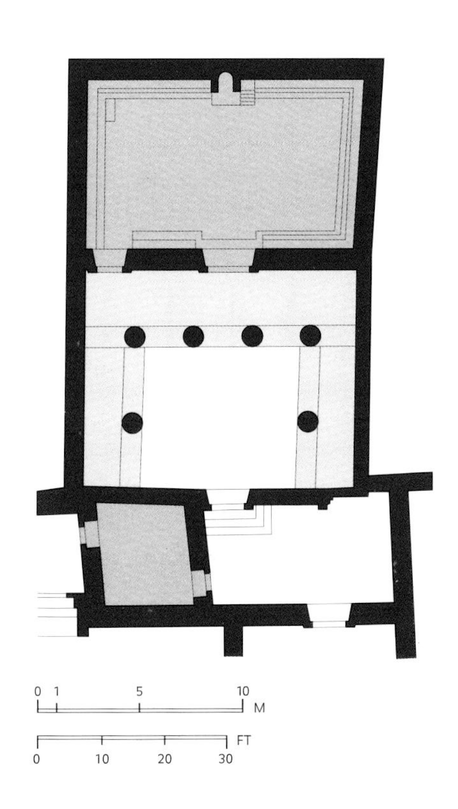

constructores. Las mezquitas de campaña, destinadas a las tropas victoriosas y a los nuevos adeptos, fueron unas construcciones rudimentarias edificadas en los territorios sometidos. A menudo la dirección de la prosternación es indicada simplemente por una lanza clavada en el suelo. Se trata, en general, de un recinto de tierra batida o apisonada, o bien de un foso en lugar de un muro, para evitar que los animales domésticos pisen el espacio consagrado. Es el caso, en particular, de la primera mezquita de Kufa, que data del 638, y de la que nos han llegado algunas descripciones gracias a los historiadores árabes al-Baladhouri (m. en el 892) y al-Tabari (839–923). Las salas hipóstilas sólo están hechas con columnas y vigas tomadas de los monumentos antiguos: templos, iglesias o edificios de los emires gasánidas y lamidas.

A pesar del aspecto «chapucero» y provisional que tienen las mezquitas introducidas por los ejércitos árabes, la difusión de las construcciones de culto es rápida y eficaz: cada ciudad, cada barrio posee su lugar de recogimiento (*djami*), donde la comunidad musulmana se reúne para la oración del viernes. Es allí donde el *imam*, jefe político, militar y religioso, se dirige a las muchedumbres desde lo alto del *minbar*. A los ojos de las poblaciones conquistadas, el aspecto desgastado de estas mezquitas es con frecuencia motivo de burlas.

Comparadas con las grandes construcciones de los *basileïs* y la fastuosa de la Iglesia bizantina, estos lugares de culto islámico parecen ridículos a los no-musulmanes. Por ejemplo, el obispo galo Arculf que visita Jerusalén en el 670 –menos de cincuenta años después de la hégira– comenta que los Árabes han levantado en la explanada del Templo «un edificio construido de manera tosca con la ayuda de grandes maderos puestos sobre unas ruinas». Ahora bien, está hablando aquí de la primera mezquita levantada en uno de los lugares más prestigiosos del Islam, puesto que el Corán hace de él el punto de partida del célebre «viaje nocturno» del Profeta.

La consolidación de la dinastía de los Omeyas

Para que se fusionen mejor la cultura de los pueblos conquistados y la de los conquistadores y para atraer hacia el Islam nuevos convertidos, será necesario que los soberanos árabes adopten un lenguaje arquitectónico inspirado en las formas y técnicas en uso para los monumentos que constituían el brillo del cristianismo del Imperio de Oriente. Semejante metamorfosis sólo va a ser posible cuando la capital del mundo árabe pase de Medina a Damasco. Ésta es la decisión que toma, en el 660, el califa Moawiya, fundador de la dinastía de los Omeyas.

De otro lado, se demostrará que la decisión de dejar la original Arabia para instalar la corte del califa en una antigua ciudad de Oriente Próximo será fundamental para todo el futuro del mundo islámico, y en particular de su arte. La elección de Damasco significa que, desde el principio, los Omeyas adoptaron muchas tradiciones grecorromanas. A partir de ahora, habrá administradores, sabios, matemáticos y gestores formados en la escuela bizantina que estarán asociados al poder islámico. Y en el campo artístico –en el que los Árabes no tenían mucha tradición– habrá arquitectos, maestros de obra, escultores, mosaiquistas bizantinos, o formados por ellos, que serán contratados por los califas omeyas, deseosos de dar al Islam unos monumentos dignos de competir con las principales obras de los cristianos.

En sus «Viajes y Periplos», el escritor árabe Ibn Battuta (nacido en Tánger en el 1304 y muerto en Ronda en el 1370), narra que «el califa al-Walid había enviado al emperador bizantino un mensaje en estos términos: «Quisiera reconstruir la mezquita de nuestro Profeta. ¿Podéis ayudarme en esta empresa? Y el emperador envió artesanos al califa.» Por tanto, ni el antagonismo militar ni el religioso excluían para nada una colaboración entre cristianos y musulmanes. De esta aportación bizantina al arte del primer Islam, la mezquita de Medina, muchas veces incendiada y reconstruida, no es más que un ejemplo significativo. Es más bien la Cúpula de la Roca, en Jerusalén, la que ilustra el considerable papel de las construcciones cristianas al servicio de los primeros califas, en los albores de la era de los Omeyas.

La mezquita de Medina
Reconstrucción de la planta de la mezquita de Medina, construida por el califa al-Walid entre el 707 y el 709 donde estaba la casa del Profeta, indicada aquí por un trazo ligero. Sus anchos pórticos rodean un patio trapezoidal. Arriba a la izquierda, la tumba de Mahoma y de sus dos sucesores (según Sauvaget).

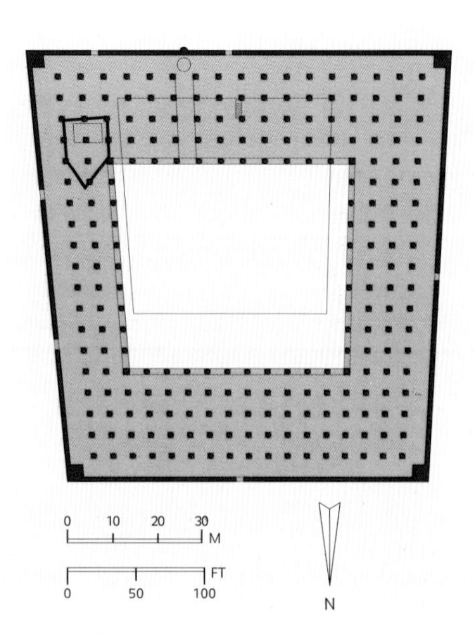

Destinado para el ritual de la circunvalación
El doble deambulatorio de la Cúpula de la Roca: su columnata octogonal rodea un pórtico circular que soporta la cúpula. Concebido según el espíritu de la arquitectura bizantina, esta construcción en forma de martyrium está adornada por mosaicos con fondo de oro y columnas con capiteles corintios.

Una obra político-religiosa

En efecto, es en Jerusalén –que los Árabes llaman al Qods– donde se crea la primera obra maestra de la arquitectura islámica: la Cúpula de la Roca, célebre entre todos los monumentos de la Ciudad Santa. Con su rotonda octogonal que domina la explanada del Templo, o Haram al-Sharif, se alza a la derecha, donde Salomón –conmemorando el sacrificio de Abrahán– había levantado el santuario de Yahvé que contenía el Arca de la Alianza.

Desde que el califa Moawiya ha decidido establecer su capital en Damasco, la tensión con Medina va en aumento. Este antagonismo entre Arabia y Siria se agrava cuando llega al poder Yazid I, considerado como el responsable de la muerte de al-Hysayn, hijo de Ali. También Ibn al-Zoubayr, primo de Mahoma, se proclama califa de La Meca. Este anti-califa se mantiene durante diez años a la cabeza de Arabia. Los habitantes de Medina expulsan a los Omeyas de la Ciudad Santa. Posteriormente, las tropas de Damasco tendrán que sitiar Medina y La Meca para reducir la disidencia. En el 693, incendiarán la Kaaba durante el asalto, y darán muerte al anti-califa.

Ante la situación creada por la rebelión de Medina, el califa Abd al-Malik, que sucede a Yazid I, en el 685, quiere resolver la imposibilidad en la que se encuentran los fieles de hacer la peregrinación a los Santos Lugares de La Meca y de Medina durante la insurrección. Piensa desviar hacia Jerusalén, un territorio que él controla de cerca después de Damasco, el flujo de peregrinos musulmanes. Sabiendo que la ciudad de David es un lugar de peregrinación para judíos y cristianos, evalúa el provecho económico que puede sacar de una peregrinación en la que van a participar las

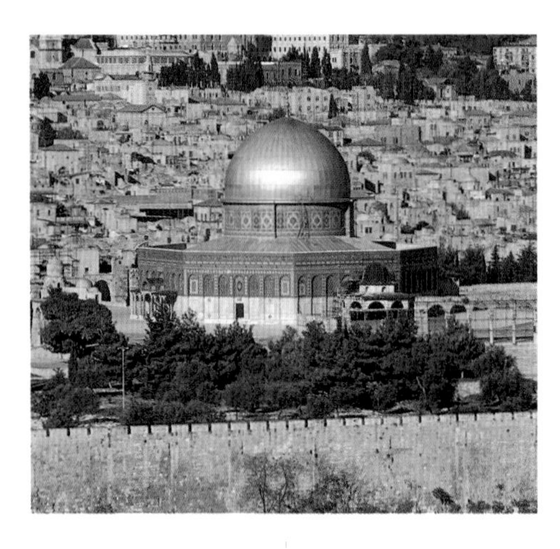

Polo de la antigua Jerusalén
En medio de la explanada del Templo, la Cúpula de la Roca, edificada en el siglo VII, constituye el centro del espacio sagrado. Su cúpula dorada ilumina los antiguos barrios de la ciudad.

Como un cofre precioso
La suntuosa cúpula que domina la roca sagrada de Jerusalén es soportada por una arcada en cuyas claves se alternan el blanco y el negro, y está coronada por un mosaico por encima del cual se abren una serie de claraboyas. Unos materiales preciosos -mármoles policromados, doraduras y paramentos hechos con teselas- confieren al primer edificio religioso del Islam un lustre excepcional.

tres grandes religiones con Escritura. También para atraer a los creyentes hacia ese lugar importante, santificado por Abrahán, decide construir en el monte Moria un monumento resplandeciente. En el emplazamiento del templo de Salomón, en el mismo lugar donde Cristo predicó, en el punto exacto en el que Mahoma se había elevado al cielo durante el famoso *miradj*, Abd al-Malik manda construir un edificio donde brillará la espiritualidad del Islam. Quiere crear una obra maestra capaz de eclipsar los santos lugares de Arabia, que ya son inaccesibles, excepto en raros períodos de tregua. Por otra parte, ¿el califa no ha prohibido -según al-Yakubi (m. 897)- a sus súbditos que vayan a Medina, por temor a que sucumban a la propaganda del anticalifa? En el lugar elegido, la presencia simbólica de Abrahán es tan fuerte como en La Meca, donde se encuentra la Piedra Negra de la Kaaba.

La Cúpula de la Roca fue levantada entre el 687 y el 692. Su concepción fue confiada a un arquitecto de formación bizantina. La obra estuvo bajo la dirección de maestros de obra sirios, y unos mosaiquistas de Constantinopla se encargaron de la decoración. Este equipo llevó a cabo una construcción que se inscribe dentro de la más pura tradición del santuario cristiano y que, en el centro de la explanada, constituye un polo que se presta a los grandes rituales de circunvalación, hechos posibles por su planta octogonal.

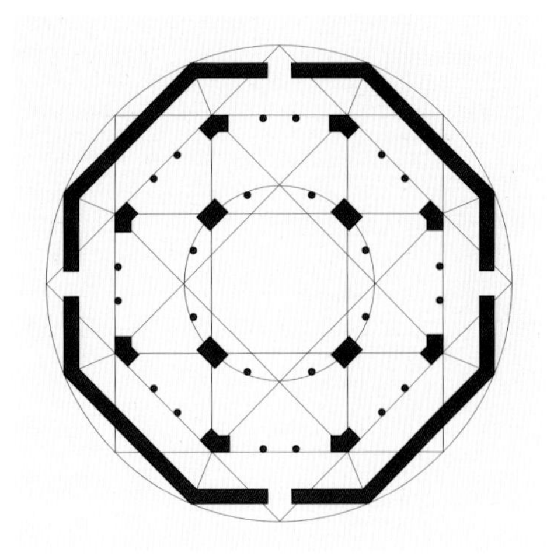

Esquema del octógono
El trazado geométrico de la planta de la Cúpula de la Roca se basa en el principio de los cuadrados a 45° de rotación entre sí. Todo el edificio está basado en esta fórmula sintética, verdadero *mandala*, cuyas implicaciones numéricas son numerosas.

Una maravilla geométrica

La Cúpula de la Roca, o Qoubbat al-Sakhra, domina desde su mole la explanada del Templo, o Haram al-Sharif. Este edificio de planta central, de forma octogonal, mide 54 m de diámetro y su cúpula culmina a los 36 m de altura. Las caras del octógono, que están frente a los puntos cardinales, están provistas de puertas en proyección. La más importante, situada al sur, está precedida por una marquesina soportada por ocho columnas pareadas dispuestas en dos filas a cada lado de la entrada. Dominando la roca sagrada, la cúpula sobre tambor alza su elevada silueta a modo de arco de herradura.

En el interior, se descubre un doble deambulatorio destinado al ritual de la circunvalación. Estos espacios anulares están bordeados de pórticos concéntricos: el más

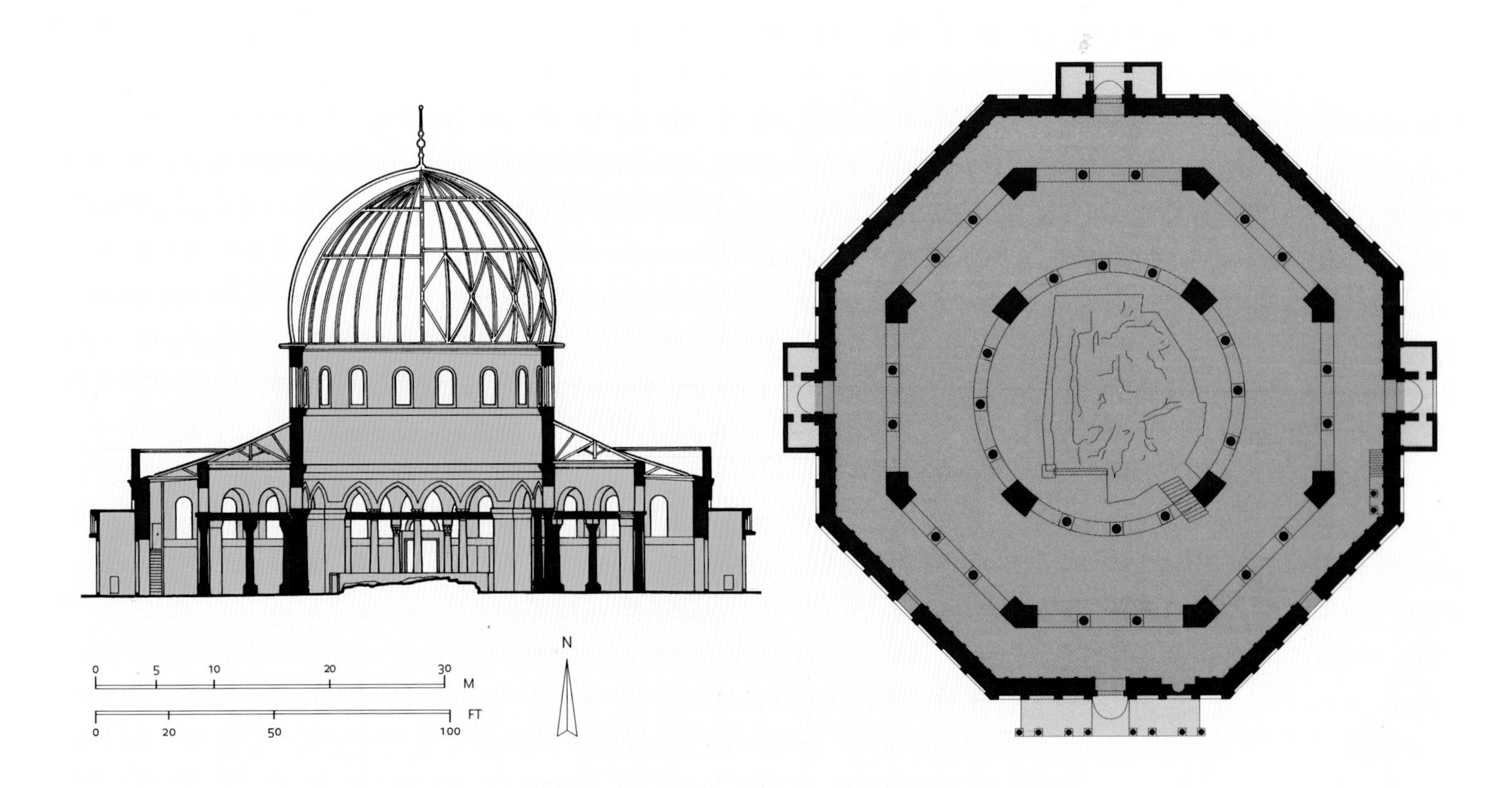

Del sacrificio del Patriarca al viaje nocturno del Profeta
Es sobre esta roca rodeada por un pórtico donde se conjugan la veneración por Abrahán y la conmemoración del *miradj*: la tradición narra que el Profeta, al elevarse hacia los cielos, montado sobre el caballo Burak, habría dejado la huella de su pie en el suelo, huella que sigue siendo visible en el centro de la Cúpula de la Roca.

Página 34 abajo
Perfección de la planta centrada
Corte transversal y planta de la Cúpula de la Roca en Jerusalén. La fórmula del martyrium Bizantino halla aquí su expresión: la cúpula domina la roca sagrada alrededor de la cual el doble deambulatorio permite llevar a cabo el rito de la circunvalación.

grande es octogonal y corre paralelo a los muros del edificio. Está formado por veinticuatro arcos. Sobre cada cara del octógono se alternan dos columnas entre los pilares esquinados. Este pórtico totaliza por tanto ocho pilares y dieciséis columnas.

Respecto al pórtico interno, que es circular, sólo cuenta con cuatro pilares entre los que tres columnas soportan cuatro arcos por cada lado. Cuenta por tanto con doce fustes que, junto con los pilares, sostienen dieciséis arcos dispuestos alrededor de la roca sagrada. Por encima de esta arcada se eleva el alto tambor cilíndrico sobre el que descansa la cúpula.

Numerosos autores han estudiado esta extraordinaria estructura hecha de elementos circulares y octogonales, de espacios redondos y anulares, de alternancias entre pilares y columnas. Entre ellos, Creswell y Michel Écochard han analizado las fórmulas geométricas que forman parte de la composición de esta planta central exquisitamente elaborada. Han constatado que la disposición de las arcadas concéntricas procedía de un trazado basado en un círculo externo de 26,87 m de radio, o sea, 53,74 m de diámetro, dentro del cual se inscriben dos cuadrados puestos en ángulos de 45° el uno del otro. Los puntos de intersección de estos dos cuadrados determinan un círculo interior de 20,56 m de radio, o sea, 41,12 m de diámetro, que delimita la arcada octogonal. Juntándose entre sí –vertical y horizontalmente– los ocho puntos de intersección de los dos cuadrados entrelazados obtienen nuevas intersecciones describiendo un círculo que se confunde con el trazado de la arcada interior que tiene un radio de 11,13 m, o sea un diámetro de 22,26 m. Del círculo fundamental externo se desprenden por tanto, lógicamente, dos círculos más pequeños que dominan toda la construcción.

Dichas estructuras geométricas, cuya planta se deduce naturalmente de un tema único, son usuales en el mundo antiguo así como en Bizancio: Écochard ha demostrado que se encuentra la misma composición y un círculo externo del mismo diámetro en San Vital de Rávena (540), y que la iglesia de la Ascensión en Jerusalén (378) descansaba sobre un octógono idéntico al de la Cúpula de la Roca. Parece ser que un esquema análogo ha producido el octógono de Qalat Siman (476), martyrium de San Simeón el Estilita al Norte de Siria. Se reconocía por tanto la concepción romano-bizantina en este recurso a la geometría que ilustra aquí la primera gran construcción del Islam.

Los autores antiguos y modernos aprecian unánimemente la armonía, el equilibrio y la perfección del espacio y de los volúmenes de la Cúpula de la Roca. Su trazado, verdadero receptáculo del esoterismo matemático antiguo, responde a la idea de los filósofos griegos según la cual los números y los cuerpos geométricos simples constituyen una forma de conocimiento de la realidad. Según las teorías de los platónicos y de los pitagóricos, estos conceptos matemáticos son representaciones simbólicas del mundo ideal –inmutable y perfecto– del más allá. El microcosmos de la arquitectura es llamado así a interpretar las leyes del macrocosmos. El edificio permite por tanto expresar el misterio del mundo. Esta concepción gnóstica que la Antigüedad lega al Islam abre la puerta a toda una semiología que justifica una «lectura» en profundidad de la arquitectura.

En la Cúpula de la Roca, la simbología reside en el paso del cuadrado al círculo, es decir, de la tierra al cielo, mediante el octógono: estamos ante una especie de *mandala*. El peregrino hace aquí la experiencia, mediante la circunvalación, de la cuadratura del círculo, de la unión del cuerpo y del alma.

Sobre un tambor cilíndrico que emerge del octógono se alza la altiva cúpula recubierta de cobre, con la plancha enteramente dorada. Esta cúpula se hizo mediante

Página 36 arriba
La fastuosidad del califato
La pompa del arte imperial bizantino para la Cúpula de la Roca en Jerusalén: antiguas columnas hechas con material antiguo, capiteles en forma de cestos de flores coronados por dados bizantinos y un revestimiento brillante hacen de los deambulatorios del edificio una digna ilustración del creciente poder de los Omeyas.

Página 37 arriba
Revestimientos de mármol
Las superficies de los muros de la Cúpula de la Roca tienen unos revestimientos adornados con motivos geométricos que derivan directamente de la tradición romano-bizantina.

Página 37 abajo
Lugar de peregrinación
A pesar de que la Cúpula de la Roca no es concebida como una mezquita propiamente dicha, sino como un lugar destinado al ritual de la circunvalación, tiene un pequeño *mihrab*, con una decoración muy sobria, que marca el carácter sagrado del edificio.

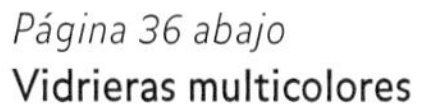

Página 36 abajo
Vidrieras multicolores
Las ventanas del octógono estaban seguramente provistas de *claustra* de mármol. Durante la reconstrucción hecha por los Otomanos, fueron provistas de suntuosas vidrieras policromadas con un encaje de yeso, como en las mezquitas de Estambul.

dos estructuras de madera encajadas la una dentro de la otra. El cascarón externo, casi a modo de arco de herradura realzado, contiene otro cascarón interno rigurosamente hemisférico. Hay que señalar que la utilización de una cúpula de madera, en lugar de una construcción de piedra, procede de la tradición de los constructores sirios. En efecto, probablemente hubo una cubierta de madera tanto en Qalat Siman como en la catedral de Bosra (515). Estas soluciones permiten crear estructuras de una gran ligereza para cubrir espacios relativamente grandes.

La decoración con mosaicos

Respecto a la suntuosa decoración de la Cúpula de la Roca, evoca el lenguaje ornamental bizantino. Si el exterior del octógono ha sido enteramente renovado en la época otomana mediante azulejos policromados en los que predomina el azul, el alto plinto de mármol con motivos geométricos que subsiste en la base de los muros deriva de las fórmulas en uso para los antiguos revestimientos y losas. En el interior, todo expresa la fastuosidad bizantina: las columnas de mármol policromado dispuestas sobre bases cúbicas, los capiteles corintios dorados, cubiertos de dados, la moldura de los arquitrabes con reminiscencias de la antigüedad y sobre todo los suntuosos mosaicos con pámpanos y ramajes sobre fondo de oro, que cubren paredes y arcadas. Sin embargo, no hay más que composiciones florales, con sus fuentes de inmortalidad de las que brotan follajes entrelazados.

Este revestimiento de teselas evoca la magnificencia de las iglesias de Constantinopla o de Rávena. Pero en la Cúpula de la Roca, se limita a los motivos vegetales, excluyendo toda figura humana. Ibn Battuta, evocando este monumento, se reconoce «incapaz de describir un trabajo tan hermoso».

Paradójicamente, la primera obra maestra de la arquitectura de los califas no es una mezquita, sino una especie de martyrium, un edificio conmemorativo que exalta la roca consagrada por el sacrificio de Abrahán y por el «viaje nocturno» de Mahoma. La construcción no está orientada, sino que, por el contrario, constituye el centro del espacio consagrado, con sus cuatro puertas correspondientes a los cuatro puntos cardinales. Sólo remite a sí misma: su estructura es rigurosamente centrípeta. No olvidemos que, en el espíritu de su creador, el califa Abd al-Malik, la Cúpula de la Roca tenía que convertirse en el verdadero centro del mundo islámico. Su función era la de arrebatar a la Kaaba su papel preeminente. Tenía además la insigne misión de subrayar la convergencia entre las tres religiones basadas en el Pentateuco.

A este respecto, observaremos que la Cúpula de la Roca evoca el primer Santo Sepulcro de Jerusalén (335), del que no está lejos. Existe una analogía intencionada entre estos dos edificios: tanto el uno como el otro obedecen a una planta central con doble deambulatorio, dominada por una cúpula que mide, tanto aquí como allí, 20,40 m de diámetro interno. Ambos albergan una roca sagrada bajo la cual se abre una gruta. Tanto en la una como en la otra, se observa la marca de un pie –el de Jesús que resucita, y el del «enviado de Alá durante su elevación a los cielos»–. Esta convergencia de formas y funciones no puede ser casual. Se basa en una clara voluntad por parte del califa Abd al-Malik de asumir la sucesión de la religión cristiana en los lugares santificados por Abrahán.

La mezquita al-Aksa

Esta analogía con la tumba de Cristo no se limita a la rotonda: así como al Santo Sepulcro se le añade, además de un *atrium*, la iglesia de la Resurrección dispuesta sobre un eje este/oeste, del mismo modo la Cúpula de la Roca recibe, cuando la insurrección de Arabia es domeñada, un complemento arquitectónico. Se trata de la mezquita al-Aksa, erigida sobre un eje norte-sur. Ésta es edificada, entre el 707 y el 709, por el califa al-Walid de Damasco, en el lugar de las «soluciones provisionales» señaladas por Arculf. Esta vez se trata de una verdadera mezquita, orientada hacia la Kaaba, que el Omeya edifica delante de la Cúpula de la Roca, al borde de la explanada

La mezquita de Jerusalén
Al-Aksa, edificada en el 707 por el califa omeya al-Walid, se alza al sur del octógono, con el que forma un todo indisoluble, como la cercana iglesia de la Resurrección y del Santo Sepulcro. El edificio, varias veces destruido y reconstruido, sólo conserva de sus orígenes el crucero que domina la cúpula precedida por el *mihrab*.

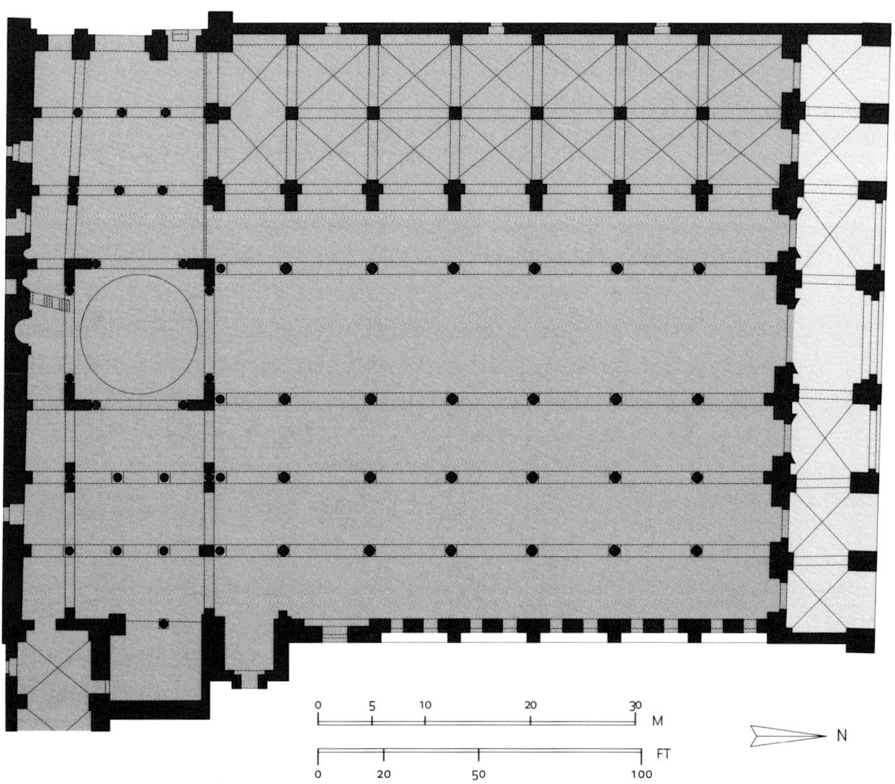

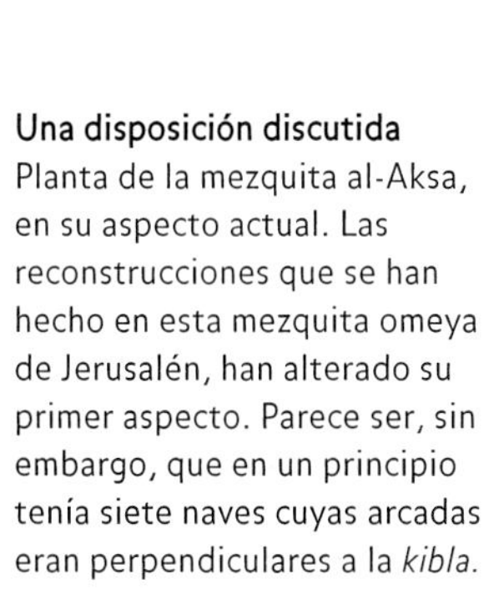

Una disposición discutida
Planta de la mezquita al-Aksa, en su aspecto actual. Las reconstrucciones que se han hecho en esta mezquita omeya de Jerusalén, han alterado su primer aspecto. Parece ser, sin embargo, que en un principio tenía siete naves cuyas arcadas eran perpendiculares a la *kibla*.

del Templo. La mezquita al-Aksa ha sufrido demasiados estragos a lo largo de los siglos para que podamos identificar su planta original. Sólo en el crucero –punto de encuentro de la nave principal con el intercolumnio que conduce al *mihrab* cubierto por una cúpula de madera–, subsisten unos vestigios lo suficientemente bien conservados para que podamos adivinar el aspecto de la construcción. Hay unos hermosos mosaicos con fondo de oro, sobre los que se despliegan palmas y ramajes, así como unas curiosas trompas en los ángulos, igualmente cubiertos de teselas doradas.

Sea como fuere, la mezquita al-Aksa es una sala hipóstila formada por siete naves con arcadas perpendiculares a la *Kibla* y once intercolumnios precedidos por un vestíbulo. La cubierta tenía que ser totalmente de madera, con techo plano. Al-Aksa representa la parte cubierta del santuario omeya de Jerusalén, porque toda la explanada del Templo (Haram al-Sharif) estaba considerada como un gran lugar de oración y de prosternación. Este espacio no es otro que el antiguo *temenos* del Templo de Salomón, que cubría 430 x 300 m, cuya terraza central, sobre la que se alza la Cúpula de la Roca, mide ella sola 190 x 130 m. La mezquita, adyacente al borde de la tapia, está encima de las antiguas construcciones herodianas, a las que los autores árabes llamaban «las cuadras de Salomón».

La decoración vegetal
El crucero sobre el que se eleva la cúpula de la mezquita al-Aksa se sitúa en la extremidad de la nave principal bordeada por tres niveles de arcadas: cada uno de los grandes arcos es tensado por unos tirantes que unen las impostas entre sí. Por encima de tres vanos intermedios, hay tres ventanas que iluminan cada uno de los intercolumnios de la nave cubierta por un techo de madera. El arco triunfal está adornado por ramajes tratados en mosaico.

Página 41
Brillantes trompas angulares
En los cuatro ángulos que soportan la cúpula de la mezquita al-Aksa, en Jerusalén, descubrimos unos curiosos sistemas de trompas. La transición entre la planta cuadrada y la base circular de la cúpula se produce mediante una trompa coronada por un motivo circular cóncavo. Todo el trabajo está recubierto de suntuosos mosaicos con fondo de oro.

La Gran Mezquita de los Omeyas de Damasco

Un monumento a imagen del Paraíso

Página 43
El emblema del Árbol de la Vida
Este detalle de un recuadro de mosaicos, que representa altas palmeras a cuyas sombras se alzan unos palacios, adorna el Tesoro de la Gran mezquita de los Omeyas, en Damasco. Ilustra bien la frase que cita Ibn Battuta: «Si el paraíso eterno está en la tierra, se encuentra en Damasco y en ningún otro sitio.»

«Damasco –¡que el Altísimo la proteja!– Damasco, Paraíso de Oriente, lugar desde donde, él irradia su luz, sello de los países del Islam, joven esposa a la que hemos admirado, toda adornada de flores y plantas olorosas: aparece con el vestido de brocado verde de sus jardines. Damasco se honra en haber cobijado al Mesías y a su Madre –¡que Dios los bendiga!– sobre una colina, ofreciéndoles un refugio agradable, bañado en aguas vivas, donde la sombra extiende su frescor, donde la corriente es como el agua que mana de la fuente Salsabil del Paraíso.»

Esta es la invocación con la que el viajero Ibn Jubayr (1145–1217) inicia su descripción de la capital de los Omeyas. En efecto, es en Damasco donde el califa al-Walid (705–715) construye, en los albores del siglo VIII, una gran mezquita, digna del poderoso imperio sobre el que reina. Después de haber puesto por obra la ampliación de la mezquita de Medina en el emplazamiento de la casa del Profeta, así como la mezquita al-Aksa en Jerusalén, al sur de la Cúpula de la Roca, al-Walid decide, en el 706, construir en el centro de Damasco un suntuoso lugar de oración que ocupará el emplazamiento del *temenos* antiguo. De hecho, la fastuosidad de esta Gran Mezquita de los Omeyas será tal que el edificio pasará, durante los primeros siglos de la hégira, por ser la octava maravilla del mundo.

Pero la génesis de esta obra maestra fue compleja, misteriosa y sorprendente. Antes de detallar sus fases, hay que describir brevemente esta mezquita de trece siglos de antigüedad, que –aunque haya sufrido una serie de catástrofes, y en particular el gran incendio de 1893– conserva todavía una hermosura fascinante.

Sobre el alto *temenos* antiguo que medía 160 x 100 m, que obedece a una orientación este/oeste y cuyo recinto rectangular se parece a una fortaleza, la mezquita erigida por al-Walid presenta, al norte, un gran patio oblongo (más ancho que profundo) de 120 x 50 m, bordeado de arcadas y pórticos sobre tres de sus lados, limitando el cuarto con la fachada de la sala de oración. El *haram* presenta un cuerpo central con frontón elevado, dominado por una cúpula. De una parte y de otra se despliegan ampliamente dos alas. Cada una de ellas está formada por tres intercolumnios subrayados por arcadas que son paralelas a la *kibla*. Esta sala de oración ocupa todo el lado sur del *temenos* y mide 136 x 38 m. Las dos alas simétricas se extienden, tanto al este como al oeste, sobre 56 m de ancho. En el interior, cada una está dividida por dos pares de arcadas en forma de pórticos, dispuestas a una y otra parte de la construcción central que juega el papel de una pequeña nave axial. Cada arcada descansa sobre diez poderosas columnas. Dominando estos fustes unidos por grandes arcos, se encuentra un segundo nivel compuesto por vanos dos veces más estrechos, soportados por pequeñas columnas. Por encima de cada arco grande se encuentran por tanto dos arcos pequeños. Así es la estructura de estos cuatro pórticos sobre los que descansa la cubierta de las alas de la mezquita.

Estas estructuras portantes generan el espacio de oración que mira hacia el sur. Corren paralelamente al límite meridional del *temenos* y se desarrollan de este a oeste. Se trata, a primera vista, de estructuras muy clásicas, con sus columnas, sus capiteles corintios y sus arcos cubiertos con dados. El estilo general recuerda –como

Damasco y los castillos acuáticos
Los mosaicos que adornan el patio de la Gran Mezquita de al-Walid en Damasco representan maravillosos palacios rodeados de aguas vivas, bajo unas ramas siempre verdes. Es la misma imagen del jardín del Edén que los suras del Corán prometen a los creyentes.

La mezquita de los Omeyas
Vista desde el cielo, la Gran Mezquita de Damasco, cuyas construcciones rodean el antiguo *temenos*, levanta sus tres minaretes y su alta cúpula por encima de la ciudad antigua y de sus bazares que han sustituido a las avenidas con pórticos de la ciudad romano-bizantina. Fue edificada entre el 707 y el 714.

en la Cúpula de la Roca, en Jerusalén– la gran arquitectura bizantina. La ilusión es tan viva que el visitante, al penetrar en esta inmensa sala dispuesta en el sentido de la anchura, tiene la impresión de haber dado un giro de 90° desde su eje longitudinal. En lugar de tres intercolumnios paralelos a la *kibla*, cree estar ante tres naves longitudinales. Esta percepción espacial evoca entonces la distribución interna de una iglesia. En una palabra, la estructura general desconcierta: al confundir los intercolumnios con naves, el observador tiende a «interpretar» el edificio en sentido perpendicular, sin tener en cuenta ni la distribución real, ni la orientación de la plegaria musulmana hacia la Kaaba.

Esta impresión es tan fuerte que más de un especialista ha cometido el error, al estudiar la Gran Mezquita de los Omeyas, de hablar de «transepto» a propósito del cuerpo central de la construcción que es en realidad la nave (Creswell), y de «naves» respecto a los intercolumnios que dividen las alas situadas de una parte y de otra. Por eso ciertos arqueólogos e historiadores han sugerido que el edificio pudiera ser la antigua iglesia bizantina, que sencillamente fue ocupada y adaptada por al-Walid. Para transformar la basílica en mezquita, el califa, según estos autores, se habría limitado a modificar en ángulo recto (90°) la orientación de la oración: en el edificio en el que los cristianos miraban a Oriente, los musulmanes se habrían vuelto en cambio hacia el sur, en dirección a La Meca. La realidad no es tan sencilla.

Esta hipótesis ha sido defendida sucesivamente por Watzinger y Wulzinger, Dussaud y Diehl, Lammens y Strzygowsky. Pero Creswell ha refutado sus teorías, demostrando que una basílica bizantina jamás habría tenido una distribución así, al lado y no en el centro de un *temenos*, y que las proporciones tres veces y media más largas que anchas de esta «nave» serían totalmente incongruentes.

Génesis del edificio

Por tanto hay que buscar el origen de donde procede la impresión tan «bizantina» de esta obra damascena. Esto implica una breve exposición histórica. Hemos recordado el antiguo *temenos*: en el siglo I, Damasco albergaba un célebre templo consagrado a Júpiter. Fue durante la construcción de este santuario romano cuando se edifica la explanada sobre la que iba a levantarse el edificio. En el siglo IV, bajo el reinado de Teodosio (379-395), tras la cristianización del Imperio y la oficialidad de la Iglesia, el templo de Júpiter Damasceno fue reemplazado por una gran basílica consagrada a san Juan Bautista. A raíz de la conquista islámica, en el 635, el *temenos* habría sido compartido entre cristianos y musulmanes: según los cronistas árabes, cada uno practicaba allí sus propios ritos. Parece ser que era frecuente, en los comienzos del Islam, que las iglesias fueran utilizadas alternativamente por ambas comunidades.

Hacia el 664, los Árabes, después de convertir Damasco en la capital del imperio de los Omeyas, exigen disponer de todo el espacio que incluye el *temenos*. Dejan de utilizar la iglesia, al lado de la cual tal vez hayan edificado un primer *kibla* de modestas proporciones, donde se hallaba el *mihrab* llamado «de los Compañeros del Profeta». Los autores árabes que evocan el reinado de al-Walid son unánimes en afirmar que el califa hizo demoler la basílica de San Juan Bautista a fin de construir su Gran Mezquita. Ante informaciones tan concordantes, se puede admitir que la mezquita de los Omeyas que vemos hoy es la antigua iglesia de San Juan Bautista, que habría sido adaptada a la oración musulmana. Además, Creswell tiene razón: ninguna basílica bizantina presenta las proporciones ni la situación excéntrica de la pretendida iglesia que al-Walid habría transformado en mezquita. ¿Cómo conciliar estos hechos con la impresión profundamente bizantina que se tiene en esta sala de oración?

El pórtico que da al patio
La doble arcada que rodea al norte la Gran Mezquita de Damasco es el fruto de una reconstrucción medieval que ha retomado la disposición original de dos niveles. Pero ha reemplazado las antiguas columnas –que seguramente fueron recicladas– por pilares cuadrados que jalonan el patio.

Un espacio grandioso
Perspectiva sobre el pórtico norte y el patio de la Gran Mezquita de los Omeyas, en Damasco; a la izquierda, el cuerpo de la construcción central dominada por la cúpula llamada «del Águila», que divide en dos partes la sala de oración oblonga. Esta obra de al-Walid, que se inscribe dentro del *temenos* antiguo, ha heredado las dimensiones «imperiales» romanas.

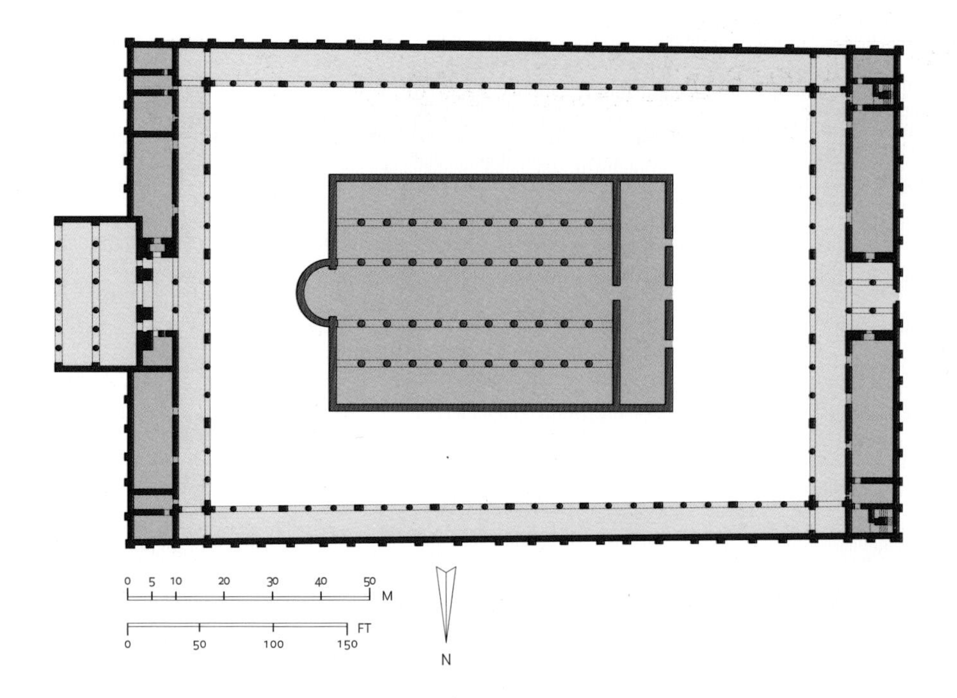

Página 51
La medida del tiempo
El minarete norte que domina la puerta llamada «del Paraíso», en la Gran Mezquita de los Omeyas, es el único que ha sido edificado por los musulmanes: los otros dos coronan unas torres cuadradas cristianas. Al este del patio (a la derecha) se alza un edículo que antiguamente contenía un reloj. Ibn Jubayr describe minuciosamente este mecanismo que pudo observar en 1184. Explica que este reloj anafórico indica tanto la hora del día como de la noche, gracias a unos rodajes de repetición y a unos morteretes.

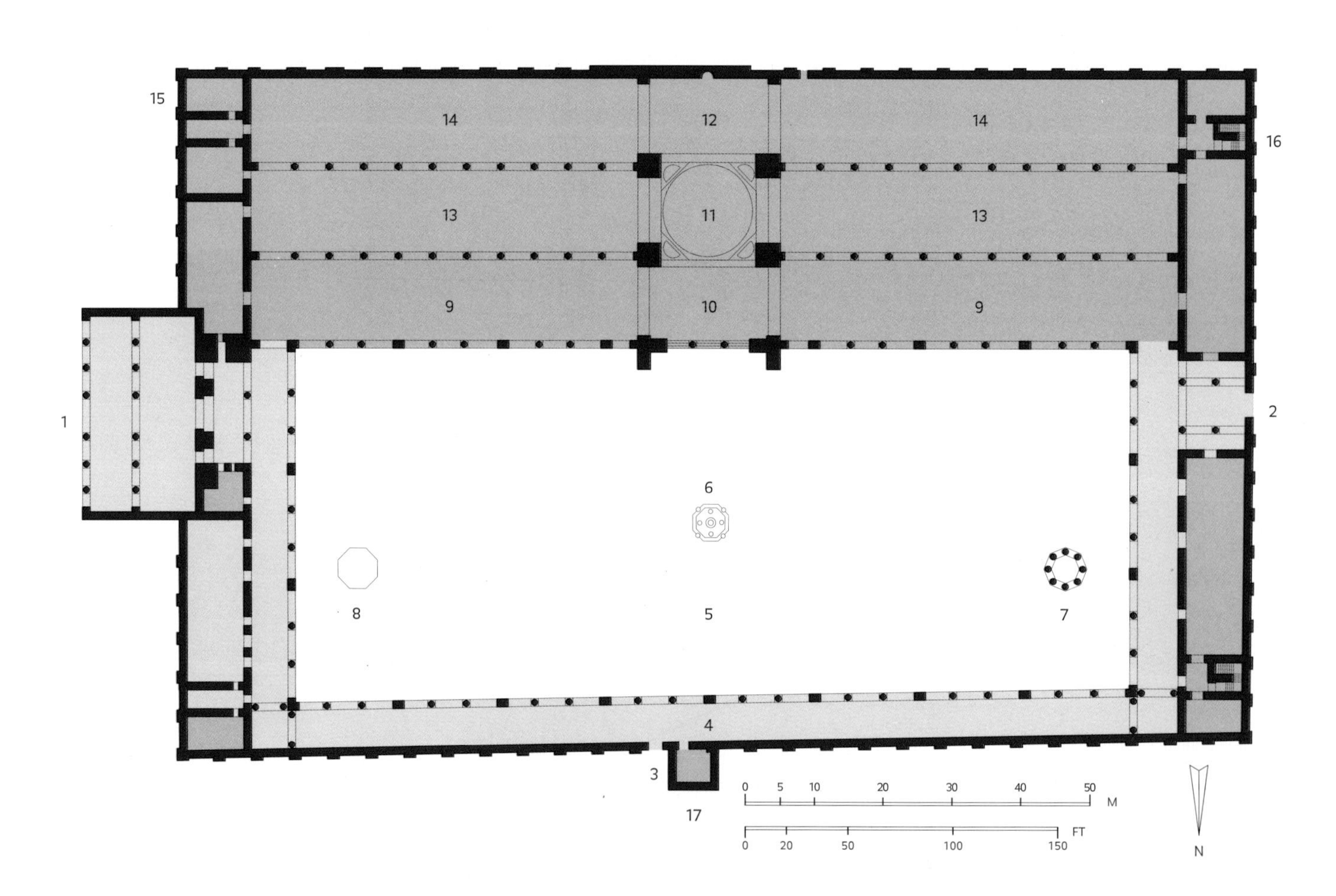

La planta y su génesis controvertida
Arriba: La disposición hipotética de la basílica de cinco naves consagrada a san Juan Bautista, que data de la época de Teodosio (finales del siglo IV), tiene el interior del *temenos* antiguo. Este edificio fue supuestamente derribado en los albores del siglo VIII.

Concepción de la mezquita de los Omeyas
Abajo: La actual planta de la Gran Mezquita de los Omeyas de Damasco, con su sala hipóstila en el sentido de la anchura soportada por grandes arcadas paralelas a la *kibla*:
1. Entrada principal antigua
2. Entrada occidental
3. Puerta norte o Paraíso
4. Pórtico que rodea el patio
5. Patio que ocupa el *temenos*
6. Fuente para las abluciones
7. Edículo del Tesoro
8. Edículo del Reloj
9. Intercolumnios que dan al patio
10. Intercolumnio norte de la nave central
11. Cúpula del Águila
12. Intercolumnio central delante del *mihrab*
13. Intercolumnios medianos de la sala de oración
14. Intercolumnio sur que bordea la *kibla*
15. Minarete oriental
16. Minarete occidental
17. Minarete septentrional

Una hipótesis muy concreta

A fin de eliminar estas contradicciones, propongo una hipótesis muy concreta. Para reconstruir la génesis de la Gran Mezquita, hay que considerar: primero, que el califa al-Walid hizo derribar el edificio bizantino, y, segundo, que mandó edificar una nueva construcción. Por otra parte, es evidente que no se puede negar la impresión que suscita este edificio musulmán: evoca sin lugar a dudas una iglesia de «estilo» bizantino.

Estas suposiciones ya no se contradicen si admitimos la costumbre generalizada de utilizar materiales ya existentes. Me explicaré: la práctica corriente, entre los arquitectos de los primeros siglos del Islam, consistió en utilizar de forma masiva materiales ya existentes para edificar sus mezquitas. Hallamos esta particularidad en Kufa, en El Cairo con la mezquita Amr ibn el-Ass, en Kairuán, en Córdoba, etc.; en una palabra, allí donde las salas hipóstilas están construidas con la ayuda de columnas antiguas. En Damasco ocurrió lo mismo, pero en mayor escala. Según mi hipótesis, el califa al-Walid hizo derribar con mucho cuidado la iglesia bizantina de San Juan Bautista. Puso especial interés en las grandes columnatas, con sus arcadas a dos niveles, que decidió volver a utilizar –cambiándolas de posición– para colocarlas en el interior de la mezquita que deseaba edificar en el lado sur del *temenos*.

Para admitir esta idea, hay que imaginar el aspecto de la iglesia bizantina que Teodosio construyó en la plaza del templo de Júpiter Damasceno. Esta basílica se elevaba en el centro del *temenos* romano. (Aunque este detalle no tenga incidencia en mi hipótesis, yo indicaría que el *temenos* estaba formado por dos entradas: la entrada principal al este, y un acceso secundario al oeste; obedeciendo a la tradición cristiana, la basílica, rodeada por un gran períbolo, estaba orientada al este; era por tanto el presbiterio de la iglesia el que daba a la entrada principal). Ahora bien, esta iglesia dedicada a San Juan Bautista, uno de los principales personajes contemporá-

El pórtico original
Sobre el lado occidental del patio, la galería que rodea la Gran Mezquita de Damasco ha conservado su aspecto antiguo: el ritmo, que consiste en un pilar por cada dos columnas, que rodeaba, en la época romano-bizantina, al *temenos* de la iglesia de San Juan Bautista, sólo ha subsistido parcialmente hasta hoy.

Página 53
El edículo del Tesoro
Encaramado sobre ocho columnas de mármol hechas con material antiguo, el Tesoro de la mezquita es una construcción octogonal cubierta de mosaicos con fondo de oro, coronada por una cúpula revestida de láminas de plomo.

Una fachada con frontón
La entrada principal, en el centro de la sala de oración de la Gran Mezquita de Damasco, está enteramente revestida de mosaicos suntuosos. Por encima de los tres vanos coronados por ventanas bajo un arco de descarga, la decoración de follajes y moradas paradisíacas cubre la fachada desnuda, dominada por el apretado frontón «a la antigua».

El ornamento de teselas
Las enjutas que coronan las columnas del pórtico que da al patio de la Gran Mezquita de Damasco ofrecen, por encima de los capiteles con dados típicamente bizantinos, los follajes de grandes árboles que dan sombra al Paraíso de los creyentes.

neos de Cristo, se contaba entre las basílicas más grandes del mundo cristiano. Debía de tener –como San Pedro en Roma, como la Natividad en Belén, o como la iglesia de la Resurrección en Jerusalén– cinco naves. Sus proporciones de anchura/longitud no debían de ser más de uno por uno y medio, según una costumbre observada en todo tipo de edificios. Las cinco naves eran el resultado de cuatro grandes arcadas (con dos niveles de arcos) que soportaban un tejado a dos aguas con vigas visibles. Así concebido, el edificio, con su ábside, debía de medir 65 m de largo y entre 40 y 45 m de ancho (San Pedro en Roma alcanza una anchura de 65 m).

Es probable que los cuatro pórticos de la basílica estuvieran formados cada uno (como hoy los pórticos internos de la mezquita) por diez columnas y once arcos grandes de un alcance de 4,8 m. A los ojos de los constructores de al-Walid, es evidente que estas cuarenta columnas monolíticas, con más de 6 m de altura, con sus soberbios capiteles corintios y sus arcos con claves, así como el segundo nivel de arcadas más pequeñas, que reposaban a su vez sobre veintiuna columnas pequeñas, representaban una estructura preciosa. También decidieron volver a utilizar este material.

Se puede admitir por tanto que los arquitectos del califa procedieron a un desmontaje metódico y cuidadoso; tanto las columnas como los capiteles (¡que, por otro lado, procedían probablemente del templo de Júpiter Damasceno y habían sido ya utilizados

La cúpula del Águila
Reconstruida tras el incendio de 1893, la cúpula octogonal, con cuatro trompas angulares, de la Gran Mezquita de los Omeyas, domina la corta nave mediana que divide en dos partes iguales el espacio oblongo de la sala de oración.

de nuevo por los Bizantinos!) y los hermosos arcos, fueron objeto de una verdadera «anastilosis» anticipada. El trabajo consistió en levantar esos elementos arquitectónicos en la zona sur de la antigua explanada y asignarles una nueva función.

Los constructores de la Gran Mezquita de Damasco por tanto se limitaron a darle otra distribución a ese material: al sur del *temenos* situaron, a cada lado de la nave central, un par de arcadas paralelas a la *kibla*. Sobre estas estructuras –donde las arcadas que habían determinado las naves de la iglesia separaban ahora los intercolumnios de la mezquita– retomaron la cubierta de madera con vigas visibles de los Bizantinos.

Se comprende ahora por qué el interior de la mezquita de Damasco evoca el arte bizantino: los mismos elementos portantes son utilizados aquí como allí. Ciertamente, será difícil aportar una prueba arqueológica de esta operación por la cual se han vuelto a utilizar los materiales a gran escala, lo que explica la génesis de la Gran Mezquita de los Omeyas. Habría que hacer serias excavaciones debajo del patio. Además, no hay que olvidar que el terrible siniestro de 1893 obligó a reconstruir una gran parte de la sala de oración, incluidas las arcadas y la cúpula central... A propósito de esta cúpula, parece ser que, en su origen, fue construida según una tradición sólidamente confirmada en Siria, en madera, como la de al-Aksa o la de la cúpula de la Roca en Jerusalén.

En Damasco ha habido, por tanto, demolición y reconstrucción. Pero hay que subrayar el respeto que los constructores del califa han tenido al desmontar la vieja iglesia bizantina piedra a piedra. Este cuidado se explica por un hecho que merece ser recordado: en efecto, la basílica poseía un precioso relicario que contenía la cabeza de san Juan Bautista. Mahoma menciona a este personaje profético: «Mientras que él (Zacarías) oraba de pie en el Templo, los ángeles le llamaron: Dios te anuncia la noticia del nacimiento de Juan (Yahya) que confirmará la verdad del Verbo de Dios. Será grande y casto, será un profeta entre los justos.» (Corán, III, 40).

La veneración que los musulmanes sienten por Yahya subsiste en la Gran Mezquita de Damasco: en el ala este del *haram* se alza un edículo donde fueron trasladados los restos del santo. Era lógico por tanto que la iglesia consagrada a este venerable personaje, honrado en el Corán, fuera objeto de toda la solicitud del califa que perpetuaba de ese modo, en su propia mezquita, la memoria de Yahya.

La nueva utilización de los materiales del santuario no se limita a los elementos de la basílica. Se extiende al soberbio pórtico que bordea el patio. En efecto, el *temenos* estaba rodeado por una galería con arcadas. Ésta presentaba un ritmo constante de dos columnas por cada pilar. Este pórtico sólo ha subsistido, en su forma original, al este y al oeste. Al norte, posteriores restauraciones han sustituido todas las columnas por pilares. Como las grandes arcadas del *haram*, estas galerías que bordean el patio están formadas por un segundo nivel de arcos más pequeños. Se trata entonces de vanos parejos, de los cuales cada par descansa sobre una pequeña columna.

El patio de la Gran Mezquita de los Omeyas está formado, en su centro, por una fuente para las abluciones, mientras que al oeste se alza un edículo octogonal sostenido por ocho columnas antiguas aprovechadas de nuevo. Su parte superior, en forma de píxide monumental, constituía el receptáculo del Tesoro, colocado de ese modo bajo la protección divina. Las ocho caras de esta pequeña torre llamada Baital-Mâl están cubiertas de suntuosos mosaicos con fondo de oro. Al este, simétricamente a esta construcción, se alzaba la llamada torre del Reloj.

En las dos extremidades de la *kibla*, la mezquita está encerrada por minaretes que se elevan sobre antiguas torres esquinadas. Un tercer minarete se sitúa al norte, sobre el eje mediano del patio, correspondiendo así a la cúpula que domina el *mihrab* principal. A la derecha de este minarete septentrional se encuentra la llamada puerta «del Paraíso».

Arquitecturas imaginarias
La decoración del mosaico de azul y oro en la mezquita de los Omeyas tiene a veces una curiosa estilización: así, por ejemplo, este «arco triunfal» se inspira en una Antigüedad ideal. Los follajes que emergen detrás del parapeto superior recuerdan el tema de los verdores paradisíacos.

Mosaicos suntuosos

La noción del Paraíso y la evocación del patio rodeado de galerías nos llevan naturalmente a mencionar la soberbia decoración de mosaico que cubría antaño las paredes de este espacio expuesto a la luz del día. Al principio, todo el contorno del patio estaba adornado con escenas que representaban follajes y ríos en cuyas orillas había unas moradas de ensueño, bajo las sombras de los árboles y en medio de la frescura de un entorno encantador.

De este fascinante conjunto de paisajes que destaca sobre el omnipresente fondo dorado, sólo subsiste una pequeña parte que ha escapado milagrosamente a la destrucción. La calidad de estos vestigios hace que sea aún más lamentable la desaparición de la mayoría de estas escenas campestres y de estas imágenes en las que unos palacios idílicos se dispersan en medio de una naturaleza exuberante. Al principio, un alto plinto de mármol corría bajo las galerías y en la sala de oración. Alrededor del patio, este plinto se transformaba, a la altura de los ojos, en un revestimiento de delicadas teselas multicolores. Las paredes y las arcadas estaban enteramente recubiertas de mosaicos figurativos, en los que unas moradas idílicas, edificadas a orillas de corrientes de agua, estaban rodeadas de magníficos ramajes, follajes frondosos y unos bosquecillos de árboles verdosos. En la fachada, el cuerpo central de la construcción de la mezquita resplandecía hasta el frontón de pámpanos dorados, así como de grandes construcciones palaciegas de varios pisos. Por doquier se levantaban las villas que los artistas

bizantinos, puestos al servicio del califa, habían imaginado para describir el bienestar y el lujo de un mundo mejor y para iluminar este lugar de culto preeminente.

¿Qué significa, en una civilización que rechaza por lo general la presencia de imágenes figurativas, este conjunto iconográfico excepcional? Ciertamente, ni el ser humano ni los animales están presentes en esta decoración inspirada en la naturaleza. Pero nos viene a la memoria el texto de Ibn Jubayr, citado en el preámbulo de este capítulo, que evoca tanto los paisajes de Damasco, al pie del Prelíbano, como las aguas vivas que sugieren al escritor la comparación con Salsabil, la fuente del Paraíso. Desde luego, en esta decoración de mosaicos, por todas partes hay arroyos y estanques en los que se reflejan glorietas y quioscos, como para ilustrar las bellezas de este país paradisíaco. Porque es verdaderamente una imagen del Paraíso la que transmiten los mosaicos de la Gran Mezquita de los Omeyas: con sus «palacios» y sus jardines, sus árboles y sus ríos atravesados por puentes pintorescos, sus villas y sus pabellones de recreo diseminados bajo las frescas sombras, sus palacios en forma de hemiciclo y sus ciudades que se reflejan en lagos, ¿no es éste el Paraíso de los creyentes que han conocido los mosaiquistas? Por otra parte, estos artistas, se atuvieron enteramente a la prohibición expresada por el segundo Mandamiento del Decálogo (Éxodo XX, 41), y en este universo ideal no aparece ningún ser vivo.

Pórtico a dos niveles
Elevación del pórtico de dos arcadas superpuestas que rodea el patio de la Gran Mezquita de Damasco. Un juego de alternancias de dos columnas por cada pilar y de vanos pareados en el nivel superior ritma esta galería que rodea todo el patio.

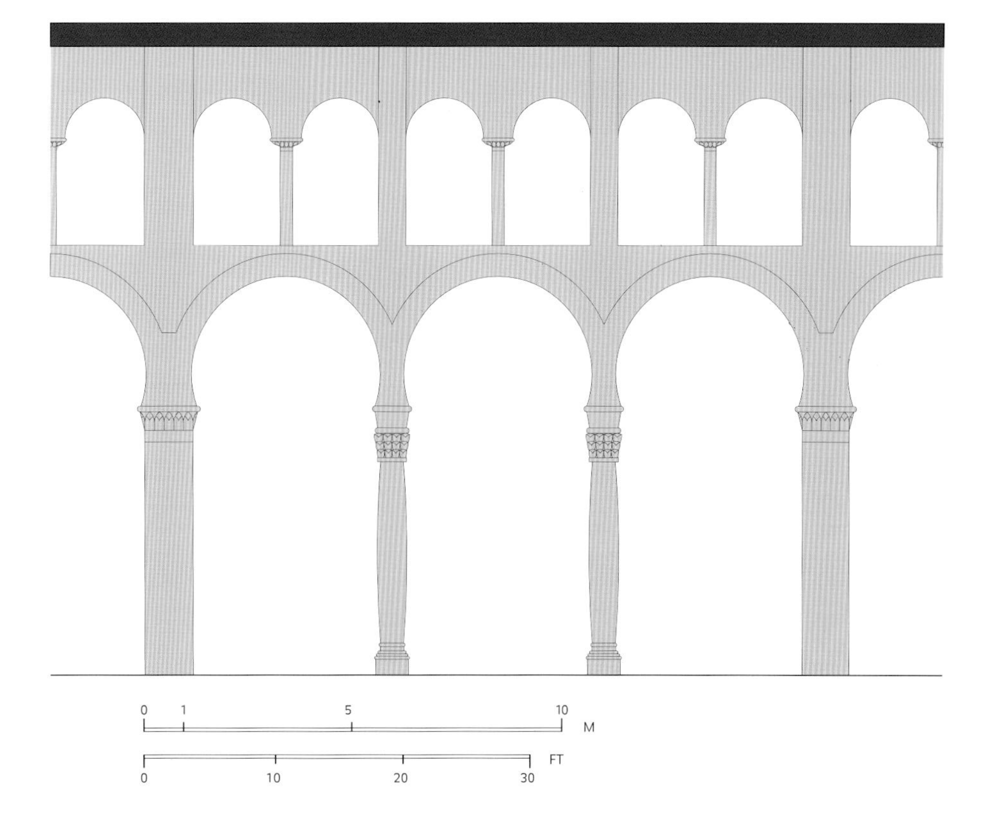

Página 58
Majestuosidad de la sala de oración
Visión transversal en el *haram* de la Gran Mezquita de los Omeyas en Damasco: las altas columnas monolíticas antiguas, con sus capiteles corintios y los grandes arcos dominados por las pequeñas columnas del orden superior, hacen de esta sala –independientemente de que se trate de piezas hechas con materiales antiguos– uno de los grandes logros de la arquitectura clásica del Islam.

La representación obedece a la perspectiva escalonada del arte antiguo, que confiere un carácter cubista a las casas. Respecto a la vegetación abundante –que pasaba por ser milagrosa a los ojos de los musulmanes salidos de los desiertos de Arabia–, depende de un estilo que anuncia una especie de impresionismo. Este arte del mosaico se parece, bien mirado, al de la cúpula de la Roca o al de la mezquita al-Aksa, pero a una escala más grande y con una libertad de expresión infinitamente mayor.

Que estos paisajes sean, sin lugar a dudas, creación de mosaiquistas salidos de los talleres de Bizancio, se desprende de un texto de Ibn Battuta: «El emir de los creyentes, al-Walid (...) pidió al soberano de Constantinopla que le enviara artesanos. Recibió doce mil.» Al parecer, no eran todos mosaiquistas, pero la considerable superficie de las paredes revestidas por teselas de la Gran Mezquita de Damasco tuvo que necesitar un verdadero ejército de especialistas.

El simbolismo de las imágenes que adornan el patio y la fachada del edificio se basa en la descripción de las felicidades que el Profeta augura a quienes siguen la Palabra de Dios. Y de hecho, esta divina visión que fascina al Islam interpreta con precisión los términos del mensaje de Mahoma: «Dios ha prometido a los creyentes, hombres y mujeres, unos jardines regados por corrientes de agua. Es allí donde morarán eternamente. Él les ha prometido unas moradas deliciosas en los jardines del Edén» (Corán IX, 72). Descripciones como éstas de la felicidad eterna vuelven a aparecer en varias ocasiones en el Libro: «He aquí el jardín prometido a quienes temen a Dios: es un jardín regado por aguas vivas. Sus frutos son inagotables y sus sombras perpetuas. Éste es el fin de los creyentes» (Corán XIII, 36).

Así, en este espacio consagrado que era el viejo *temenos* pagano, transformado en la época cristiana en períbolo que convierte la Iglesia en fortaleza de la fe, como nueva Jerusalén amurallada, el patio de la mezquita refleja las alegrías del Paraíso futuro. Paradójicamente, mientras que las dichas del más allá son objeto de todo el esmero de los artistas, los tormentos no están presentes en absoluto. En la Gran Mezquita de Damasco, los visitantes no encuentran, como en el tímpano de las iglesias medievales, los suplicios que tendrán que soportar los malvados. El Corán no se molesta siquiera en mencionarlos. Así como el primer arte cristiano resplandece de teofanías e ignora el infierno, del mismo modo el arte islámico clásico se concentra en visiones paradisíacas.

Un vínculo entre el pasado y el futuro

Con esta Gran Mezquita de Damasco –cuya fastuosidad constituía la antesala del Paraíso y el anuncio de las felicidades futuras, prometidas por el profeta– el califa al-Walid había creado una obra capaz de rivalizar con los mayores santuarios cristianos. Exaltando la memoria de Yahya, el precursor de Cristo, y salvaguardando la herencia bizantina que encarnaba la antigua basílica teodosiana de San Juan Bautista, utilizando de nuevo grandes cantidades de material procedentes de la vieja estructura, que introdujo en su mezquita, rodeándose de equipos de mosaiquistas constantinopolitanos, encargados de ilustrar el radiante porvenir de los fieles, el Jefe de los creyentes no solamente respetaba los legados espirituales y materiales del pasado, sino que creaba la primera mezquita imperial, modelo altivo en el que se inspirarán muchas construcciones islámicas en los siglos venideros. Creaba, de hecho, un ejemplo resplandeciente de lo que había de ser el lugar de oración de los musulmanes.

Porque, de una parte y de otra de su pequeña nave, dominada por la llamada cúpula «del Águila» que cubre el espacio que está delante del *mihrab*, las dos grandes alas que bordean la *kibla* ofrecen a al-Walid la oportunidad de crear, entre el 707 y el 714, el prototipo grandioso del espacio islámico: un espacio ancho donde, para rezar, los creyentes se ponen los unos junto a los otros, sin jerarquías, en contraste con las naves longitudinales de las iglesias y basílicas, donde los fieles se sitúan los unos detrás de los otros, según un estricto orden de precedencia.

Entre estas dos concepciones del espacio –el uno en anchura, ampliamente desplegado, y el otro en profundidad, en varias hileras sucesivas– existe toda la diferencia que opone a dos percepciones concretas: la de los habitantes del desierto, los jinetes de la *fantasía* que se desplazan los unos junto a los otros, sobre una sola línea, ocupando una gran anchura, y la de los residentes en tierras fértiles, atravesadas por calzadas o caminos sobre los que los grupos o las tropas circulan en fila india. Entre estos dos conceptos, se aprecia una contradicción fundamental. Una visión espacial diferente los separa.

La religión musulmana, imponiendo su concepto del espacio a través del orden que adoptan los fieles durante la plegaria, afirma así un acercamiento original del entorno espacial que se traduce en la distribución de la mezquita. A este respecto, la obra de al-Walid en Damasco es ejemplar. Influirá en todas las grandes obras hipóstilas, como las mezquitas de Amr, de Kairuán y de Córdoba, sin hablar de las mezquitas abasíes de Samarra.

No hay que olvidar que la distribución de este espacio oblongo deriva de los primeros cobertizos hechos con troncos de palmeras y con una cubierta de palmas, creados por el mismo Profeta en su casa de Medina. Adoptando esta configuración oblonga, la sala de la mezquita de los Omeyas de Damasco consagra una fórmula que reproduce, de manera monumental, el modelo venerable que Mahoma había legado a sus fieles.

Observamos por tanto que la plegaria islámica interpreta –intencionadamente o no– una percepción del mundo nacida en las inmensidades desérticas de Arabia, patria del Profeta. Y menos de un siglo después de la hégira, el lugar de reunión de los creyentes encarna este concepto dándole una grandiosa expresión material. Jamás la arquitectura se había hecho tan plenamente expresión de la mentalidad profunda de un pueblo y el reflejo de su fe.

El Sancta sanctórum
Bajo la cúpula central de la Gran Mezquita de Damasco, el *mihrab* principal y el *minbar* constituyen la zona más sagrada del edificio. Ambos son el fruto de una campaña de restauración tras el incendio de la construcción.

Los palacios de los Omeyas

Propiedades agrícolas del desierto de Siria y Palestina

Página 63
Constructores en la obra
Una rara pintura mural de la época omeya muestra a unos obreros de cantería transportando unos bloques recortados. Decoración de la sala de recepción del pequeño palacio de Kusayr Amra, que data del comienzo del siglo VIII, en el desierto jordano.

Durante mucho tiempo, los palacios árabes descubiertos en el desierto de Siria pasaron por ser pabellones de caza. Era allí donde los príncipes árabes nostálgicos intentaban volver a encontrar la atmósfera ancestral de las expediciones lanzadas en persecución de las gacelas, en los grandes espacios áridos de Arabia. Estos edificios, que datan de la época de los Omeyas, son a menudo de gran calidad y de un elevado nivel de ornamentación. Conjugan el lujo de las termas con la fastuosidad de las salas para el ceremonial y parecen surgidos de la imaginación de una aristocracia ociosa. Durante las últimas décadas, sin embargo, fueron objeto de unos estudios más profundos, que modificaron la interpretación que se les había dado. Tanto Jacques Sauvaget como Oleg Grabar demostraron que estas mansiones –algunas veces fortificadas– no eran sólo palacios destinados al placer exclusivo del príncipe, sino que se hallaban en realidad en el centro de grandes explotaciones agrícolas que pertenecían al califa o a los jefes de las tribus árabes.

Estas construcciones se alzan sobre territorios que constituían una zona fronteriza en tiempos de los Romanos, y después de los Bizantinos. Se sitúan en pleno fértil creciente, entre Palestina y la cuenca del Éufrates y del Tigris, pasando por el altiplano de Bekaa. Territorio muy disputado a causa de su riqueza potencial, esta zona es generosa a poco que reciba un riego regular. Ahora bien, este estado agrícola permanente era difícil de mantener, en unos tiempos en los que frecuentes enfrentamientos oponían a Partos y Romanos, y después a Sasánidas y Bizantinos.

Claro que los altiplanos, entre el Líbano y el Prelíbano, eran regados de forma natural. Pero las estepas de Siria y Jordania, que ofrecían muchas veces buenas tierras de labranza, necesitaban un equipamiento hidráulico desarrollado. Ahora bien, este proyecto hidráulico sólo se puede mantener dentro del marco de una estabilidad política de larga duración. Tuvo que producirse la «Paz árabe», en los siglos VII y VIII, para que estas propiedades volvieran a encontrar la prosperidad que habían conocido, en los albores de nuestra era, durante el apogeo de Palmira y de las «Ciudades del desierto». A costa de grandes trabajos de adaptación del terreno, que necesitaba la creación de embalses, estanques, canalizaciones, acueductos, pozos, norias, conducciones de agua y a veces incluso drenajes, los Árabes desarrollaron una agricultura productiva, que revestía la forma de una colonización y acababa por crear verdaderos oasis. En realidad, estos nuevos propietarios volvieron a cultivar unas zonas intermedias entre los valles de trigo y las estepas sub-desérticas. Se cuentan por decenas los centros agrícolas cuyos vestigios han sido descubiertos por la exploración arqueológica; la foto aérea también revela unos vallados destinados a proteger los campos y huertos de entonces de las manadas de ganado nómada.

La herencia antigua
Detalle de un friso decorativo del palacio omeya de Mshatta, que el violento final de la dinastía ha dejado inacabado, hacia el 750. La decoración de palmetas y hojas de acanto procede directamente de la tradición de la Antigüedad tardía.

En los alrededores de las llanuras regadas de Djézireh (Mesopotamia), los agricultores disponían de mayores cantidades de agua. Los monocultivos extensivos se volvían intensivos: se transformaban en arrozales, o en plantaciones de caña de azúcar o de algodón. Pero en estas tierras aluviales las construcciones que nos han llegado son más raras, porque generalmente estaban hechas de ladrillo secado al sol. Los datos arqueológicos, que revelan una actividad agrícola importante, nos han permitido comprender mejor la función de estas propiedades principescas de la estepa que datan de la época de los Omeyas. Seguros de sus descubrimientos, los especialistas han desechado muchas veces la función de pabellones de recreo que en un principio se les había atribuido a estos palacios del desierto. Hoy por hoy, sería más lógico admitir que lo uno no excluye necesariamente lo otro: puede que se tratara de fincas agrícolas, desde donde los miembros de la aristocracia árabe organizaban partidas de caza, puesto que esas propiedades se situaban por lo general al borde de zonas desérticas.

Pero estas dos características –agricultura y montería– no son las únicas funciones de estos «palacios»: descubriremos que, en el aspecto del ceremonial, su vocación por las recepciones oficiales y el ritual áulico (que se desplegaba allí con toda su magnificencia) era también fundamental, porque la Corte árabe, así como la administración, el fisco y la intendencia oficial centralizados en Damasco, habían heredado de los Bizantinos y de los Romanos su protocolo, su pompa y sus costumbres específicas. Y allá donde se hospedara el Príncipe, iba acompañado por un impresionante ceremonial.

Página 67
¿Palacio o fortaleza?
La austera silueta de un pabellón de caza, que no está expuesto a ningún peligro, de Kasr Kharana, perdido en la estepa árida cerca de Amman. Una reminiscencia de los fortines bizantinos que montan la guardia contra los ataques de los Sasánidas.

Un fortín del *limes*
El pequeño palacio omeya de Kasr Kharana, cerca de Amman, tiene el aspecto de los fortines que Roma –y después Bizancio– establecieron sobre el *limes* oriental: de planta cuadrada, con sus torres esquinadas y su puerta que ocupa el centro del lienzo de muralla meridional, se parece al *castrum* (del que deriva, por otra parte, el término *kasr*).

Los palacios de campo de los Omeyas

Son numerosas las obras que deja el Imperio omeya en los grandes territorios donde los califas y los miembros de la aristocracia árabe tenían costumbre de establecerse, porque los hábitos del nomadismo hacían que el Príncipe no estuviera constantemente en Damasco. Él prefería, según las estaciones, y según sus propios caprichos o sus obligaciones, cambiar con frecuencia de residencia. Lo mismo pasaba con los jefes de tribus que seguían al Príncipe, y que destinaban sus casas de campo para sus estancias fuera de la capital. Así se explica la cantidad de construcciones cuyos restos han sido encontrados por los arqueólogos en las soledades de Siria y Mesopotamia, hoy en día sub-desérticas. Vamos a citar, en particular, en los alrededores de Palmira, los palacios omeyas de Kasr al-Hayr al-Gharbi (el Occidental) y los dos recintos de Kasr al-Hayr (el Oriental), uno de los cuales supera las 2,2 hectáreas.

Estos palacios, por otra parte, pueden tener las formas más diversas. La mayoría tienen un aspecto que recuerda al de las fortalezas romano-bizantinas que bordean el antiguo *limes*, en la frontera de los imperios. Se trata, por tanto, de construcciones de planta cuadrada, jalonadas por torres redondas, situadas en los ángulos y sobre los lienzos de muralla. Un portal fortificado axial da a un patio central alrededor del cual se distribuyen las viviendas, la mezquita, la sala para el ceremonial y los baños. Esta planta rigurosa, ortogonal y sobria, puede alcanzar dimensiones considerables, yendo desde un simple fortín de 40 metros de lado (Kasr Kharana), hasta unos edificios de

Distribución ortogonal
La planta cuadrada de Kasr Kharana, con su patio que ordena la disposición de las piezas periféricas adosadas a la muralla.

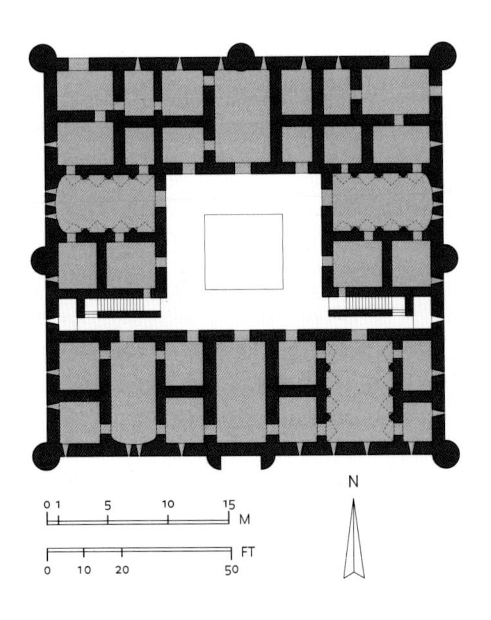

130 metros de lado (Mshatta), o bien formar una verdadera ciudad de 400 x 320 metros (Andjar). Asimismo, la planta cuadrada no siempre es respetada, o bien porque hay añadiduras que hacen duplicar la superficie del palacio (Khirbet al-Mafdjar), o simplemente porque el esquema del campamento romano ya no se aplica. Eso ocurre cuando el Príncipe prefiere la solución asimétrica de pequeñas termas de dimensiones reducidas, que conjugan una sala de audiencia con una instalación de baños inspirada en la instalación antigua (Kusayr Amra).

Además, las técnicas de construcción y la ornamentación pueden variar considerablemente. Se trata de una arquitectura ecléctica que busca su propia identidad: a veces los constructores adoptan la mampostería bizantina, tratada con capas alternas de piedra y ladrillo; otras, prefieren el hermoso aparejo de piedra tallada, unido a cubiertas de ladrillo cocido. Aquí, las fachadas externas están revestidas por un enlucido y las salas están provistas de revestimientos estucados; allí, los muros están decorados con suntuosas esculturas sobre piedra, con follajes y pámpanos, a la manera de los frisos y capiteles bizantinos. De Constantinopla proceden también los fantásticos suelos de mosaico geométrico o figurativo que cubren las salas termales; de origen cristiano son las pinturas, cuyos personajes y escenas de caza decoran a veces los abovedados del *aula regia*; de la antigüedad o de procedencia sasánida son las esculturas que adornan los baños y las grandes estatuas de estuco. Las fuentes de estos motivos ornamentales son por tanto distintas: derivan tanto de los modelos cristianos de Oriente Próximo como de las tradiciones iraníes.

Para ilustrar la variedad de formas y de inspiraciones, no es inútil estudiar algunos de estos «palacios del desierto» que se encuentran en los confines con Siria y Jordania así como en el valle del Jordán o en las orillas del Éufrates.

Una organización utilitaria
El pequeño patio de Kasr Kharana, rodeado por dos niveles de salas, no tiene la menor fastuosidad. Materiales y técnicas son de una gran sobriedad. En la planta baja, unas caballerizas y una sala de guardia, y en el piso superior unas viviendas abovedadas, forman lo esencial de la construcción.

Unos abovedados originales
Tanto el sistema de nervaduras cruzadas (al lado), que soportan la cubierta, como los grandes arcos de mampostería que descansan sobre unas columnas pequeñas fasciculadas y adosadas (abajo), hacen de Kasr Kharana una sorprendente mezcla de influencias que asocian las fuentes bizantinas y sasánidas.

Una volumetría funcional
Cerca del oasis Butm, el palacio omeya de Kusayr Amra, que data del 711, es en realidad una instalación termal en plena estepa jordana. Los volúmenes son parcos y desnudos, los huecos de puerta sobrios, la articulación utilitaria.

Página 71 arriba
La apariencia de un «bunker»
Las masas compactas de Kusayr Amra – el castillo rojo – cuyas bóvedas paralelas corresponden a una cúpula baja, no dejan adivinar el carácter palatino de este edificio omeya.

Los pequeños castillos de Kasr Kharana y de Kusayr Amra

Construido no lejos de Amman, en la estepa actualmente desértica de Jordania, Kasr Kharana se parece a un *castrum* romano. Su planta cuadrada, sus altos muros horadados con aspilleras y jalonados de torres redondas, edificados con capas alternas de grava y ladrillo, y su alta puerta fortificada, le dan el aspecto de un fortín levantado en la frontera de los territorios romano-bizantinos. Este castillo, construido hacia el 710 de nuestra era, bajo el califa al-Walid, está formado, a ambos lados de la entrada, por unas caballerizas y unas salas de guardia abovedadas. Alrededor de un patio cuadrado cerrado por un pórtico, se encuentran una sala basilical axial y varias viviendas, cuya distribución simétrica se repite en el piso superior, al que se llega a través de dos escaleras, una al este, otra al oeste.

El interés arquitectónico reside sobre todo en las salas, provistas, entre bóvedas de cañón, de arcos transversales que recaen sobre unos haces de triples columnas pequeñas adosadas. El sistema de cubierta evoca unos esquemas sasánidas, y el material estucado se parece a las construcciones iraníes. Este edificio situado al borde de las tierras cultivadas no presenta, según Oleg Grabar, signo de hábitat permanente y no ha estado mucho tiempo en servicio.

Kusayr Amra es otra cosa: se trata de una curiosa construcción termal, en la que el volumen de las bóvedas y de las cúpulas hace pensar en el esquema romano de las termas de los Cazadores en Leptis Magna, que data del final de los Antoninos. La construcción alza su silueta asimétrica en la soledad del desierto, al borde del oasis Butum, hoy casi seco, pero donde unos arbustos de adelfas rosas revelan la presencia de agua subterránea. Antiguamente el agua de este manantial debía ser recogida, tanto para irrigar los cultivos de los alrededores como para abastecer los baños del soberano.

Kusayr Amra está formada por una sala de audiencia cuadrada con tres naves paralelas en bóvedas de cañón, que sostienen dos grandes arcos longitudinales de 6 m de alcance. La nave central conduce a una habitación que forma una pequeña sala del trono, donde el Príncipe tenía que aparecer en toda su majestad. Esta nave está flanqueada, a derecha e

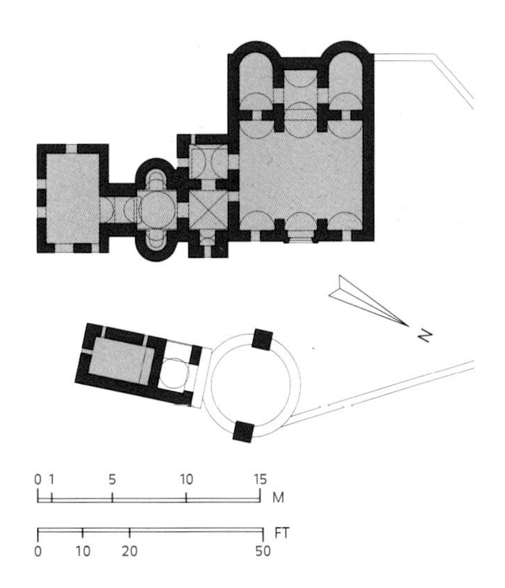

Termas en un desierto
Planta de las instalaciones termales que erigió un príncipe omeya en los albores del siglo VIII, en la estepa jordana. A partir de la gran sala de recepción, encontramos la sucesión normal de los espacios propios de los baños privados de la Antigüedad. Abajo, las instalaciones anexas.

izquierda, por habitaciones con ábsides de medio punto probablemente destinadas a las necesidades del ritual áulico, que formaban una especie de presbiterio. El espacio interno de esta sala de audiencias –que no supera los 80 m²– está enteramente cubierto de pinturas de gran interés. Estos «frescos» muestran –cosa sorprendente dentro del marco de una construcción islámica– escenas de caza, bañistas desnudas disfrutando bajo la sombra de los árboles, y una serie de personajes vestidos de ceremonia. Tratados con un estilo helenístico tardío, cuatro soberanos parecen rendir homenaje al propietario del lugar, en este caso el califa. En efecto, reconocemos en sus efigies de cuerpo entero a los reyes de la época: por una parte, César, es decir, el emperador de Bizancio, y Rodrigo, último rey visigodo de España; y por otra, Cosroes, Rey de reyes de Persia, y el Negus, emperador de Etiopía. Esta identificación, que se ha podido hacer gracias a unas inscripciones transcritas a la vez en griego y en árabe, permite atribuir el castillo de Kusayr Amra al reinado de al-Walid, poco después del 711 de nuestra era.

Esta suntuosa sala de audiencias está flanqueada al este por minúsculas habitaciones termales, y en particular por un curioso espacio que cumple la función de *caldarium* con una cúpula hemisférica cubierta de pinturas astronómico-astrológicas. El mundo islámico ha mostrado siempre un interés muy elevado por las artes adivinatorias, y en particular por el horóscopo. La búsqueda de una respuesta a sus interrogantes sobre el futuro era obsesiva entre los poderosos. Esta búsqueda ha llevado a conceder una importancia considerable al conocimiento de la mecánica astral, y es lo que ha dado origen a notables progresos científicos en el campo de la astronomía y de las técnicas de observación, a las que los Árabes –que son los herederos de las ciencias griegas, y en particular de Claudio Ptolomeo– han dado un desarrollo extraordinario.

Los grandes palacios de Mshatta y Khirbet al-Mafdjar

Situado también en los alrededores de Amman, el gran palacio omeya de Mshatta es una construcción que retoma la típica planta cuadrada de las fortificaciones romano-

Ninfas saliendo de las olas
Descubrimos, no sin sorpresa, en las pinturas murales de la sala de recepción de Kusayr Amra, escenas en las que aparecen unas jóvenes desnudas. La prohibición de imágenes al parecer sólo se aplicaba a las obras religiosas.

Un *aula regia* en miniatura
Kusayr Amra sólo ofrece una sala de una cierta importancia: cubierta de tres bóvedas de cañón paralelas, sostenidas por tres grandes arcos longitudinales, está formada por un ábside central en el que probablemente estaba entronizado el soberano. Toda la superficie interna está cubierta de pinturas, una parte de las cuales ha sufrido las devastaciones del tiempo y de los hombres.

A la escucha de los astros
Una de las piezas termales de Kusayr Amra está formada por una cúpula en la que está representada una imagen del cielo y de los signos del zodíaco: la astrología jugaba un papel importante en la corte de los califas, y las consultas del horóscopo estaban asociadas al ejercicio del poder.

bizantinas. Pero empieza por adoptar una escala mucho mayor que Kasr Kharana. En Mshatta, la muralla jalonada por veinticinco torres semicirculares que flanquean un camino de ronda artificial –todo carácter defensivo estaba ya obsoleto– encierra unas construcciones de gran interés, a pesar de que el conjunto ha quedado inacabado hacia el 750, a causa de la caída de la dinastía de los Omeyas.

Este palacio está concebido, evidentemente, para responder a los imperativos de un ceremonial áulico que está ya totalmente desarrollado. El espacio cuadrado de 130 m de lado (1,7 hectáreas) está dividido en el sentido norte/sur en tres partes, de las cuales la parte central está reservada para uso exclusivo del califa. Detrás de una entrada axial, flanqueada al este por una mezquita, una primera sala abovedada en sentido longitudinal tiene un segundo espacio oblongo de 23 metros de profundidad, desembocando en un gran patio cuadrado de 57 metros de lado. Es al final de este patio donde se alzan las construcciones palatinas propiamente dichas.

La zona del califa se dividía, a su vez, en tres partes, a semejanza del conjunto del palacio: en el centro, un espacio basilical de tres naves, separadas por dos pórticos, conducía a una sala del trono en forma triconque, según el modelo bizantino. En realidad, la sala de tres exedras, que caracteriza el presbiterio de las iglesias en la arquitectura copta de Egipto del siglo V, deriva de los esquemas similares que había impuesto la Antigüedad tardía, por ejemplo en el palacio de Piazza Armerina, en Sicilia.

De una parte y de otra, unas viviendas simétricas enmarcan este cuerpo central de la construcción, cuyos espacios trebolados, que acaban en unos ábsides, están cubiertos de bóvedas de plena cimbra hechas con ladrillo cocido. Los elementos portantes –pilares o columnas– están tratados con un hermoso aparejo de piedra tallada. Tanto los capiteles como los frisos que bordean el portal de entrada muestran una técnica muy elaborada del follaje y de los pámpanos entrelazados que procede más de la Baja Antigüedad que del arte árabe. Al igual que en las mezquitas, la

Vista general de Mshatta
En un gran cuadrilátero de 130 metros de lado, el palacio inacabado de Mshatta alza los vestigios de su *aula regia* en ruinas, cuyo centro ofrecía un triconque, como en la corte bizantina.

A ejemplo del campamento romano
Jalonado con veinticinco torres que flanquean una muralla defensiva simbólica –ya que no tiene ningún camino de ronda que la rodea–, el palacio omeya de Mshatta adopta un lenguaje romano para evocar la pompa imperial. Detrás de una entrada monumental (1), con mezquita a la derecha (2), la corte para el ceremonial (3) precede un espacio cuadrado abierto (4) al que siguen las instalaciones palatinas propiamente dichas. En el centro, el *aula regia* adopta la planta de una iglesia (5).

decoración de la arquitectura civil parece directamente salida de las técnicas romano-bizantinas.

El triconque de Mshatta evoca el de los grandes palacios de Constantinopla. Era allí donde tenía que desarrollarse el ceremonial –tomado en gran parte de las costumbres bizantinas– que culminaba con la aparición del soberano en toda su majestad, durante la apertura de las cortinas que unos sirvientes sujetaban mientras los embajadores se acercaban a hacer la «proskynesis» (o prosternación).

El gran palacio de Khirbet al-Mafdjar, en el rico valle de Jericó, es posiblemente la obra más original e interesante que nos haya legado la arquitectura civil de los Omeyas. El edificio se compone de tres partes, la más antigua de las cuales es el palacio propiamente dicho, de forma cuadrada (44 metros de lado). Como en Kasr Kharana, está formado por torres redondas esquinadas y un patio central con pórticos. Al norte se sitúa una explanada flanqueada por una mezquita. Detrás de estos dos elementos, hay un edificio –hoy casi en ruinas– que tenía que ser impresionante: cubriendo un cuadrado de casi 30 metros de lado, sostenido por tres exedras en forma de hemiciclos sobre cada una de sus caras, esta sala de audiencias se elevaba sobre dieciséis pilares (cuatro hileras de cuatro) formando cinco naves y cinco intercolumnios. Estos poderosos soportes cruciformes, separados por pequeñas columnas esquinadas, descansaban sobre un suntuoso patio de mosaicos geométricos que no totalizaban menos de treinta y un motivos diferentes de inspiración grecorromana.

Esta sala hipóstila tenía que ser enteramente abovedada. Al norte tenía unas instalaciones termales, con salas templadas y calientes, estufa de hipocausto, así como un pequeño local privado, donde se ha descubierto el más extraordinario mosaico figurativo de animales del arte islámico clásico. Esta obra suntuosa formaba la sala de audiencias en la que tenía lugar el ritual áulico de los Omeyas, heredado de los modelos helenísticos y romanos, a través del mundo bizantino.

La piedra asociada al ladrillo
La arquitectura de Mshatta, que data del final de la época omeya, procede de técnicas elaboradas que contrastan con las soluciones más breves de Kasr Kharana y de Kusayr Amra: bóvedas y ábsides están construidas con un exquisito esmero, conjugando pilastras y columnas, capiteles y frisos de estilo antiguo. A la derecha, el ábside occidental del triconque, tratado en ladrillo cocido.

Técnica de los abovedados
En Mshatta, el trabajo en ladrillo alcanza un raro virtuosismo: la delicadeza de las bóvedas se conjuga con un constante recurso a los arcos de descarga abiertos que dominan las puertas.

Página 77 arriba
La piedra delicadamente cincelada
Un plinto adornado de enramadas y arabescos delicados adorna los muros del palacio omeya de Mshatta: las esculturas, que imitan las técnicas y los motivos decorativos antiguos, responden aquí a un «horror al vacío» que subsistirá como una marca del arte musulmán, del que constituye una característica.

Finalmente, en el lado este del palacio de Khirbert al-Mafdjar se hallaba una plaza de 130 metros de largo, en cuyo centro se alzaba una fuente emblemática. Ésta desarrollaba un sistema de arcadas y de surtidores dentro de un cuadrado de 12 metros de lado, en el que se inscribían un octógono y otro cuadrado mediano. Esta configuración respondía seguramente a un aspecto simbólico asociado al poder del soberano sobre las aguas, expresado por medio de una técnica hidráulica avanzada.

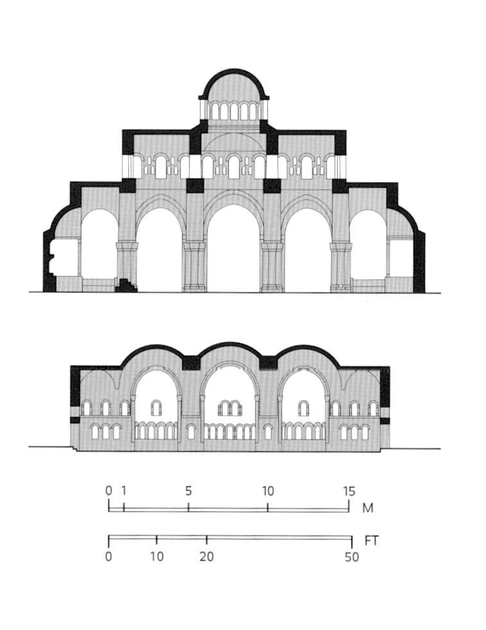

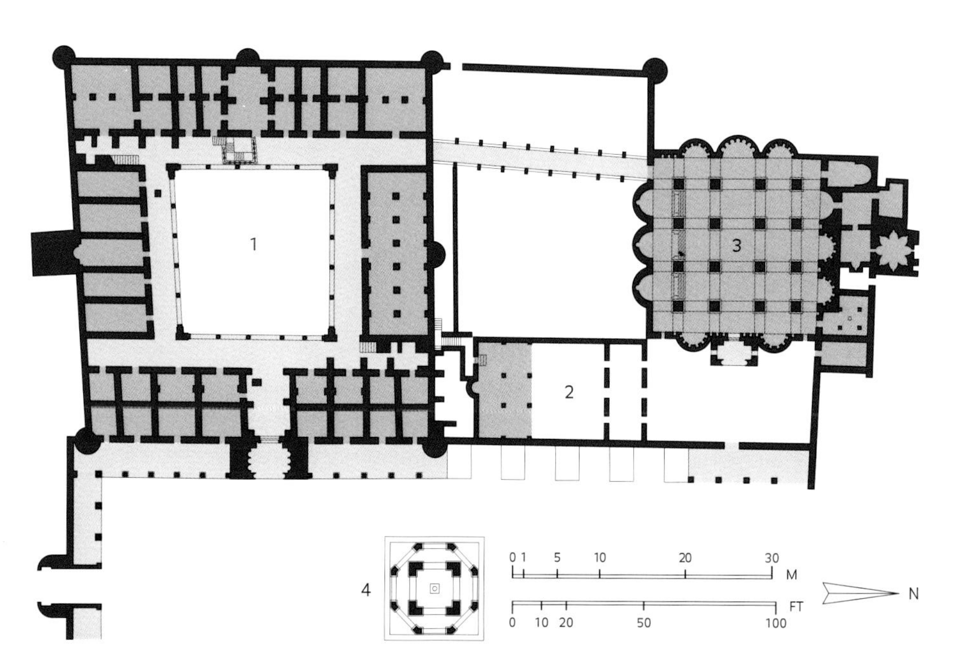

El palacio de Khirbet al-Mafdjar
A la izquierda: Detalle de la gran sala termal reconstruida del palacio omeya cercano a Jericó. Los cortes permiten comprender la elevación de una construcción hoy en día prácticamente arrasada.

A la derecha: Planta general de Khirbet al-Mafdjar:

1. «Castillo» cuadrado con patio interior
2. Mezquita
3. Sala termal hipóstila
4. Fuente-ninfeo

En la rica planta de la Bekaa
Los pórticos aéreos de la ciudad omeya de Andjar en el Líbano: columnas y capiteles romanos hechos con materiales antiguos constituyen lo esencial de la decoración de la pequeña ciudad a la que los príncipes árabes se retiraban durante los calores estivales. Esta obra de al-Walid, contemporánea de la Gran Mezquita de Damasco, es una reminiscencia de las residencias de campo imperiales.

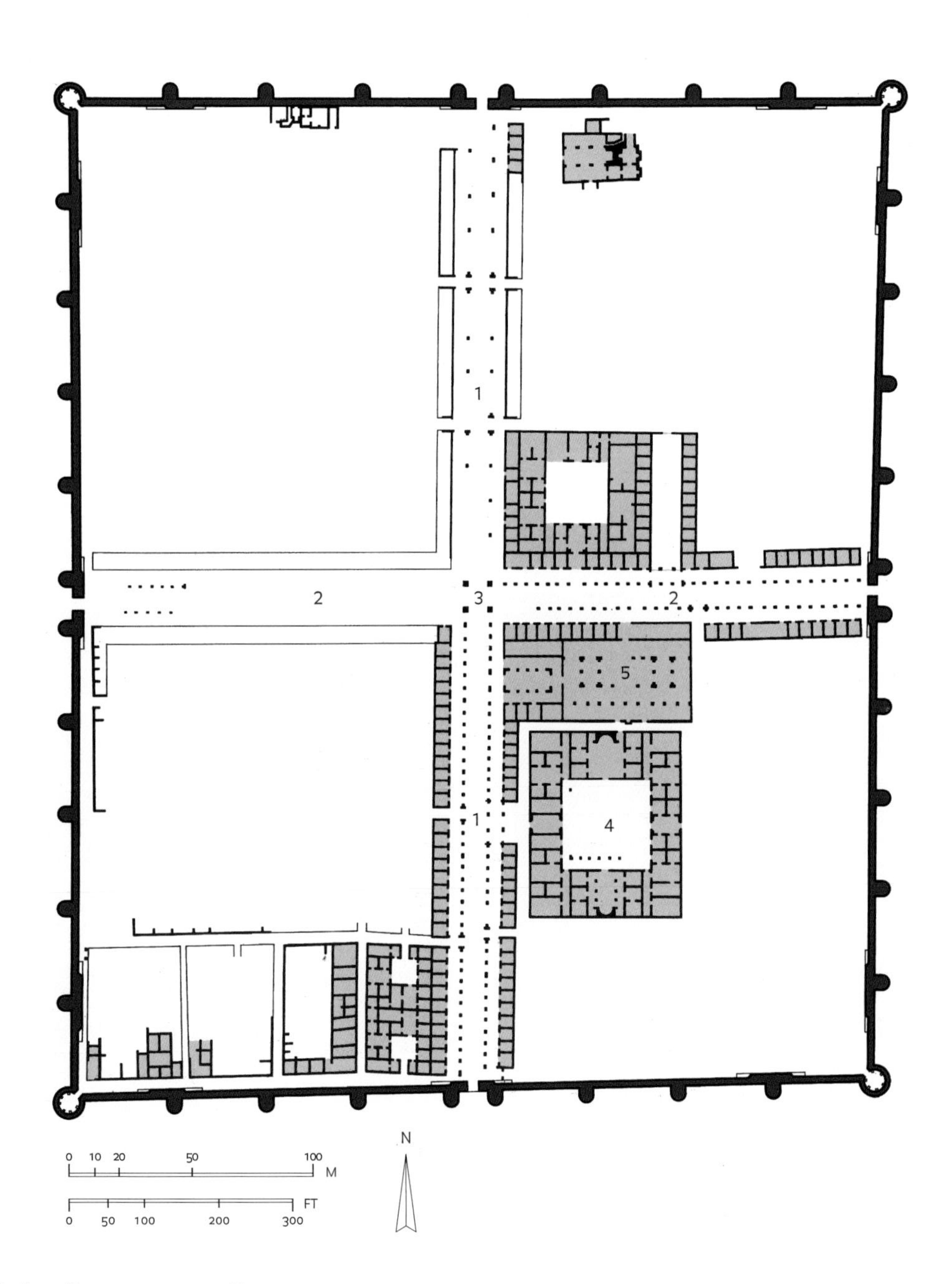

El cruce del *cardo* y del *decumanus*
El trazado de Andjar, que ofrece dos grandes avenidas, el *cardo* (1) y el *decumanus* (2) bordeadas de pórticos que se cruzan en ángulo recto bajo un tetrápilo (3), procede de la planta romana. El barrio sureste está ocupado por un palacio con patio (4) a ambos lados del cual se corresponden unas salas con ábsides. La mezquita se sitúa al norte del palacio (5).

Página 79
La elegancia de Andjar
Recurriendo ampliamente a la utilización de elementos arquitectónicos antiguos –columnas de mármol claramente abultadas en el centro y capiteles corintios en forma de canastillos– los constructores de Andjar han utilizado un aparejo típicamente bizantino con alternancia de capas de piedra tallada y capas de ladrillo.

La ciudad principesca de Andjar en la Bekaa

Más que un palacio, Andjar es una pequeña ciudad rectangular que mide 320 x 400 metros aproximadamente, y que reproduce, en muchos aspectos, la típica planta de una fundación romana como Timgad o de un palacio imperial como Spalato (Split), construido por Diocleciano. Esta ciudad, obra del califa al-Walid entre 714 y 715, establecida en una rica llanura agrícola, presentaba una muralla cuadrangular flanqueada por cuarenta torres redondas. Orientada en el sentido norte/sur, estaba dividida, como sus modelos romanos, por un *cardo* y un *decumanus* construidas de anchas avenidas con columnatas que se cruzaban bajo un tetrápilo. Aquí, la tradición grecolatina se mezclaba con los modelos de las construcciones bizantinas: capas de ladrillo alternando con hiladas de mampostería. Unas columnas antiguas con capiteles corintios (de Balbek), utilizadas de nuevo, soportaban arcadas cubiertas por dados, al estilo de las obras de los maestros de Constantinopla.

En la cuarta parte sureste de Andjar se alzaba el palacio del califa. Presentaba, alrededor de un espacio abierto rectangular bordeado de pórticos, dos salas basilicales que estaban frente por frente y cuyos ábsides se correspondían al norte y al sur, permitiendo así que se desarrollara el ritual imperial. Detrás del palacio, la mezquita presentaba una sala de oración oblonga soportada por columnas.

La riqueza de Andjar, que se aprecia en sus pórticos bordeados de comercios y en sus edificios palatinos, estaba basada en la producción agrícola intensiva que la presencia del agua para la irrigación de las tierras hacía posible. Los monocultivos de trigo, además del azúcar y el algodón (que pronto será sustituído por el lino) aseguraban a esta ciudad unas rentas importantes.

Un edificio ignorado
Durante mucho tiempo, el Kasr Amman ha sido ignorado por los especialistas: su estructura cuadrada, con bóvedas de mampostería, que ocupa la acrópolis de la antigua ciudad de Philadelphia, no es otra que un palacio árabe de época omeya.

Ornamentación esquemática
Detalle de la decoración de arabescos, palmetas y rosetones, que adornan las arcadas con columnas adosadas de Kasr Amman, y datan de la época omeya. Aquí, las reminiscencias de la Antigüedad han sido interpretadas con un lenguaje simplificado.

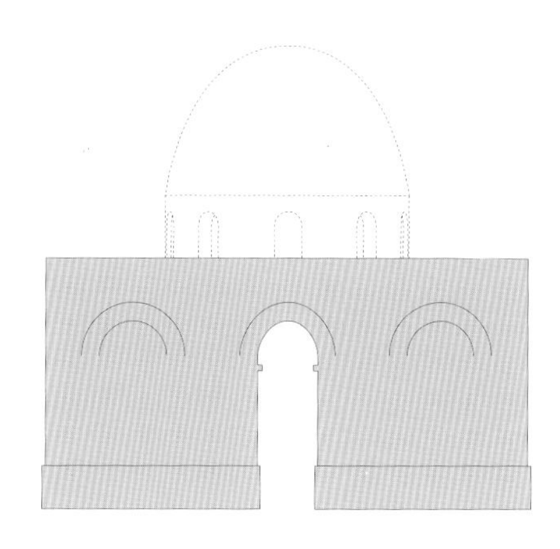

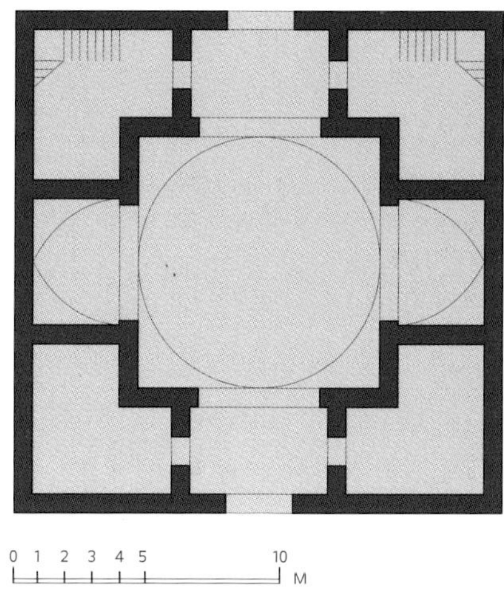

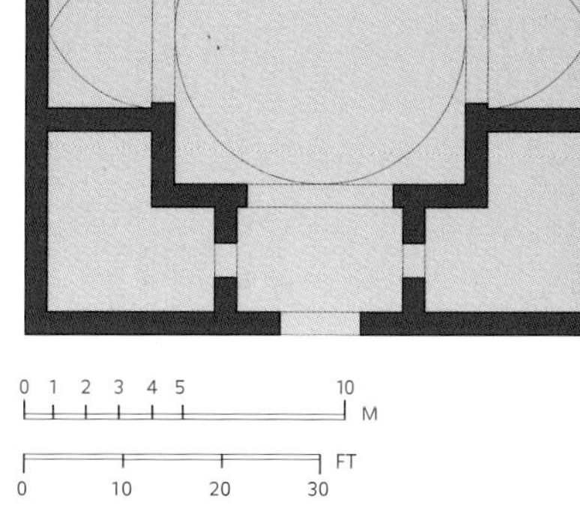

Palacio cruciforme
Regido por una simetría doble y una planta centrada con cuatro *iwans* de influencia sasánida, el Kasr Amman debía de estar formado por una cúpula de madera sobre la estructura central que amplía la función de sala del trono.

El palacio urbano

Los soberanos omeyas no eran sedentarios. En el palacio de la capital se sienten confinados. Además de las residencias de campo de las que acabamos de hablar, les gusta edificar mansiones para califas en muchas de las ciudades de su imperio. Si en Damasco no hay vestigios de las construcciones palatinas, que debían de alzarse al sur de la Gran Mezquita de los Omeyas, en cambio la ciudad de Amman (la antigua Rabbat Ammon, posteriormente Philadelphia) conserva un ejemplo notable de un *aula regia* que data de la época omeya. En pleno centro de la acrópolis jordana, coronando la ciudadela, el Kasr de estructura cruciforme constituye un interesante ejemplo de arquitectura palatina árabe. Con su sala cuadrada bordeada por cuatro *iwans* opuestos, se observa en él una lejana influencia de la Persia de los Sasánidas. Considerado durante mucho tiempo como obra de los príncipes gasánidas, este edificio enteramente de

Una decoración rústica
Con sus motivos de arcos con dovelas triangulares, la decoración de la sala del trono de Kasr Amman rechaza la influencia romano-bizantina prefiriendo los trazos más sobrios de la Persia sasánida.

Página 83
El hermoso espacio centrado del *aula regia*
La sala del trono de Kasr Amman. La ausencia de excavaciones metódicas ha impedido explicar la forma y el material de la cubierta que tenía que coronar este espacio cuadrado de cuatro *iwans*. La hipótesis más admisible tiende a ver allí una cúpula de madera, como la de la Cúpula de la Roca.

piedra tallada parece ser, en realidad, una sala del trono erigida en la época omeya. Es probable que una cúpula de madera sobre tambor –a la manera sirio-bizantina– cubriera su crucero. Pero la ausencia de trabajos científicos relativos a esta obra deja en la sombra muchos detalles de construcción y hace lamentar la escasez de elementos interpretativos.

Las bóvedas de arcos ligeramente quebrados de los *iwans* y la decoración de desgastados follajes que adornan las arquerías de esta construcción sugieren una influencia oriental. Al parecer, la marca de Persia es lo único que explica la originalidad de esta obra, que no ha suscitado demasiado interés por parte de los arqueólogos. Ciertamente, durante la época omeya, las aportaciones orientales se limitaban a los rasgos de Siria-Palestina y de Constantinopla, como se observa en los edificios civiles y religiosos.

Como vemos, si por un lado la arquitectura de los Omeyas se nutre del pasado romano-bizantino, por otro anuncia también los grandes desarrollos basados en el legado iraní que llevarán a cabo los Abasíes. Pero la impronta occidental no se borrará: constataremos, en particular en el lugar de Ukhaïdir, al sur de Bagdad, la reaparición, a finales del siglo VIII, de castillos fortificados en forma de cuadrilátero, con muralla flanqueada por torres defensivas y una organización regia dictada por un sistema rigurosamente ortogonal. Por el contrario, en Samarra, pronto asistiremos a la eclosión a gran escala de la planta cruciforme con *iwans* de origen sasánida, porque en Mesopotamia la arquitectura adquiere unas dimensiones más majestuosas y grandiosas –aunque más perecederas– que las construcciones damascenas.

El fin de los Omeyas de Damasco

La dinastía de los Omeyas dura menos de un siglo (660–750 de nuestra era) y aporta al primer Islam unas obras maestras insignes. Bajo los reinados de los califas Abd al-Malik, y después al-Walid, preside la aparición de la gran arquitectura musulmana. Durante este período, la influencia romano-bizantina ha sido preponderante. Pero pronto las revueltas y los problemas que afectan la parte oriental del imperio anuncian unos desórdenes y un desplazamiento hacia el Este del centro de gravedad de la potencia islámica. El último califa omeya, Marwan II (744–750), traslada su residencia a Harran, en la alta Mesopotamia, para estar más cerca del centro de las revueltas que han estallado en el nordeste de Irán. En el 747, las guarniciones omeyas de Merv y de Herat son expulsadas de esas ciudades, donde las sublevaciones se han extendido. Finalmente, el califa es derrotado en Irak, en el 750, y huye a Egipto. Será asesinado junto con los otros miembros de la familia omeya. Uno solo escapará, y será el que funde en España, en el extremo Occidente del imperio, el emirato de Córdoba, pronto transformado en califato, cuyo destino perpetuará brillantemente, durante dos siglos y medio, la elevada cultura islámica de Damasco.

La fastuosidad de los Omeyas de Córdoba

Una civilización árabe en España

Página 85
Un bronce del califato de España
Este ciervo procedente del palacio omeya de Medina Azahara, que data de la segunda mitad del siglo X, confirma la tolerancia del Islam occidental respecto a las imágenes e incluso la escultura exenta en tiempos del califato de Córdoba. Este detalle muestra la elevada estilización de la obra figurativa. (Museo arqueológico, Córdoba)

Durante la masacre colectiva de la familia del califa Marwan, en el 750 de nuestra era, un solo miembro de esta célebre tribu de los Omeyas de Damasco consigue escapar. Se trata de Abd er-Rahman, que se refugia en el Norte de África. Los califas de Damasco habían reinado durante 90 años sobre el imperio árabe. El mundo islámico se extendía ya desde el Atlántico hasta las puertas de China. Pero las revueltas causadas por el asesinato de Marwan y las peripecias de la llegada de los Abasíes a Mesopotamia permitieron al fugitivo no solamente salvar su vida, sino incluso forjarse un reino en España, al otro lado del Mediterráneo, donde iba a perpetuar la fastuosidad de la civilización omeya.

Abd er-Rahman entra en contacto con sus familiares y aliados que viven en al-Andalus (Andalucía, o Vandalucía, es decir, la península Ibérica a la que los Vándalos han dejado su nombre, tras la invasión de los bárbaros del norte). Muchos de ellos se unen a él. Con una tropa de fieles que ha reunido bajo su bandera, se apodera de Sevilla, después entra en Córdoba, tras una victoria que le permite adquirir el título de emir de España en el 755. Cuando sube al trono, Abd er-Rahman hace de España el primer territorio secesionista del imperio islámico, a pesar de que la península llevaba menos de cincuenta años en poder de los musulmanes.

La victoria-relámpago de los Árabes-Bereberes sobre los Visigodos

En efecto, fue en el 711 cuando la invasión de los jinetes del Islam fulminó literalmente el reino de los Godos (Visigodos). La España cristiana se vino abajo de golpe, casi sin oponer resistencia, ante las tropas que conducía Tariq. A la cabeza de doce mil Bereberes que venían del Norte de África, atravesó el estrecho de Gibraltar (Djébel al-Tariq). Los invasores probablemente sólo se proponían hacer una razia a lo largo de las ricas tierras españolas. La débil reacción de los Visigodos animó a su jefe a transformar un pillaje en una ocupación permanente.

Un siglo después del inicio de la predicación del Profeta en La Meca, la conquista islámica sigue siendo rápida e inesperada. ¿Cómo pudo la secular organización de un reino unificado sucumbir a una tropa de unos cuantos miles de guerreros movidos por el deseo de rapiña? La victoria no se explica sin el formidable motor que constituye la nueva fe, que ha dado ya a los Árabes y a sus aliados la mitad del mundo antiguo. Además, los musulmanes se han beneficiado, aquí también, de unas circunstancias favorables. A finales del siglo VII, el país, que había sido víctima de golpes de Estado, está sumido en el caos. Pronto, la guerra civil desgarra la nación de los Godos entre partidarios de Rodrigo y de Akhila, hijo de Witiza. Akhila se refugia en Ceuta, en la orilla africana del estrecho. Allí, el gobernador de la ciudad le aconseja que enrole fuerzas musulmanas contra el rey Rodrigo que acababa de subir al trono en Toledo, en el 710. Por tanto es un visigodo cristiano el que llama a las tropas del Islam, y lo hace porque supone que le van a ayudar a llevar a cabo sus pretensiones de sucesión.

El arte de los marfiles esculpidos
Entre los objetos de la fastuosidad palatina, los marfiles suntuosamente decorados perpetúan una tradición romana extendida en el Bajo Imperio. Este medallón adorna el escriño llamado de Leyre, de finales del siglo X, procedente de Córdoba: vemos aquí a un soberano barbudo que una inscripción identifica con Abd al-Malik, hijo de Almanzor. Dos sirvientes lo rodean, uno con un mosqueador, el otro con un abanico y un frasco. (Museo de Navarra, Pamplona)

Hay otro factor que ha podido jugar un papel determinante: los judíos, comunidad perseguida en España, rezaban porque acabara la monarquía toledana. Ellos estaban en contacto con sus correligionarios del norte de África, quienes empujaron a las tropas árabo-bereberes a embarcar. También Tariq, gobernador de Tánger y lugarteniente del

La Gran Mezquita de Córdoba
Desde lo alto del minarete, abarcamos la sala de oración de la mezquita omeya, edificada en Córdoba entre el 785 y el 990, con sus arcadas cubiertas por tejados a dos aguas, situados perpendicularmente a la *kibla*. Arriba a la izquierda, la catedral renacentista edificada en el *haram* de la venerable construcción.

árabe Muza, cruzó el estrecho y llegó a tierra en la provincia de Cádiz. Rodrigo –que se encontraba en el norte del país, ocupado en reprimir una revuelta vasca– regresa precipitadamente al sur. Reúne un poderoso ejército y se lanza contra Tariq. Creyendo que había llegado la hora de ponerse del lado de Akhila, una parte de las tropas cristianas abandonó. La victoria musulmana fue completa. Ante este triunfo, Tariq decidió seguir adelante: sometió Córdoba, subió hacia Toledo, la capital de los Godos, que se rindió, después se apoderó de Astorga, centro de las Asturias, así como de Lugo, en Galicia, bajando sobre Segovia y volviendo a entrar como triunfador en Toledo en el 712.

Mientras tanto, Muza había tomado el relevo con dieciocho mil árabes. Conquistó Mérida y acabó de apoderarse de importantes ciudades de la península. En el 714, España entera se encontraba bajo la dominación musulmana. Para los Árabes, se llamará al-Andalus. El Islam permanecerá en ella durante casi ocho siglos.

La obra de Abd er-Rahman

Cuando los Árabo-Bereberes se establecieron en la península ibérica, la rivalidad entre Tariq y Muza se exacerbó. Como habían desobedecido las órdenes del califa al-Walid, que residía en Damasco, éste convocó a los dos para que le informaran de su conducta. A partir del 714, Muza tuvo que entregar el gobierno de España a su hijo Abd el-Aziz, que llevo a cabo la pacificación del país, antes de ser asesinado por orden del califa Solimán (715–717).

Con la llegada de Abd er-Rahman, que toma el poder en Córdoba en el 755, España se convierte en un emirato independiente. Pero el trono del último descendiente de los Omeyas de Damasco sigue estando amenazado: el soberano ahoga en sangre numerosos intentos de golpes de Estado fomentados por sus correligionarios. Tiene que hacer frente a las intenciones de Carlomagno que lanza una expedición contra Zaragoza y devasta Pamplona. Pero esta operación militar, que conduce al futuro emperador cristiano hasta los límites de España, se salda finalmente, en el 778, con la derrota de los Francos en Roncesvalles, ante los insurrectos vascos, siempre dispuestos a sublevarse.

Durante los treinta y dos años de su reinado, Abd er-Rahman hizo de Córdoba una capital. En el 785, inició las obras de la Gran Mezquita que, dos siglos más tarde, después de muchas ampliaciones, será una de las obras maestras de la arquitectura musulmana clásica. En su primera disposición, este edificio de planta cuadrada de 70 metros de lado (que cubre alrededor de 5000 m^2) está formado por una sala oblonga –según la tradición islámica– precedida por un patio, también dispuesto en el sentido de la anchura. La sala hipóstila está formada por once naves con arcadas perpendiculares al muro de la *kibla*. El espacio está dividido en doce intercolumnios que descansan sobre ciento diez columnas hechas con materiales antiguos o visigóticos. Como en Damasco, el empleo de materiales antiguos es por tanto determinante en la construcción de esta mezquita que utiliza fustes de mármol y capiteles extraídos de las ruinas de las ciudades antiguas, devastadas en la época de las grandes invasiones. Respecto a la fachada sobre el patio, soportada por unos pilares macizos, deja ampliamente abiertos unos vanos que dan luz a la sala de oración cubierta por un techo de madera.

Una sucesión de puertas laterales
La fachada occidental de la Gran Mezquita de Córdoba: en cada ampliación, se edificaron nuevos portales sobre el lado de la sala de oración. Coronados por merlones, estos intercolumnios confieren un aspecto defensivo al edificio religioso que la dinastía de los Omeyas de España construyó en su capital, en la orilla norte del Guadalquivir.

La ornamentación clásica del Islam
Las puertas laterales de la Gran Mezquita de Córdoba presentan la decoración característica del arte musulmán en España: arcos ligeramente sobresalientes, con grandes claves, que encuadran unas ventanas polilobuladas, dotadas de *claustra* de mármol.

Página 91
Los arcos entrelazados
Por encima de las puertas se desarrollan unos frisos ricamente adornados, con sus arcadas entrelazadas sobre pequeñas columnas de mármol. En la pared se alternan motivos geométricos de ladrillo con esvásticas y pámpanos cincelados en la piedra. Los capiteles tratados al taladro evocan el arte bizantino. Soportan unas fuertes impostas que reciben la caída de los arcos sobresalientes.

Bajo los reinados de Hisham I (788–796), y posteriormente de al-Hakam I (796–822), la mezquita de Córdoba no se modifica apenas. Hay que esperar la llegada del emir Abd er-Rahman II (822–852) para que una primera ampliación eleve el número de las columnas de la sala hipóstila a doscientas. Con esta reforma –que tiene lugar entre el 832 y el 848– el espacio se ha duplicado, y la *kibla* ha sido desplazada hacia el sureste, porque el edificio normalmente está orientado hacia la Kaaba. Pero el número de naves no ha variado.

Unos sesenta años más tarde, se inicia una segunda campaña de ampliación bajo Abd er-Rahman III (912–961), que se proclama califa en el 929. El ensancha aún más la sala hacia el sureste, y añade, al borde del patio, un minarete cuadrado de 34 m de alto. Poco después, los trabajos se reanudan bajo al-Hakam II (961–976). Este califa le da al monumento su aspecto casi definitivo. La sala de oración es ya un espacio que se ha transformado de oblongo en longitudinal: sigue midiendo 70 m de ancho, pero ahora llega a 115 de largo y tiene nada menos que trescientas veinte columnas.

En el interior, sus treinta y dos intercolumnios y su *mihrab* en forma de cámara octogonal precedida por tres cúpulas de nervaduras entrecruzadas, bordeadas a su vez por arcadas polilobuladas, confieren a la Gran Mezquita de Córdoba su carácter inconfundible. Volveremos sobre estos elementos cuando hablemos de la decoración propia del estilo omeya en España. Pero hay que añadir una última y considerable ampliación de la sala de oración, emprendida en el 987, en tiempos de al-Mansur, gran *cadi*

(alcalde del Palacio) del sultán al-Haman II, posteriormente ministro plenipotenciario de Hisham II. El edificio, que hasta entonces se había desarrollado empujando siempre la *kibla* hacia el sureste, para respetar una planta simétrica, ahora está provisto, en el lado izquierdo (al nordeste) de una añadidura formada por ocho naves sobre toda la longitud de la sala de oración, lo que supone un total de doscientas veinticuatro columnas suplementarias. La mezquita de Córdoba totaliza ya quinientas cuarenta y cuatro columnas y dieciocho pilares de fachada sobre el patio, así como cuarenta y cuatro pilares internos. Llega a tener por tanto seiscientos seis soportes. El espacio interior cubre ahora 130 metros de ancho por 115 metros de profundidad, restableciendo un aspecto oblongo, de acuerdo con la tradición espacial islámica.

Un espacio interno tan amplio formando el *haram* no se concibe sin una altura proporcional. Ahora bien, las columnas antiguas o visigóticas, recuperadas por los arquitectos musulmanes en toda España y hasta en Provenza, no son tan altas como las que han sido utilizadas en la mezquita de los Omeyas de Damasco. Para paliar este inconveniente, el arquitecto ha tenido que recurrir a un esquema original: la innovación que aporta el espacio hipóstilo de Córdoba reside en la utilización de un sistema formado por dos arcadas superpuestas, que soportan el techo plano cubierto por maderas a dos aguas longitudinales y paralelas.

En estos elementos portantes complejos –cuyo esquema está inspirado en los acueductos romanos (Mérida, Segovia)–, el arco superior es de plena cimbra, mientras que el inferior excede ligeramente. Esta solución da origen a una serie de arcadas aéreas. Los capiteles, así como las columnas, son por lo general materiales antiguos, excepto a partir de las ampliaciones de al-Hakam y sobre todo de al-Mansur, donde se trata a menudo de copias. Los elementos portantes están sobrealzados por unos pilares que soportan la arcada alta. Las claves de los arcos, hechas con piedras alternativamente blancas y rojas, obedecen a una usanza bizantina que confiere una gran ligereza visual a todo este sistema de soportes a dos niveles. La alternancia de los materiales claros y oscuros se llama, en árabe, decoración *ablak*.

El espacio hipóstilo

La Gran Mezquita de Córdoba, que representa el más amplio lugar de oración de todo el Islam occidental, concreta de manera magistral las virtualidades de un espacio hipóstilo. Con sus más de seiscientas columnas que cubren una multitud de naves y de intercolumnios sobre 1,5 hectáreas, el edificio extrapola, por multiplicación y repetición, todas las soluciones anteriores. Al penetrar en la sala –antes de la desafortunada añadidura de la catedral renacentista– el visitante tenía que quedar impresionado por esta inextricable profusión de soportes inmersos en la penumbra circundante. En todas direcciones se abrían perspectivas, que se perdían en la oscuridad y parecían formar un entorno infinito. Este carácter subsiste todavía aún hoy en gran parte, a pesar de la presencia del edificio cristiano en el centro de la mezquita.

Espacio horizontal, cuyos límites imperceptibles acentúan aún más la inmensidad, verdadero bosque de columnas e inmutable amontonamiento de arcadas superpuestas, cuyas claves bicolores entran en vibración según la luz: todo esto hace de la mezquita hipóstila de Córdoba una de las obras más originales de la civilización islámica. Jamás habían sido concebidos antes unos espacios internos tan amplios hechos con unos medios tan simples como columnas que soportan arcos de dimensiones limitadas. Ni las salas hipóstilas de los templos faraónicos (Karnak, Luxor, Edfú), ni las basílicas romanas (basílica Ulpiana), ni las iglesias constantinianas (primera basílica de San Pedro en Roma) se podían comparar. Jamás los espacios habían sido tan ligeros y transparentes. Probablemente sólo las grandes cisternas romanas (Piscina Mirabile de Miseno) y bizantinas (Yerabatan Sarayi de Constantinopla) han dado origen a unos esquemas como éste. Pero por su función no se pueden lógicamente comparar con la de las mezquitas del mundo musulmán. Con Córdoba, la arquitectura islámica crea un tipo de edificios que marca el punto culminante de un sistema ilustrado también por

Dibujos interminables
La imaginación geométrica de los artistas musulmanes se expresa en el entrelazado rítmico de unas formas decorativas muy variadas. Entre las pequeñas columnas que los flanquean, los *claustra* de mármol blanco forman, en frente de los vanos de la mezquita de Córdoba, unos dibujos extraordinariamente originales.

las mezquitas de Amr ibn el-Ass en Fostat (El Cairo), o la de los Aglabíes en Kairuán. Porque el espacio hipóstilo se impondrá muchas veces en el Magreb, bajo la influencia de la España musulmana.

Suntuosidad de la ornamentación

Hay que estudiar ahora la decoración de la Gran Mezquita de Córdoba. Ésta, en particular en la zona del *mihrab* y de la *maqsura* que la rodea, es obra del califa al-Hakam II. Ha sido hecha en el 961. En muchos aspectos, la ornamentación de esta sala de oración perpetúa las tradiciones elaboradas en Jerusalén y Damasco. Existe por tanto una continuidad del estilo omeya. Pero no hay que olvidar que un siglo y medio separa las obras de Oriente Próximo de la obra andaluza en su estado final.

Un espacio con seiscientas columnas
La inmensidad de la sala hipóstila de Córdoba aparece en esta visión axonométrica que nos permite imaginar el aspecto original de la maravilla del califato, antes de que fuera desfigurada por la intrusión de la catedral renacentista construida bajo el reinado de Carlos V. Es un verdadero bosque de fustes en el que el creyente descubría una espacialidad propia del Islam.

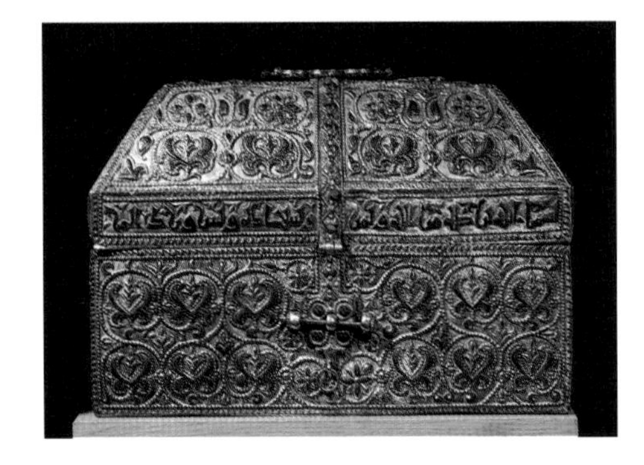

El escriño de Hisham II
Perteneciente al tesoro de la catedral de Gerona, esta obra maestra, que data del 976, está trabajada en plata dorada y nielada sobre madera. Está decorada con palmetas orladas de perlas. El borde, en grandes letras cúficas, desea al Emir de los Creyentes la bendición de Alá.

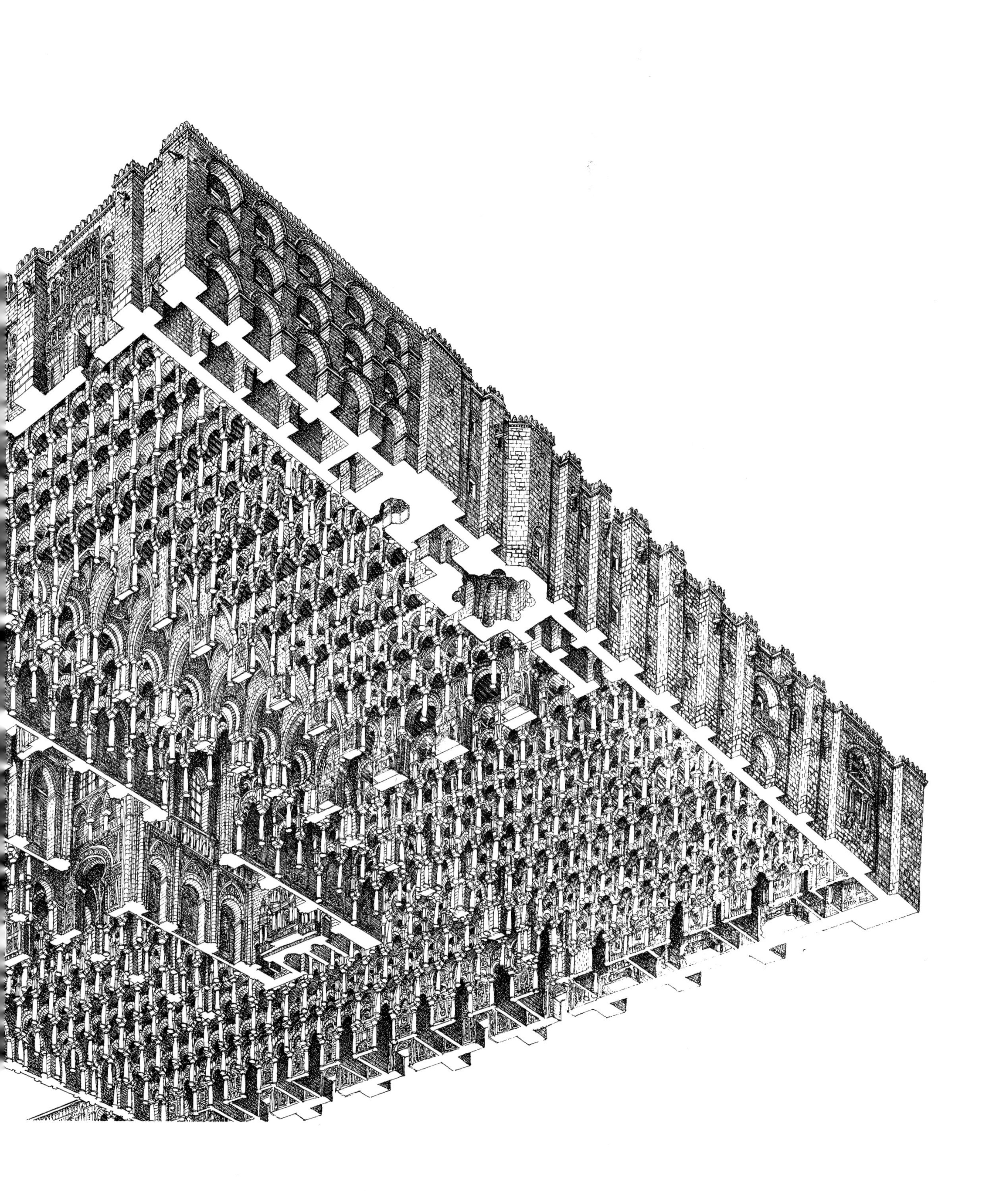

Un dédalo inextricable
Bajo unas armaduras de tejados de madera, ocultas por un suntuoso techo realzado por motivos pintados y dorados (arriba), un sistema de arcos superpuestos, soportado por una multitud de columnas de mármol, por lo general hechas con materiales antiguos, crea un espacio aéreo y misterioso en la sala de oración de la Gran Mezquita de Córdoba.

Un sabio sistema de sujección
Elevación de tres intercolumnios de arcadas con dos niveles de la Gran Mezquita de Córdoba. Estos arcos superpuestos pueden haberse inspirado en el acueducto romano de Mérida.

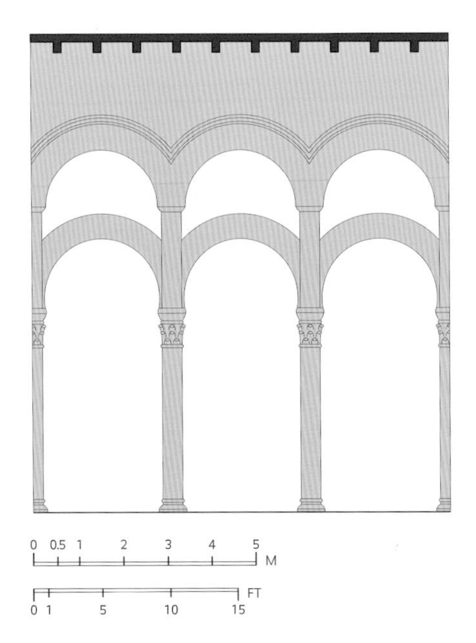

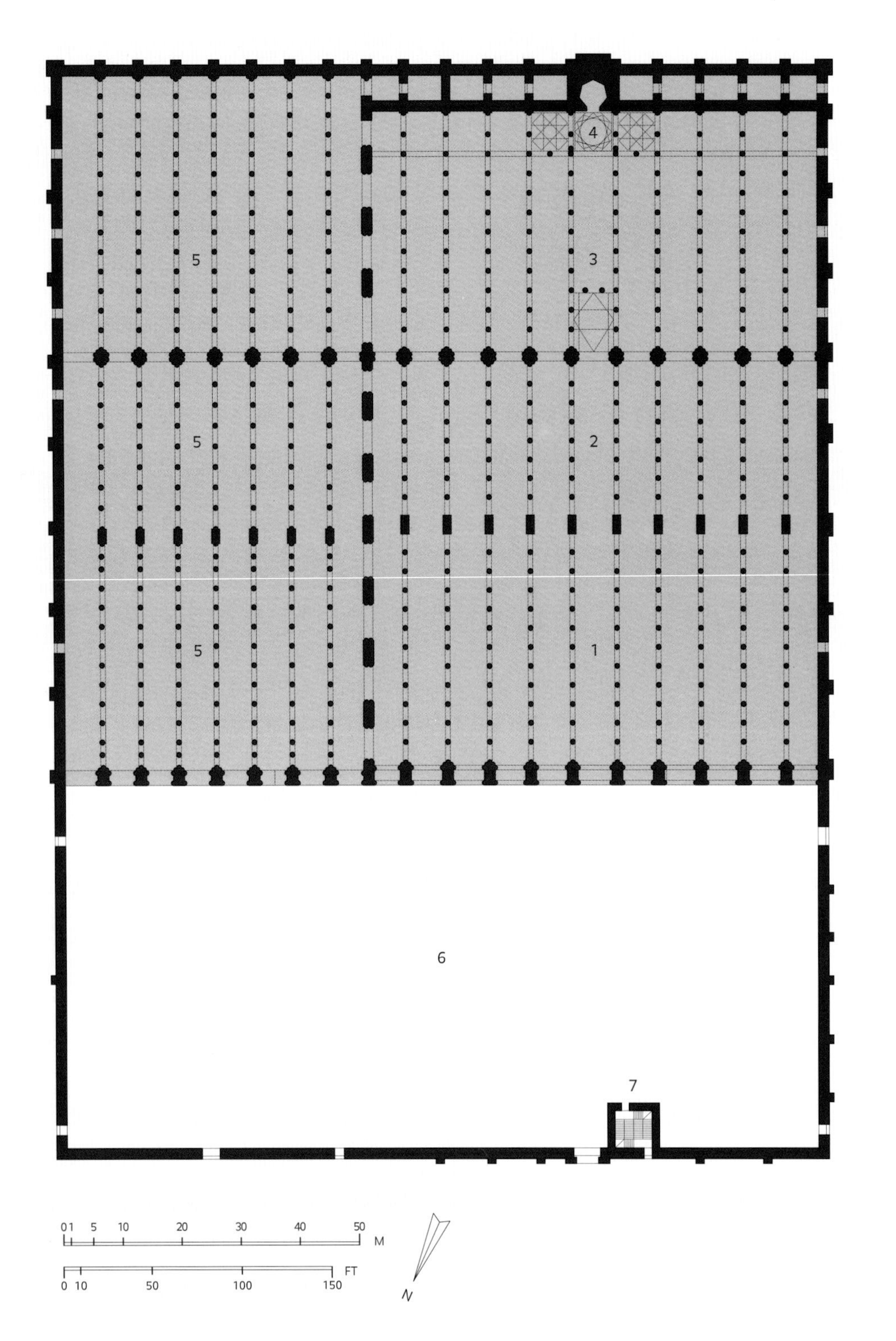

Planta de la mezquita de Córdoba
El aspecto final de las sucesivas ampliaciones hechas entre el 785 y el 987: la arquitectura islámica de Occidente alcanza aquí su apogeo clásico. El edificio cubre 1,5 hectáreas y cuenta con 19 naves cuyos pórticos con columnas son perpendiculares a la *kibla*.

1. La sala de oración del 785
2. La ampliación del 832
3. La añadidura del 929
4. La *maksura* y el *mihrab* con mosaicos creados en el 961
5. La ampliación del 987
6. El patio grande
7. El minarete

Unas estructuras refinadas
Arriba: Esquema de los arcos entrelazados de la *maksura*, o valla que marca la zona reservada al califa delante del *mihrab*. Bajo los arcos en plena cimbra, los arcos polilobulados abarcan ora uno, ora dos intercolumnios.
Página 99: Vista en corte de una cúpula con nervaduras entrecruzadas que dominan un *mihrab* secundario de la mezquita de Córdoba, según un grabado, hecho por Girault de Prangey, que fue publicado en 1841.

Hemos mencionado la *maqsura*: este término indica en árabe un vallado que se sitúa alrededor del *mihrab* principal y que cerca un espacio destinado al soberano. Este esquema –que va en contra el ideal igualitario del Islam original– se parece en ciertos aspectos arquitectónicos al iconostasio, usual en las iglesias mozárabes del norte de España, de la misma época, y que permite proteger al Santísimo. En Córdoba, la *maqsura* está delimitada, sobre una anchura que corresponde a tres naves, por unos arcos polilobulados y entrelazados con una riqueza excepcional. Este juego de arcadas que se cruzan produce un efecto de *claustra* que contribuye a realzar el área consagrada de la mezquita.

En esta zona de la sala de oración, que es la más fastuosa, la decoración pone el acento, en primer lugar, en el *mihrab*: la hornacina toma aquí la forma de una pequeña cámara octogonal. En efecto, en lugar de un simple nicho en la *kibla*, nos encontramos

en Córdoba con un espacio cerrado, cubierto por una pequeña cúpula en forma de concha, soportada por seis arcos polilobulados sostenidos por columnas pequeñas.

La desconcertante configuración de este *mihrab* es algo que llama la atención: ya no se trata, en efecto, de una simple hornacina, sino de un verdadero espacio al que se puede acceder mediante el gran arco de herradura que forma una verdadera «puerta». Por tanto, el *mihrab* no es, ni mucho menos, una «hornacina para estatuas». Da acceso, de alguna manera, al «vestíbulo» del más allá, inmerso en la oscuridad y lleno de misterio, cuyo fondo no llega a penetrar la mirada y que sugiere el infinito divino.

Este esquema será frecuentemente retomado en al-Andalus y en el Magreb: oratorio de la Aljafería de Zaragoza, Gran Mezquita de Tlemcen, mezquita de la Karauiyna en Fez, mezquita del Viernes en Tinmal, Gran Mezquita de Sevilla, etc. Este espacio es, por otra parte, más oscuro que el que se abre detrás del brillo del suntuoso arco que sobresale, revestido de mosaicos policromados en teselas de oro. La decoración que cubre cada una de las anchas claves que componen el arco del *mihrab* está hecha de pámpanos que se desarrollan sobre un fondo alternativamente oro, azul y rojo. Alrededor de este arco se encuentra una especie de marco cuadrado, en relieve, que se llama *alfiz*, y que caracteriza el lenguaje arquitectónico islámico. También este marco está provisto de mosaicos: éstos reproducen un texto del Corán, transcrito sobre dos líneas escritas con caracteres cúficos de oro sobre fondo azul. La escritura árabe llamada cúfica (de Kufa) está reservada por lo general al Libro sagrado. Se la reconoce por su estilo anguloso, ora cuadrado, ora provisto de largas líneas, que le confiere una solemnidad monumental.

Las enjutas, o zonas que subsisten entre el arco del *mihrab* y el marco del *alfiz*, presentan una decoración esculpida en el mármol, que representa grandes palmas estilizadas. Esta técnica del mármol cincelado se encuentra tanto en bandas decorativas que alternan con los frisos de mosaico como en grandes retablos que forman el plinto situado de una parte y de otra del *mihrab*. Estas superficies están enteramente cubiertas por una ornamentación exuberante y monocroma que traduce un «horror al vacío» (*horror vacui*) frecuente en el arte islámico. Semejante ornamentación procede tanto de un ejercicio de virtuosismo prodigioso como de una gran sobriedad; porque el efecto que consigue es el de una superficie uniforme, casi sobria.

Siempre alrededor del *mihrab*, cuya riqueza es extraordinaria, se encuentra, por encima del *alfiz*, un retablo ornamental formado por siete pequeños arcos trilobulados sobre pequeñas columnas. Estos arcos enmarcan bonitos motivos de mosaico floral con fondo de oro, donde se expanden pámpanos y ramajes.

La cúpula de nervaduras entrelazadas

La cubierta que domina la *maqsura* presenta indudablemente el elemento más interesante desde el punto de vista arquitectónico y decorativo. Inscribiéndose dentro de un esquema octogonal de 6 metros de diámetro, ocho arcos de finas nervaduras salientes se entrecruzan para sostener una cúpula de gajos. Estos arcos obedecen a un trazado en el que se encuentra el principio de dos cuadrados entrelazados, puestos en ángulo de 45° el uno respecto al otro, el mismo trazado de la Cúpula de la Roca, en Jerusalén. Observaremos, además, que dan origen a un sistema de abovedado que anuncia ya los arcos ojivales que revolucionarán la arquitectura en la época gótica.

Toda esta cubierta compleja, sabiamente construída, está revestida de magníficos mosaicos con fondo de oro, que son, lo mismo que la decoración de teselas que rodea el *mihrab*, obra de artistas bizantinos. Como en la Cúpula de la Roca y en la Gran Mezquita de los Omeyas, unos artesanos venidos de Constantinopla han llevado a cabo la decoración de Córdoba. El califa al-Hakam II había recibido del *basileus* Nicéforo Focas (963–969) unos equipos de mosaiquistas encargados de llevar a cabo los adornos de oro que rodean el «Sancta sanctórum» de su mezquita.

El arte de estos artesanos cristianos es por otra parte más abstracto –y se distingue así de los paisajes que adornan el patio de la Gran Mezquita de Damasco– ya que Cons-

tantinopla había atravesado dos crisis iconoclastas (730-787 y 815-843). Parece ser que, sensibles a las críticas hechas por los musulmanes que lamentaban el olvido por parte de los cristianos del segundo Mandamiento del Decálogo, ciertos teólogos bizantinos habían favorecido la difusión de los principios iconoclastas.

Sea como fuere, en Córdoba, lo mismo que en Oriente Próximo, la situación política y los acontecimientos militares no vienen a perturbar una forma de cooperación artística eficaz entre los califas omeyas y el poder imperial bizantino. Éste es un punto que merece ser subrayado, porque es revelador de una relación espiritual existente entre las dos comunidades religiosas. Estamos lejos del fanatismo que conocerán, posteriormente, las relaciones entre musulmanes y cristianos, tanto en la época de las cruzadas en Oriente Próximo como al final de la *reconquista* en España.

El motivo en forma de concha
En el interior del *mihrab* de la Gran Mezquita de Córdoba, el minúsculo espacio cerrado está coronado por una concha de Santiago. Este elemento decorativo corresponde al final del Imperio Romano, donde se utilizaba con frequencia en baldaquinos simbólicos.

El palacio de Medina Azahara

Los emires, y después los califas de Córdoba disponían en la capital de un «castillo» que tenía la función de palacio. Era la Alcazaba, verdadera fortaleza en la que el soberano vivía con su guardia personal. Parece ser que la importancia que Córdoba adquirió cuando Abd er-Rahman III accedió al califato condujo al sultán, por razones de seguridad, a establecerse fuera de la ciudad, como lo habían hecho muchos emperadores romanos, como Tiberio o Adriano.

Se debe al califa Abd er-Rahman III la construcción, a 5 km de Córdoba, del complejo palatino de Medina Azahara: edificado en veinticinco años, a partir del 936, el palacio no será acabado hasta el reinado de Abd al-Hakam II. Este amplio conjunto que ocupa, al pie de la «Montaña de la desposada», una pendiente orientada al sur, se inscribe dentro de un rectángulo cercado por un muro que mide 1500 metros de ancho por 750 m. La regularidad de este trazado sólo es alterada en el lado norte por los accidentes de la pendiente, que desciende hacia el Guadalquivir sobre 70 metros de desnivel. Es allí donde se alzan las instalaciones palatinas dispuestas en terrazas.

A excepción de la mezquita -edificio con patio, acabado en el 940, que está orientado al sureste, con sala hipóstila formada por siete naves limitadas por unos pórticos perpendiculares a la *kibla*-, todas las construcciones del palacio de Medina Azahara dan al sur. Se trata de una serie de patios, generalmente cuadrados, rodeados de arcadas y provistos de estanques. En la parte norte, no lejos de la entrada, se reconoce -a pesar de estar en ruinas- el principal edificio destinado a las recepciones oficiales del califa: este cuadrilátero de más de 80 metros de lado, cuyo patio central estaba bordeado por un pórtico, ofrecía una especie de «sala de los Embajadores». Edificio con cinco naves, de 40 metros de ancho, esta sala hipóstila para ceremonial, abierta al sur, presentaba una serie de pórticos cuyos hermosos arcos de herradura hacían alternar el rojo y el blanco de las claves. Era probablemente el *Diwan i-Am*, o Palacio público, en contraste con el *Diwan i-Khas*, o Palacio privado, en el que vamos a fijarnos ahora.

Páginas 100/101
Variaciones en el octógono
Las dos cúpulas que flanquean, a derecha e izquierda, la cúpula principal de la Gran Mezquita de Córdoba ofrecen unos sistemas de nervaduras entrecruzadas que datan del 961. La comparación con la ilustración de la página 103 abajo muestra a la vez la analogía y las diferencias de las estructuras nacidas de este juego de limas tesas secantes. Esta cúpula situada a la derecha del *mihrab* principal es la que representa el corte diseñado por Girault de Prangey, que figura en la página 99.

La parte mejor restaurada, gracias a pacientes excavaciones arqueológicas, es esta sala de Audiencias privadas, bautizada «salón de Abd er-Rahman III». Esta fastuosa *aula regia*, cuyo aspecto se parece muchísimo al espacio hipóstilo de la Gran Mezquita de Córdoba, está formada por dos arcadas que dividen la sala en tres naves. Columnas de mármol policromadas soportan unos arcos de claves anchas alternativamente rojas y blancas, adornados con estucos delicadamente labrados. El techo plano era de madera con vigas doradas y de otros colores. Una ornamentación de mármol, idéntica a la de la *maqsura* de la mezquita de Córdoba, cubría enteramente los muros.

Delante de esta sala del trono de unos veinte metros de ancho, a la que se accedía a través de un vestíbulo transversal, se encontraba un gran estanque cuadrado de la misma anchura. Todo este complejo estaba enfrente de un pabellón real, situado entre cuatro estanques que se inscribían dentro de un jardín cuadrado que soportaba una terraza de 150 metros de lado. Este espacio verde que rodeaba un quiosco «acuático», erigido en el centro de la composición a dos ejes, procedía de la tradición de los palacios abasíes influenciados por el sistema cruciforme llamado *tchahar bagh* («cuatro

Ornamento de mosaicos
Tanto sobre el arco del *mihrab* (a la izquierda), con sus claves decoradas con ramajes sobre fondo rojo u oro, como bajo la cúpula (a la derecha), donde hay una inscripción en grandes letras cúficas entre nervaduras y cúpula surcada, todo el «Sancta sanctórum» de la mezquita de Córdoba está recubierto de suntuosas teselas bizantinas.

Virtuosismo de las lacerías de los arcos
La cúpula principal que precede al *mihrab* de la Gran Mezquita de Córdoba se sirve de estructuras geométricas árabes y de la ornamentación de oro que unos mosaiquistas venidos de Constantinopla han llevado a cabo para al-Hakam II. Entre el destello de las teselas, el sistema de arcos entrecruzados se basa en el tradicional esquema de los dos cuadrados puestos a 45° el uno del otro.

Un efecto de transparencia
Los arcos de múltiples entrecruzamientos de la *maksura* de Córdoba crean un límite virtual, a la vez que acentúan la riqueza del emplazamiento reservado al califa delante del *mihrab* de la mezquita de Córdoba. La decoración, que aquí se duplica, tiene una función simbólica relacionada con el poder del soberano.

Prolijidad decorativa
La ornamentación de mármol delicadamente cincelado –con motivos arborescentes simétricos– que flanquea el *mihrab* de Córdoba crea una vibración que expresa bien el horror al vacío propio del arte islámico.

El *mihrab* de al-Hakam II
Rodeado por el *alfiz* que forma un encuadre saliente, un gran arco que sobresale precede la hornacina en forma de cámara ciega, situada detrás del muro *kibla* de la Gran Mezquita de Córdoba. Esta fórmula marca una evolución específica del *mihrab* en la arquitectura musulmana de Extremo Occidente. Arriba, una serie de arcos polilobulados con claves alternas encuadra unos motivos florales en mosaico sobre fondo de oro. Unas franjas de inscripciones en letras cúficas citan algunos suras del Corán.

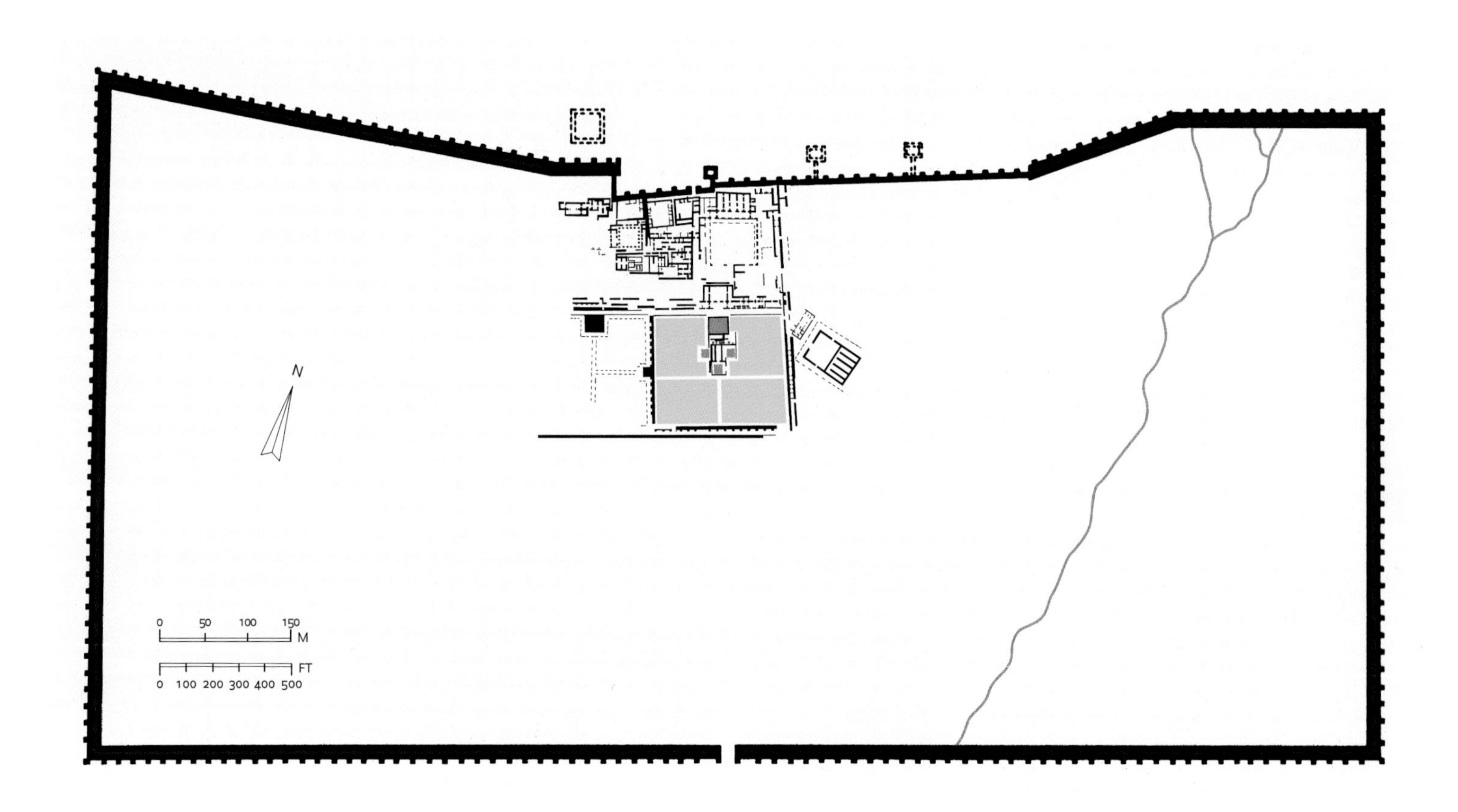

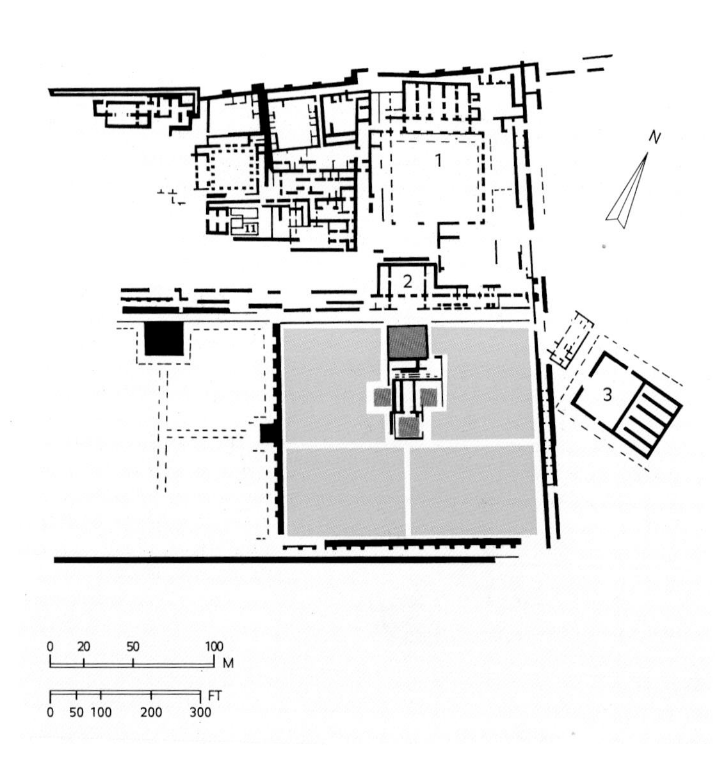

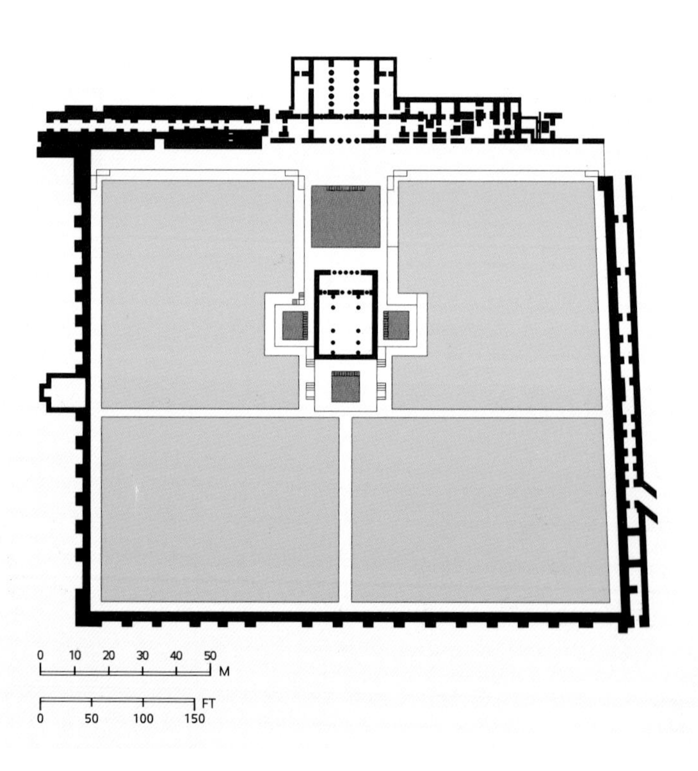

La ciudad palatina de Medina Azahara
Arriba: Planta de conjunto de la ciudad del califa creada en el 936 a 5 kilómetros de Córdoba por Abd er-Rahman III. La ciudad amurallada mide 1500 m de largo por 750 metros de ancho. Las instalaciones palatinas ocupan la zona superior.

Abajo a la izquierda: El barrio de los palacios en el centro de Medina Azahara; arriba, el *Diwan i-Am*, o palacio público (1), y, abajo, el *Diwan i-Khas*, o palacio privado (2); a la derecha, separado del eje para seguir la orientación hacia la Kaaba, la mezquita (3).

Abajo a la derecha: Detalle del palacio privado, con el «Salón de Abd er-Rahman III» que precede a una fuente cuadrada que da a un jardín en forma de *tchahar bagh*, dividido ortogonalmente en cuatro partes según la costumbre persa, con un pabellón central rodeado de estanques.

La fastuosidad de la corte
Vista transversal del vestíbulo que da acceso a la sala de recepción de Abd er-Rahman III (a la izquierda). La arquitectura palatina reviste las mismas formas estructurales y ornamentales de las mezquitas contemporáneas.

jardines»), según la acepción iraní. Formaba un verdadero *paradeïsos*, un «paraíso», es decir, un parque con pajarera, establo y glorietas diseminadas entre el verde, en medio de estanques y fuentes que abastecían un acueducto hundido en la montaña para recoger allí manantiales. Estas instalaciones constituían un suntuoso jardín del Edén alrededor del soberano todopoderoso, cuya gloria era ensalzada.

La pompa de un culto personal

Nos podemos hacer una idea de la amplitud de esta ciudad-palacio, que cubre una superficie de 112 hectáreas, consultando los textos que los cronistas árabes le han dedicado. Al-Makkari (m. en 1632), autor tardío, originario de Tlemcen, Marruecos, que vivió en El Cairo y en Damasco, y que recopiló a numerosos historiadores medievales, nos informa de que la obra de Medina Azahara necesitó diariamente seis mil bloques de piedra tallada, transportados por ochocientos camellos y mil mulas, y que las columnas utilizadas aquí totalizaban cuatro mil trescientos quince fustes de mármol, algunos importados del Norte de África e incluso de Constantinopla. Asegura que los califas han destinado a la construcción del palacio la suma anual de 300.000 dinares (es decir, el equivalente a 500 millones de dólares actuales en oro).

Hay ciertas instalaciones del palacio de las que informa al-Maqqari, quien se remite a Ibn Hayyan de Córdoba, autor de una crónica de Abd er-Rahman III entre el 912 y el 942: «Había, entre las maravillas de Azahara, dos fuentes con unos extraordinarios estanques. La más grande era de bronce dorado, maravillosamente esculpida en bajorrelieves que representaban unos personajes. Ésta procedía de Constantinopla. La más pequeña era de mármol verde (cipolino) y procedía de Siria. El califa la colocó en la exedra de su salón y la rodeó de estatuas de oro que representaban diversos animales.»

El escritor Ibn Bashkouwal menciona «entre las maravillas de Medina Azahara, el salón de los Califas, cuyo techo estaba hecho con tejas de oro y bloques de alabastro translúcido. A cada lado se abrían ocho puertas de ébano con relieves de oro. Cuando el sol penetraba en esta sala y al-Nasir (Abd er-Rahman III) deseaba asombrar a sus cortesanos, bastaba con que hiciera una señal a uno de sus esclavos y el estanque lleno de mercurio que estaba en el centro de la sala se ponía en movimiento. Entonces parecía que el salón daba vueltas, mientras que unos rayos de luz atravesaban la estancia llenando la asamblea de terror. Fue la abundancia de mercurio que había en España lo que le dio a al-Nasir la idea de este mecanismo gracias al cual la sala parecía dar vueltas sobre sí misma como sobre un eje. Daba la impresión de que seguía el movimiento del sol. El califa se ocupaba tanto del buen funcionamiento de este mecanismo que sólo confiaba su conservación a su propio hijo, al-Hakam».

Tanto los jardines, con pajarera y animales, como esta sala que giraba sobre su eje, en armonía con los movimientos del sol, evocan el palacio cosmológico de la *Domus Aurea* de Nerón, en Roma, provista de una rotonda que, según Suetonio, «giraba continuamente sobre sí misma, como lo hace el mundo». A propósito de Medina Azahara, estamos sin duda en presencia de una descripción hecha a partir de rumores por un autor que no ha visto el mecanismo y sólo en parte ha comprendido su funcionamiento y su papel. En efecto, parece ser que la lista de animales que aporta Ibn Hayyan, a propósito de las estatuas de oro que va enumerando –león, antílope, cocodrilo, águila y dragón, por una parte, y paloma, halcón, canario, milano y buitre, por otra, «adornados de pedrerías y escupiendo agua»– procede de una enumeración fantasiosa y más o menos adaptada de «animales» del zodíaco y de las constelaciones.

Se trataría entonces de un mecanismo cosmológico capaz de girar gracias a las propiedades del mercurio contenido en el estanque. En ese caso, el «círculo de los animales» (denominación del zodíaco –de *zoon*, animal, ser vivo– en la Antigüedad) representaría la esfera celeste, es decir, las estrellas y los planetas. Son los astros a los que el califa interrogaba para conocer su horóscopo, según una tradición formalmente reconocida después de los soberanos helenísticos. El hecho de que sólo el príncipe heredero pudiera utilizar este «planetario», evoca la prohibición –que en Roma era bajo pena de muerte– que pesaba sobre los autores de los horóscopos relativos al príncipe, quien tenía en exclusiva el privilegio de utilizar dicho instrumento.

Teniendo en cuenta estos datos, sería juicioso volver a poner esta curiosa construcción en la perspectiva de los tronos cosmológicos (en particular del de Cosroes II estudiado por Herzfeld), de los que los autores persas, como Thaalibi al-Naïshaburi (961–1038) y Firdusi (932-1020), que son contemporáneos de la edificación del palacio de Medina Azahara, dan sus descripciones detalladas.

Constatamos así que los vestigios arquitectónicos de Medina Azahara, vistos a la luz de los textos árabo-persas, revisten súbitamente una significación que parecían haber perdido. Esta nueva interpretación contribuye también a poner en evidencia toda una maquinaria astronómico-astrológica que da prueba del grado avanzado de las ciencias cosmológicas y de las técnicas de observación astral que tenían los Árabes de la época clásica, herederos de los trabajos de la Antigüedad grecorromana. Ahora bien, esta tecnología no es ni mucho menos imaginaria: los tratados de al-Djazari (hacia 1185) constituyen un testimonio irrefutable.

El palacio del califa, con sus patios destinados al ritual áulico de carácter privado y público, representa un lugar destinado a ensalzar al soberano. Parece ser que durante las ceremonias simbólicas que organizaban los califas de al-Andalus, una

La pompa imperial
En el Salón del Califa de Medina Azahara, donde eran recibidos –con todo un ceremonial grandioso– los huéspedes oficiales del poderoso soberano de Córdoba, se repiten los principios arquitectónicos y ornamentales que caracterizaban el arte sacro cordobés del siglo X: las mismas columnas que soportan unos arcos sobresalientes de grandes aristas con alternancia de rojo y blanco, la misma fórmula de techos planos, la misma decoración cincelada en el mármol o en el estuco.

Un oratorio toledano
Conocida bajo el nombre de «Cristo de la Luz», la pequeña mezquita omeya de Bib Mardum, construida en el 999 en Toledo, tiene el aspecto de un cubo con un friso de arcos entrelazados en la fachada. Su planta está basada en un cuadrilátero dividido en nueve cuadrados pequeños.
Arriba a la derecha: El corte revela un alto dispositivo de pequeñas cúpulas yuxtapuestas, que presentan unas fórmulas de nervaduras muy variadas, tal y como aparecen en este grabado de Girault de Prangey, que data de 1841.

Habilidad arquitectónica
El pequeño tamaño de la mezquita de Bib Mardum en Toledo no impide el recurso a múltiples tipos de cubiertas, que ocupan cada uno de los nueve compartimientos de la planta. Constatamos aquí que el edificio, a pesar de que no tiene más de 8 metros de lado, cuenta con una cantidad de arcos de herradura que unen entre sí las columnas hechas con materiales antiguos de la sala de oración, cuyo sistema espacial complejo evoca la Gran Mezquita de Córdoba.

El origen del arco de herradura

Una fórmula anterior al Islam
El arco de herradura de la iglesia visigótica de San Juan de Baños (Palencia) demuestra que existía en la Península Ibérica antes de la llegada de los jinetes árabes. En efecto, la puerta de este oratorio se remonta al 661, o sea, cincuenta años antes de la irrupción de Tariq.

Potencia de una fortaleza mora
Página 112: Dominando el curso del Duero, la formidable masa de la ciudadela de Gormaz, con su alta muralla jalonada por veinticinco torres, constituye una de las principales plazas fuertes árabes del siglo X español.
Abajo: Detalle de la puerta que se abre en el bastión de entrada.

Se atribuye frecuentemente a los constructores árabes la paternidad del arco de herradura, por la simple razón de que numerosos edificios musulmanes están provistos de arcos de este tipo. Ahora bien, un estudio de los monumentos visigóticos de España, que datan del siglo VII de nuestra era y son por tanto anteriores al desembarco de Tariq en la península, demuestra que esta forma de construcción aparece, entre el Ebro y el Duero, en el 661 (iglesia de San Juan de Baños), mientras que en Oriente Próximo una iglesia como la de Alahan, en Cilicia, que ofrece unos ejemplos todavía discretos, se remonta al 560 de nuestra era. Podemos incluso afirmar que el origen del arco de herradura es anterior y se sitúa en plena época imperial romana. Encontramos unos ejemplos con las estelas funerarias hispánicas de los siglos II y III. Por tanto no son los Árabes quienes introducen este elemento arquitectónico en Occidente. Pero dieron una gran difusión al arco de herradura, que se convertirá en una de las características de sus construcciones a partir del siglo VIII.

consulta astral formaba parte del carácter adivinatorio de las liturgias relativas al poder. No hay que olvidar que toda decisión importante era tomada con la ayuda de astrólogos, y que no se procedía a la fundación de una ciudad nueva sin consultar el tema astral que regiría su futuro. Tampoco hay que olvidar que el sultán Abd er-Rahman III, que reinó entre el 912 y el 961, era contemporáneo del *basileus* bizantino Constantino VII Porfirogeneta (913–959), autor del célebre tratado titulado «El Libro de las Ceremonias», principal fuente por la cual nos han llegado las descripciones del ritual de corte en Constantinopla, cuya influencia fue considerable en el mundo islámico. Además, las relaciones entre el califa y el *basileus* eran tan buenas que el Bizantino envió una delegación a Córdoba para ofrecer al Árabe un manuscrito de Paulo Orosio, historiador latino de origen español, autor de una «Historia del Mundo». A imitación de las ceremonias que exaltaban la persona del emperador en Constantinopla en el *sanctum palatium*, el palacio omeya de al-Andalus subraya el carácter sagrado que revestía la persona del califa. Por esto era importante dotar al marco arquitectónico con las formas que podía revestir esta veneración hecha a quien detentaba el poder, que era también el «Jefe de los creyentes».

Grandeza del Califato de los Abasíes

Mesopotamia en el centro del mundo islámico

Página 115
Riqueza del califato abasí
Prerrogativa del Califa, la fabricación de tejidos para el ceremonial alcanza una calidad excepcional bajo el reinado de los Abasíes. La técnica de los antiguos brocados de Mesopotamia, Siria y Egipto, reproducía muchas veces motivos sasánidas y bizantinos. Los talleres –o *tiraz*– en los que trabajaban los tejedores tenían unas reglas estrictas. (Fundación Abegg, Riggisberg)

La decoración de estuco en Samarra
La arquitectura abasí de Mesopotamia recurre al estuco para los elementos ornamentales: estos motivos cincelados, antiguamente policromados, proceden de un palacio de Samarra (siglo IX). Se inspiran en el tema de la viña, cuyos racimos y hojas adornan unos hexágonos. (Museo de Bagdad)

El asesinato en el 750 de todos los miembros de la familia de los Omeyas de Damasco, a excepción de aquel que se refugia en España para fundar allí la rama de al-Andalus, que subsistirá brillantemente hasta 1031, marca la creación de la segunda dinastía del imperio islámico. Ésta es fundada por Abu al-Abbas al-Saffah, descendiente de un tío de Mahoma, llamado Abbas, del que recibe el nombre. Esta dinastía va a reinar –nominalmente– durante cinco siglos. En sus comienzos, entre el siglo VIII y el siglo X, se habla de los Grandes Abasíes, porque ejercen la plenitud de su poder. Posteriormente, su autoridad se eclipsa y sólo conserva un carácter simbólico, basado en el prestigio religioso del título de califa.

En efecto, a raíz del progresivo desmenuzamiento de los territorios situados bajo su autoridad, el soberano pronto reinará tan sólo sobre Irak, Siria y una parte de Persia. Tras la emancipación de España, se asiste a una serie de secesiones: en el 800, la Ifrigiyya de los Aglabíes; en el 830, el Khorasan de los Tahiríes; después, en el 868, el Egipto de los Tuluníes, y finalmente la Persia occidental de los emires Buyíes, que son tan poderosos como para poner a los califas, entre 932 y 1055, bajo una verdadera tutela de hecho, que marca el fin del período fastuoso del califato de los Grandes Abasíes.

Pero los dos siglos durante los cuales se extendió esta alta civilización, tanto en la Ciudad Redonda que es Bagdad como en la ciudad nueva de Samarra, marcan indiscutiblemente el apogeo de la fastuosidad y el poder islámicos. El califa es ahora un monarca absoluto: manda sobre el ejército y la administración, dirige la política y juega el papel de guardián de la Fe. Es un soberano sagrado, rodeado por una corte formada por una multitud de aristócratas y príncipes árabes, de cortesanos y ministros, de consejeros y artistas. Es el objeto de un ritual áulico complejo y suntuoso que constituye la admiración de visitantes y embajadores extranjeros. A su lado, el *vizir*, o Alcalde del Palacio, oficia de «primer ministro».

Uno de los fenómenos que influirá profundamente en el destino de la dinastía abasí es la presencia de una poderosa guarnición de Turcos que suceden a las fuerzas de Khorasan para formar la «guardia pretoriana» del califa. Estos soldados, recientemente islamizados, constituyen un elemento turbulento, siempre dispuesto a levantarse o a provocar incidentes con las poblaciones árabo-iraníes. Pero es una fuerza de choque de la que el sultán tiene necesidad para reprimir los intentos de golpes de Estado que atentan contra su autoridad. El problema que presenta este temible cuerpo de militares de oficio tendrá consecuencias sobre el urbanismo y el palacio: si están demasiado cerca, los Turcos constituyen un peligro para el poder que no puede prohibirles que salgan de sus acuartelamientos; si están demasiado lejos, dejan al Príncipe a merced de un golpe de Estado. El dilema afectará en particular a la configuración de la ciudad de Bagdad, y nunca encontrará una solución satisfactoria.

Fue en Khorasan –donde eran muchos los partidarios de Ali (los Alíes, o Chiítas)– donde se produjeron las sublevaciones que llevaron a la llegada de los Abasíes. Fue allí también donde se afirmó Abu Muslim, a quien los Chiítas identificaron más tarde con el *mahdi*, el *imam* oculto, que se creía volvería a la tierra al fin de los tiempos, según una concepción escatológica iraní. Pero tras la victoria obtenida por los insurrectos, los miembros de la familia de Mahoma proclamaron califa a Abu al-Abbas, que reinará en Kufa con el nombre de al-Saffah, que quiere decir «el Sanguinario». Los Chiítas, que habían contribuido ampliamente a asentar la nueva dinastía, no obtuvieron respuesta en sus esperanzas de acceder al poder.

El impulso había llegado del Este, y ya la zona oriental del imperio islámico se encargó de desarrollarlo. Con los Abasíes, el mundo musulmán se aisló en parte de las influencias bizantinas que habían sido preponderantes bajo los Omeyas. Ahora es la herencia del viejo imperio de los Sasánidas la que nutre la cultura, la administración y la corte de los califas. Esta renovación de las fuentes, por la cual la corriente persa adquiere una influencia considerable, contribuye a la afirmación del carácter divino del poder real que encarnan los califas abasíes, a ejemplo de los Reyes de reyes sasánidas. Conduce a la exaltación del ritual áulico cuya liturgia se extiende al palacio. El arte tiene como misión, aún más que antes, glorificar al soberano.

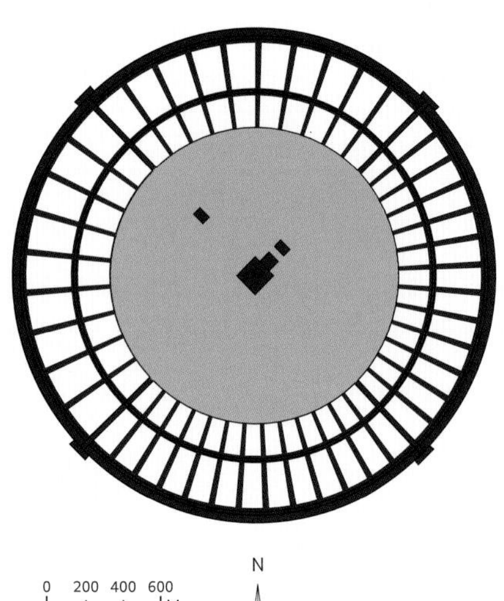

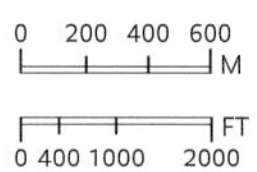

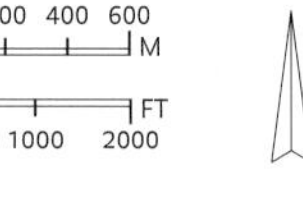

El Bagdad fundado por al-Mansur

Entre el 754 y el 775, al-Mansur, el «Victorioso», es califa. En el 762, funda una nueva

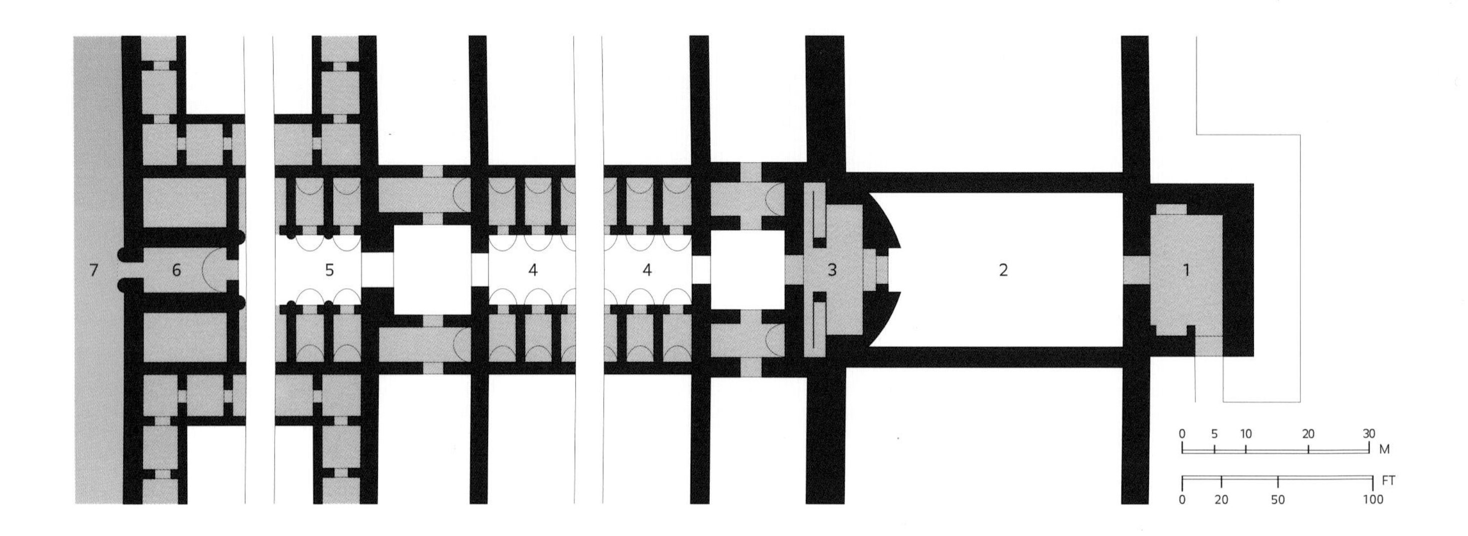

capital llamada Madinat as-Salam, la «Ciudad de la Salud» –Bagdad era el nombre persa de la localidad– a orillas del Tigris. Construida en un territorio aluvial muy fértil, pero donde no hay piedras para la construcción, la ciudad califal, enteramente hecha de ladrillos secados al sol, no ha dejado ningún vestigio, a pesar de haber estado constantemente habitada hasta nuestros días. Esta situación, por otro lado, es propia de Mesopotamia, donde gigantescas aglomeraciones han desaparecido para siempre. Conocemos, no obstante, el aspecto de Bagdad gracias a las descripciones que nos han dejado los autores árabes.

La planta adoptada es la de una «Ciudad Redonda», nombre que por otra parte le será atribuido a menudo. Tanto el lugar, cerca de la antigua Ctesifonte, capital de los Sasánidas, como la fecha en que se inició su construcción, fueron determinados por unos astrólogos y especialistas en geomancia. Obedeciendo a consideraciones cosmológicas que se remontaban a los Asirios, se adoptó un trazado circular cuyo origen se sitúa en la línea de Nínive, Hatra, Harran y Firuzabad. El diámetro externo de Bagdad era de 2,6 kilómetros. Tres murallas concéntricas protegían la ciudad. Entre la primera, provista de 112 torres, y la segunda, se encontraba un glacis, mientras que entre la segunda y la tercera se levantaban los distintos barrios. En esta superficie anular, el hábitat estaba distribuido en 45 cuadrantes con dos calles radiales.

Las cuatro puertas que daban acceso a la ciudad se hallaban sobre las bisectrices de los cuatro puntos cardinales, al sudoeste, al sureste, al noroeste y al nordeste,

El Bagdad de al-Mansur
Ciudad mítica por su opulencia, la Ciudad Redonda de Bagdad, fundada en el 762 por el califa al-Mansur, presentaba una planta circular, con avenidas en forma de radios rodeadas de bazares. En el centro, el palacio del califa y la mezquita principal se alzaban en los jardines.
Arriba: Planta general
Abajo: Detalle de las sucesivas murallas que delimitan los barrios a lo largo de una vía de penetración
1. Bastión de entrada
2. Patio de guardia
3. Puerta fortificada
4. Filas de tiendas
5. Segunda fila de tiendas
6. Puerta de acceso al parque
7. Parque que rodea el palacio y la Gran Mezquita

Dos murallas concéntricas
Planta del palacio de Ukhaïdir, cuya muralla externa está regida por una doble simetría axial. Una segunda muralla encierra el propio palacio, de planta rectangular, desplazado hacia el norte.
Para su seguridad, Isa ibn Mussa, que vivía bajo el terrible Harun al-Rasid, no había descuidado nada.
1. Puerta principal
2. Puerta secundaria
3. Vestíbulo abovedado
4. Mezquita
5. Patio para el ceremonial
6. Sala de recepción o *aula palatina*
7. Viviendas que dan al patio
8. Palacio anexo

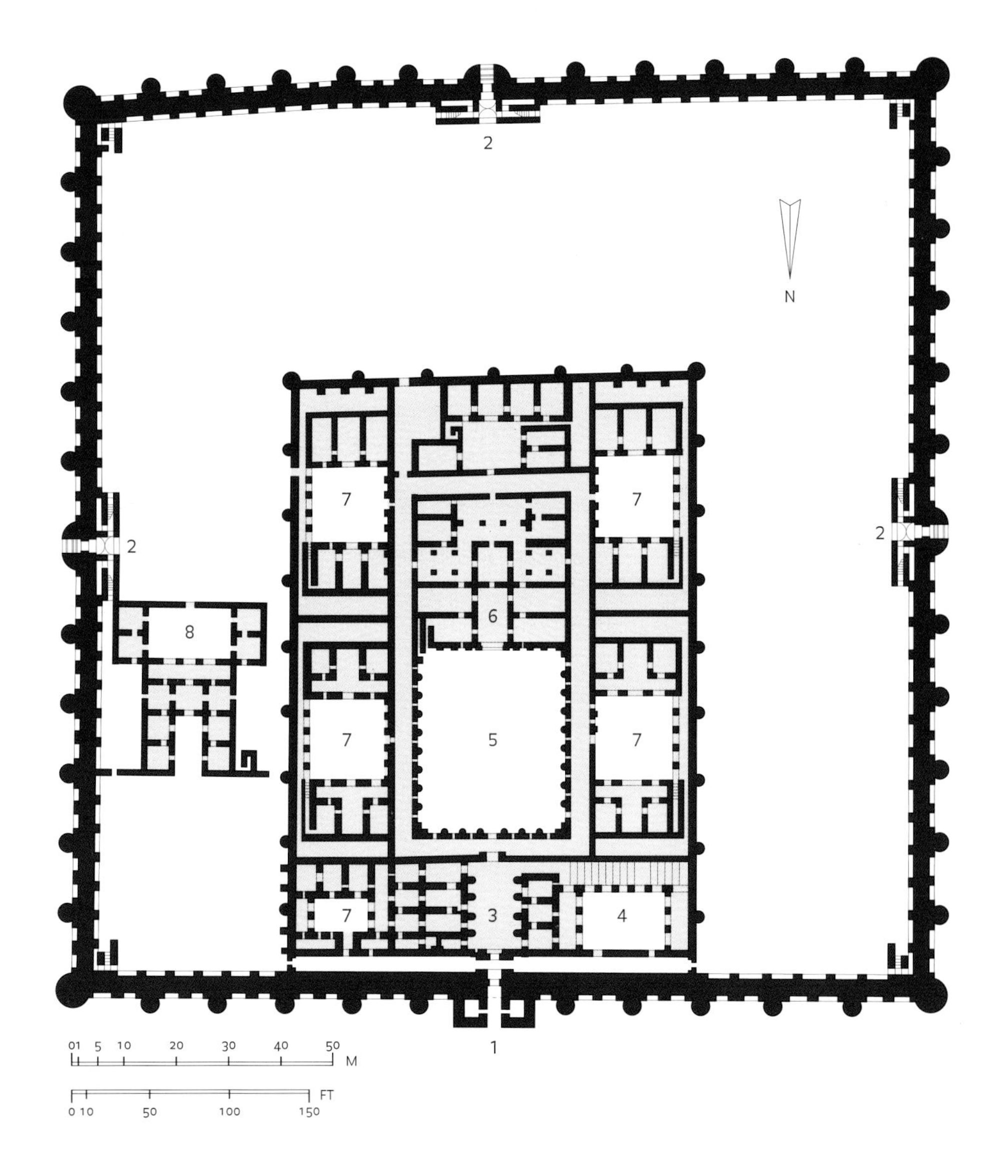

El palacio principesco de Ukhaïdir
En la estepa iraquí, la muralla fortificada de Ukhaïdir, construida en el 778, alza su masa jalonada de torres redondas y de arcos que ocultan unas troneras.
Esta fortaleza encierra un conjunto palatino construido en mampostería de piedra.

Un dispositivo fortificado
Al otro lado de los muros del recinto, se descubre un sistema de arcadas soportadas por el adarve, que sirve para comunicar las troneras y las barbacanas.

Un conjunto de patios
En el interior de la primera muralla, el palacio de Ukhaïdir está formado por una serie de viviendas que dan al patio y de espacios abiertos de carácter suntuario separados por las salas destinadas al ceremonial.

Página 121
La impresionante estructura de las puertas
En forma de torre saliente, esta puerta del palacio de Ukhaïdir recurre a todos los progresos de la poliorcética: rastrillo, troneras, salas de guardia sobre la entrada, etc.

تابع

y correspondían de ese modo a los grandes territorios del imperio: Arabia, Siria, Kirman y Khorasan. Largos bazares cubiertos y abovedados eran edificados sobre estos cuatro ejes de penetración, a partir de las puertas fortificadas.

La zona central estaba ocupada por un inmenso parque circular que medía 1500 metros de diámetro. En medio se encontraba el palacio que flanqueaba la Gran Mezquita. Este palacio, llamado Dar el-Kilafa, cubría un cuadrado de 200 metros de lado. Una cúpula de color verde, llamada al-Qobbat al-Khadra, de unos cuarenta metros de alto y revestida de ladrillos esmaltados, dominaba el complejo, y estaba flanqueada por cuatro grandes *iwans*.

Hay que precisar que el *iwan* es una creación de la Persia parto-sasánida, en la que jugaba el papel de sala del trono. Se trata de una sala grande, cubierta por una bóveda y abierta en la fachada, que se presta al ritual de aparición del soberano. Posteriormente, fue adoptada en las mezquitas como vestíbulo de la sala de oración. Probablemente, la planta cruciforme del palacio en el centro de Bagdad había sido heredada del palacio de Abu Muslim en Merv, que tenía a su vez grandes construcciones palatinas sasánidas, y sobre todo del palacio de Ctesifonte.

Respecto a la Gran Mezquita de Bagdad, contigua al palacio, medía 100 m de lado. Se trataba de un edificio con patio de planta cuadrada. Pero fue ampliado en tiempos de Harun al-Rasid (786-809) ocupando poco a poco el espacio reservado al palacio. De esta inmensa obra abasí, enteramente de ladrillo, no ha quedado nada. Lo mismo ha ocurrido con las ciudades babilónicas y asirias, que, después de los estragos de las guerras, han sido literalmente arrasadas, sobre todo cuando el lugar fue abandonado o cuando la capital –como ocurrió a menudo con Bagdad– se desplazaba a lo largo de la historia, como atestiguan las sucesivas fundaciones de Rosafa, por al-Mahdi

Un encuadre emblemático
En Ukhaïdir aparece un elemento arquitectónico que tendrá una gran importancia en el arte persa: el portal abovedado (o *pishtak*), con su alto encuadre plano que constituye, en la arquitectura irako-iraní, y más tarde en todo el arte islámico, la estructura propia de las mezquitas y palacios, así como de las construcciones civiles.

(775-786), y después las murallas de al-Mosta´ in (862-866) y de al-Mustazhir (1092-1118).

El palacio fortificado de Ukhaïdir

A unos 120 kilómetros al sudoeste de la Ciudad Redonda, fuera de la llanura mesopotámica propiamente dicha, se levantan las impresionantes ruinas de una gran construcción palatina llamada Ukhaïdir, o la «Verde». Este conjunto se inscribe dentro de una línea defensiva que mide 635 x 531 m. Está formado por una primera muralla de 175 x 169 m, que contiene una segunda muralla de 112 x 82 metros, que encierra el propio palacio. Esta obra, que se remonta al 778 y que hoy en día aparece en un lugar desierto, ocupaba en su origen el centro de una gran propiedad agrícola abundantemente irrigado por una derivación del Tigris. Se piensa que es la obra de Isa ibn Mussa, sobrino de al-Mansur, que fue derrocado por Harun al-Rasid.

Paradójicamente, la monumental construcción de este palacio no está edificada en ladrillo, sino mediante adoquines unidos con lechadas. Esta elección se explica por la presencia, en el lugar de Ukhaïdir, en el borde meridional de la llanura mesopotámica, de abundante material lítico. Puede ser debido también a la mayor resistencia de la piedra que respondía a las necesidades de un recinto fortificado: en efecto, la seguridad parece haber sido primordial para Isa ibn Mussa, que temía que el califa atentara contra su persona. Había construido también unas murallas jalona-

Progreso de los abovedados
El gran vestíbulo que constituye la entrada al palacio de Ukhaïdir presenta una poderosa bóveda de cañón apuntado soportada por fuertes columnas cilíndricas adosadas. Todo este dispositivo anuncia, con más de dos siglos de adelanto, el primer arte románico occidental.

das por cuarenta y cuatro torres semicirculares y cuatro puertas fortificadas, con un adarve provisto de troneras, innovación técnica ya utilizada, a pequeña escala, en el palacio omeya de Kasr el-Hayr. En el interior de esta primera muralla, el propio palacio estaba defendido por una veintena de torres que flanqueaban sus muros.

Toda esta organización estrictamente ortogonal y simétrica es parecida a la de los palacios omeyas de los confines sirio-palestinos. Sin embargo, la planta de Ukhaïdir no está regida por un *cardo* y un *decumanus* como lo era, por ejemplo, la ciudad de Andjar. El palacio está desplazado hacia el norte y flanquea literalmente la muralla septentrional. Detrás de la puerta axial con una poterna en proyección que da acceso a un pasillo transversal abovedado, destinado a los movimientos de la guardia, se abre una sala monumental que forma el vestíbulo. Esta sala está cubierta por una bóveda de ladrillos ligeramente apuntada sobre unas arcadas de mampostería soportadas por grandes columnas cilíndricas. Los arcos perpendiculares a la nave forman el soporte de la bóveda. El aspecto general, pesado y macizo, recuerda algunas construcciones del primer románico, que aparecerán en Occidente dos siglos después.

Este vestíbulo se abre, axialmente, sobre un patio de honor de 35 metros de largo por 28 m de ancho, precedido por un gran *iwan* donde seguramente tenía lugar un ritual palatino que, si no igualaba la fastuosidad del ritual de los califas, desde luego tenía que inspirarse en él. A la derecha, antes de entrar en este patio, el palacio de Ukhaïdir presentaba, como el de Mshatta, una mezquita formada por una sala oblonga de un solo intercolumnio, precedido por un patio bordeado sobre tres de sus lados por un pórtico de columnas redondas de mampostería estucada. Alrededor del palacio oficial (patio, *iwan* y salas de recepción) estaban situadas cinco alas, con un pequeño patio y viviendas de seis habitaciones. Entre el palacio y la muralla, hay un solo ele-

La mezquita principesca
A la derecha de la entrada al palacio de Ukhaïdir, una pequeña mezquita ofrece su patio rodeado de gruesas columnas cilíndricas que soportan a las arcadas abovedadas (arriba) que constituyen la sala de oración. Su espacio oblongo está cubierto por una bóveda de cañón adornada con motivos cuyos relieves destacan en el estuco (al lado) de decoración meramente abstracta.

Vestigios de una inmensa ciudad muerta
La capital de los Abasíes, fundada a lo largo del curso del Tigris en el 836 por el califa al-Motasim, estaba construida enteramente en ladrillo. Abandonada desde el 892, esta gigantesca aglomeración de 35 kilómetros de largo, la mayoría de cuyos barrios habían sido edificados en ladrillo secado al sol, se ha desmoronado literalmente, dejando subsistir tan sólo unos fantasmales trazados de calles y edificios en ruinas cuya disposición se distingue en la vista aérea.

mento que rompe la simetría del conjunto: se trata de un anexo muy importante, cuyo trazado reproduce el de la parte oficial central, pero que se sitúa en el lado este. Tal vez se trate de una ampliación destinada a uno de los hijos del príncipe...

La fundación de una nueva capital en Samarra

La planta de la Ciudad Redonda de Bagdad, como hemos subrayado, tenía grandes desventajas: no podía crecer en función de las necesidades, y no ofrecía un acuarte-

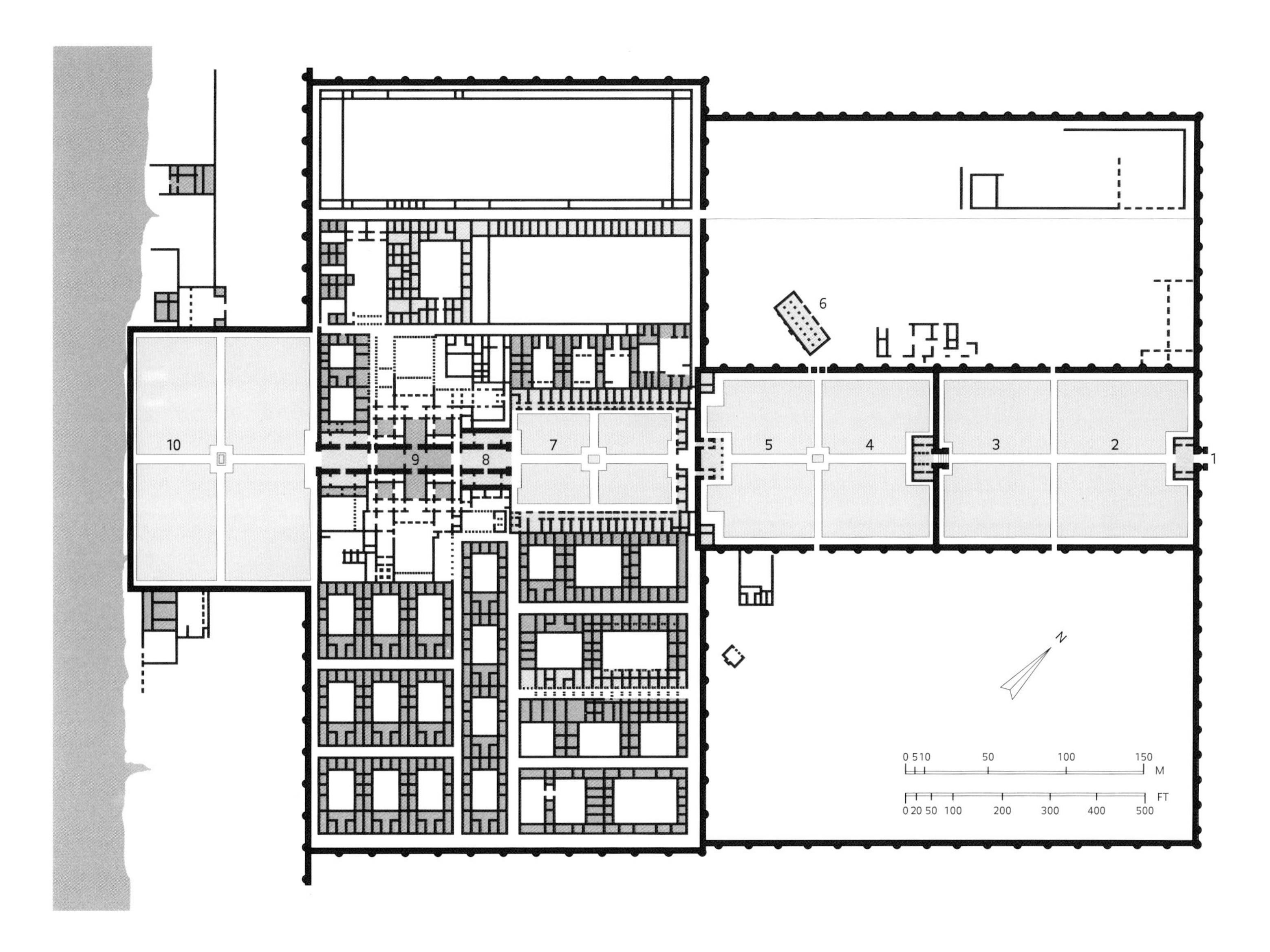

El grandioso palacio de un califa
Planta del palacio de Balkuwara en Samarra, construido en la orilla derecha del Tigris entre el 850 y el 860 por el soberano abasí al-Motawakkil. Sobre el eje de simetría que rige toda esta ciudad amurallada de 2,4 kilómetros de perímetro y de más de 700 metros de longitud, se penetra en ella (de derecha a izquierda) a través de dos jardines rectangulares en *tchahar bagh*, de planta ortogonal dividida en cuatro partes, y por un gran patio. La sala de audiencias central, cruciforme, precede un nuevo jardín.

1. Puerta principal
2. Primer jardín
3. Segunda puerta
4. Segundo jardín
5. Tercera puerta
6. Mezquita palatina
7. Patio para el ceremonial
8. Vestíbulo
9. *Aula regia* cruciforme
10. Jardín a lo largo del curso del Tigris

lamiento práctico para las tropas que constituían la guardia personal del califa, formada por Turcos que, a partir de al-Motasim (833-842), habían reemplazado totalmente las tropas de Khorasan. Estos inconvenientes impulsaron a los sucesores de al-Mansur a construir una nueva capital a unos cien kilómetros al noroeste, siempre a lo largo del curso del Tigris. Es precisamente al-Motasim quien decide, en el 836, establecerse en Samarra con toda su corte y su administración. Rechazando el esquema de una ciudad cerrada, opta por una serie de barrios rodeados de muros, escalonados a lo largo del río. Estas distintas fundaciones acabarán por formar una aglomeración de casi 35 kilómetros de largo, cuya anchura variará entre 2 y 5 kilómetros, y que –durante las cinco décadas (836–883) en las que permanecerá en actividad– superará probablemente el medio millón de habitantes, en un tiempo en el que París contaba apenas con 30.000 almas.

Como Bagdad, y a pesar de que Samarra no fue habitada de nuevo desde que el califa al-Motamid la abandonó (870-892), quedan pocas cosas de esta ciudad que cuenta con las dos mezquitas más grandes del mundo islámico, y cuyos palacios se extienden respectivamente a lo largo de 36 hectáreas el de Balkuwara, edificado por al-Motawakkil, y de unas 150 hectáreas el anterior, el de Djawsak Khakani, edificado por al-Motasim. Porque, también aquí, el material de construcción era el ladrillo secado al sol, con paramentos y bóvedas en ladrillo cocido y realces de estuco cincelado y pintado.

Las construcciones alcanzan ya proporciones gigantescas. Por mencionar tan sólo el más reciente y el menos amplio de estos dos palacios, el de Balkuwara, en Samarra, su eje principal se desarrolla sobre 800 metros, y rige unas instalaciones simétricas

Sistema de abovedado
Las cubiertas en cañón de la puerta del palacio de Djawsak Khakani, en Samarra, presentan, al fondo de la estructura en forma de *iwan*, una fórmula de trompas angulares.

Un portal sobre el río
De la gigantesca fundación que constituía el palacio de Djawsak Khakani, en Samarra, desplegada a lo largo de 1,5 kilómetros, y construida en el 836 por al-Motasim, sólo queda en pie la triple arcada monumental en barro cocido, con sus arcos apuntados que se abren sobre el Tigris.

cercadas por unos muros jalonados por 160 torres en forma de hemiciclo. La planta está formada por una progresión de 300 metros hacia el Tigris. El eje atraviesa primero dos jardines en *tchahar bagh* precedidos de grandes portales con *iwans*. A continuación, conduce al cuerpo principal, cercado por una muralla de 460 metros de ancho por 100 metros de profundidad. Es aquí donde se encuentran las viviendas, con sus casas con un pequeño patio, según la costumbre tradicional en la región, ya que las viviendas de los diferentes miembros del séquito del califa son todas iguales.

En el centro se alza el palacio oficial, con las salas de ceremonias precedidas por un patio grande bordeado de pórticos que conducen a una estructura cruciforme. En el centro se encontraba una cúpula sostenida por cuatro *iwans*, a la manera de los Sasánidas. Una vez superada este *aula regia*, se llega a otro jardín dividido en cuatro partes, en *tchahar bagh*, cuya terraza domina el curso del río.

En este grandioso complejo, no había más que salas cubiertas por preciosos revestimientos de madera, muros revestidos de estucos cincelados, pinturas policromadas que decoraban las salas del harén, en las que figuraban escenas de caza o baños de mujeres jóvenes medio desnudas. Porque si la prohibición de imágenes es muy respe-

La decoración modelada
En la llanura aluvial de Mesopotamia, donde faltan los materiales líticos, la ornamentación de los palacios de Samarra recurre esencialmente a los revestimientos de estuco con motivos repetitivos que cubren los plintos de las paredes de ladrillo secado al sol. (Museo de Bagdad)

Un palacio sasánida
Testimonio de la grandeza de los Sasánidas, derrotados por las fuerzas del Islam, el palacio de Ctesifonte, cerca de Bagdad, está formado por un inmenso arco de 36 metros de altura. Esta obra, enteramente hecha de barro cocido, marca el apogeo de una técnica de cubierta elíptica del siglo VI, en la que los arquitectos musulmanes sabrán inspirarse.

tada en los lugares de oración, no ocurre lo mismo en palacio. Además, en las salas y en el parque, un sistema hidráulico lleva su frescor a todas partes: surtidores y fuentes que murmuran, espejos acuáticos, en los que se reflejan las fachadas revestidas de espejos, de nácar y de mármol blanco, crean una transparencia aérea y etérea en este palacio de las «Mil y una noches».

Por otro lado, el aspecto maravilloso está subrayado por los cronistas, que mencionan, con ocasión de la visita de unos embajadores bizantinos venidos a Bagdad en el 917 para presentar sus respetos a al-Moktadir (908–932), toda una serie de mecanismos prodigiosos que cita Dominique Sourdel: por orden del califa, «se vio salir de la tierra, con diferentes movimientos, un árbol que llegó hasta la cúpula y que hizo brotar surtidores de agua de rosa y de almizcle, al tiempo que unas figuras de pájaros cantaban en sus ramas».

Para comprender estos palacios islámicos en forma de verdadera ciudad amurallada, hay que tener en cuenta el papel que juegan los jardines en esta arquitectura que constituye a la vez una verdadera obra de urbanismo. En los países del desierto (las extensiones mesopotámicas permanecen áridas, ya que no disponen de irrigación),

Una mezquita gigantesca
En el interior de un recinto con aspecto de fortaleza, con sus cuarenta y cuatro torres semicirculares que jalonan una muralla de 160 x 110 metros, la Gran Mezquita de Samarra, construida entre el 848 y el 852 por al-Motawakkil, representa el espacio más grande de oración islámica. Hecha en ladrillo cocido, ha perdido su sala hipóstila que totalizaba 216 soportes octogonales cubiertos por un tejado plano de madera.

Página 131
Un «zigurat» islámico
El inmenso minarete de ladrillo llamado Malawiya, cuya rampa helicoidal domina la Gran Mezquita de Samarra, se eleva a 55 metros de altura. Su curiosa forma procede de los monumentos babilónicos de Mesopotamia, cuyas técnicas de construcción retoma.

todo jardín está cercado por un muro para proteger las plantaciones de las tempestades de arena. A este jardín cerrado en persa se le llama «paraíso». El esquema del parque hecho por el hombre, distribuido en cuatro partes regidas por el sistema hidráulico ortogonal, corresponde, como ya hemos dicho, al *tchahar bagh* de los Iraníes. Se basa en un concepto cosmológico milenario caracterizado por los cuatro ríos del jardín del Edén. En sus parques palatinos, los soberanos se esfuerzan, por tanto, en reproducir esta imagen. En el interior, hacen figurar los distintos reinos de la vida: el universo vegetal, con flores y árboles de exóticas esencias; el mundo animal, donde se juntan los pájaros de las pajareras, los peces de los viveros y estanques, y los mamíferos salvajes o domésticos criados en grandes «reservas», según una tradición aqueménida y helenística que constituye los ancestros de los jardines botánicos y zoológicos.

Además, el sistema de las cuatro partes se extiende a toda la arquitectura. Por eso la organización palatina responde a este trazado ortogonal que preside toda creación urbanística. Sólo escapa a esta regla imperiosa la mezquita del Palacio, que tiene el eje desplazado con respecto a las demás construcciones, para responder a los imperativos religiosos que imponen la orientación hacia la Kaaba.

Las dos grandes mezquitas de Samarra

Es en la creación de las mezquitas donde culmina el gigantismo de las construcciones abasíes de Samarra. La Gran Mezquita que levanta el califa al-Motawakkil, entre el 848 y el 852, se presenta, desde el exterior, como un recinto fortificado, jalonado por 44 torres semicirculares. Este muro alto, que mide 240 x 156 metros, delimita, por tanto, una superficie de 4 hectáreas. Está rodeado por dos cercados –el exterior mide 440 x 376 metros– que forman la *ziyada*, zona de silencio destinada a aislar el lugar de oración del ruido de la ciudad. En el interior del recinto, en el que se abren catorce puertas un patio de 160 x 110 metros estaba rodeado de pórticos en sus cuatro lados. Había tres filas de soportes al norte, cuatro al este y al oeste, y nueve al sur, que formaban el *haram*. La sala de oración por tanto estaba formada por veinticinco naves de nueve intercolumnios, es decir, doscientos dieciséis soportes que generaban un inmenso espacio cubierto de casi 10.000 m². Los lados totalizaban ciento sesenta y ocho columnas, y el pórtico norte 72, o sea, en total 456 columnas octogonales aisladas por cuatro pequeñas columnas esquinadas. Sobre estos soportes descansaba directamente –sin recurrir a arcadas– un techo de madera de teca.

Como se ve, se trata de un sistema arquitectónico relativamente sencillo, pero que compensa su llaneza con unas dimensiones grandiosas. La construcción de ladrillo

Sobriedad y monumentalidad
Elevación y planta del minarete de la Gran Mezquita de Samarra: la Malawiya une la sencillez a la perfección de la hechura con un material pobre.

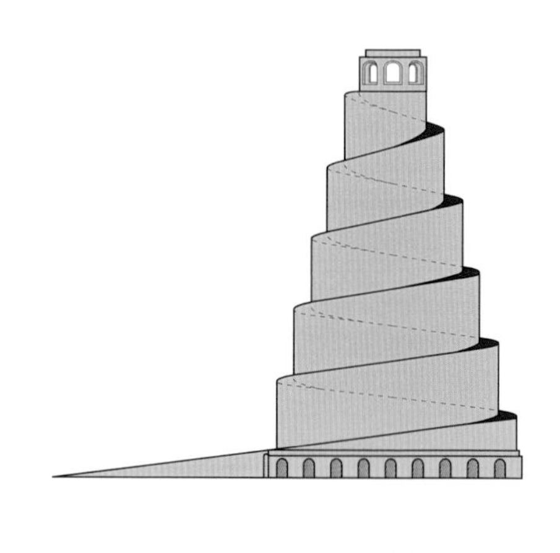

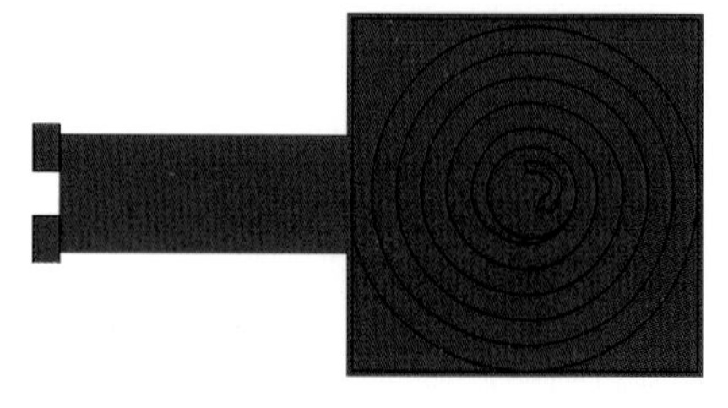

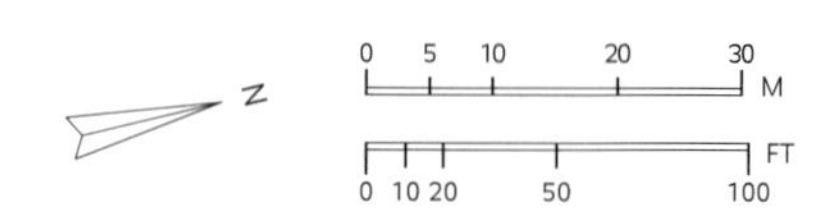

Como un volumen enroscado
La vista aérea muestra la extraña forma de la Malawiya. Para hacer su llamada a la oración, el almuédano de Samarra tenía que trepar, cinco veces al día, por el plano inclinado helicoidal de este minarete, cuya masa de ladrillo cocido dominaba la capital de los Abasíes en el siglo IX.

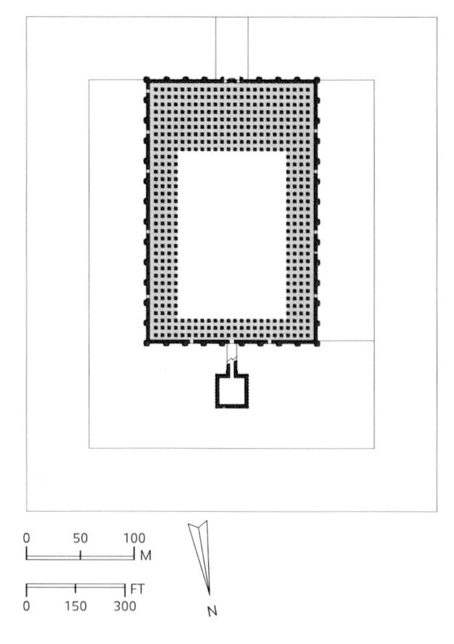

Una planta grandiosa
La gran Mezquita de Samarra rodeada por dos vallados que forman la *ziyada*, o zona de silencio que protege el lugar de oración de los ruidos de la ciudad, no cubre menos de 470 x 400 metros, es decir, una 20 de hectáreas.
El edificio está formado por una sala hipóstila así como por anchos pórticos alrededor del patio. Al norte se alza el minarete helicoidal.

Otro minarete helicoidal en Abu Dolaf
La segunda mezquita de Samarra, en el barrio de Abu Dolaf, presenta la misma forma que la Malawiya, pero no tiene unas proporciones tan monumentales.

El recinto de la mezquita de Abu Dolaf
En la misma ciudad de Samarra, otra mezquita gigante fue construida por el califa al-Motawakkil en el 859, en el barrio de Abu Dolaf. La vista aérea revela que el edificio, cuyo recinto mide 213 por 135 metros, conserva importantes vestigios de la sala de oración.

cocido representa demasiado lujo respecto a los edificios de ladrillo secado al sol que ofrecen, por ejemplo, los palacios. Además, las columnas-pilares estaban estucadas. La zona del *mihrab* presumiblemente estaba adornada por un revestimiento suntuoso, en el que intervenían unos materiales preciosos, como por ejemplo pequeños ladrillos de loza, incrustaciones de nácar y marfil, etc.

En cuanto al minarete, probablemente sea la obra más espectacular de la arquitectura abasí. Situado axialmente, al norte del recinto, se eleva en sentido opuesto al muro de la *kibla*. Este minarete, de 55 m de altura, tiene la forma de una torre redonda, escalonada por una rampa helicoidal. Evoca la imagen de la «torre de Babel» y de los zigurats babilónicos, con su acceso por planos inclinados. Esta similitud ilustra la continuidad de soluciones que impone, en Mesopotamia, el recurso al ladrillo como material de construcción. En la zona noroeste de Samarra, al-Motawakkil decidió edificar, en el 847, un nuevo barrio llamado Abu Dolaf. Hizo construir en él otra mezquita gigante que posee también un minarete helicoidal, pero menos colosal. Inaugurado en el 861, este edificio presenta una sala de oración rodeada por una muralla, jalonada de torres, que es casi tan grande como la de la Gran Mezquita: mide 213 x 135 metros. Pero en Abu Dolaf, el *haram* está hecho por medio de grandes arcadas de barro cocido que reposan sobre unos pilares rectangulares, lo que constituye un verdadero progreso desde el punto de vista arquitectónico. La sala de oración cuenta con diecisiete naves y cinco intercolumnios a los que se añaden otros dos, a partir del *mihrab*, que son más anchos y que soportan unos pilares transversales. Este sistema, realzado por la nave principal, constituye una organización espacial en forma de «T» que caracteriza numerosas mezquitas hipóstilas, tanto en Egipto como en Kairuán y en el Magreb.

El recurso a las arcadas
A diferencia de la Gran Mezquita de Samarra, que sólo estaba formada por pilares octogonales que soportaban la cubierta de madera, la mezquita de Abu Dolaf tiene seis arcadas de ladrillo que forman unas naves perpendiculares a la *kibla*. A causa del material, las estructuras son pesadas y los pilares cuadrados que soportan los arcos no permitían tener una visión global del espacio interno.

Nacimiento de la arquitectura funeraria

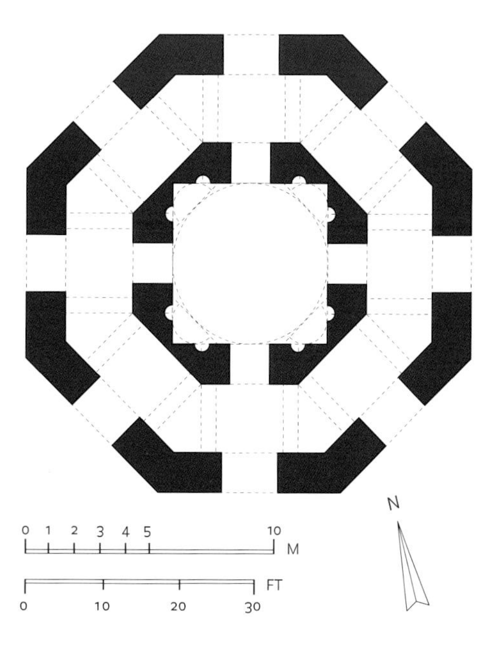

El primer mausoleo islámico
Alzado y planta de la tumba del califa al-Muntazir, en Samarra, que data del 862. Llamado Qubbat al-Solaïbiya, el edificio octogonal, coronado por una cúpula, presenta, alrededor de la sala funeraria, un deambulatorio para el rito de la circunvalación.

Hasta aquí, no se ha hablado de monumentos funerarios musulmanes. Una construcción tan suntuosa para conmemorar un difunto va en contra de los principios igualitarios del Islam en sus comienzos. El primer mausoleo que se conoce en tierra musulmana es el de Samarra, en la orilla derecha del Tigris, frente al palacio de Djawsak Khakani. Se trata del Qubbat al-Solaïbiya, monumento octogonal provisto de un deambulatorio que rodea una sala funeraria cuadrada con una cúpula de 6,3 metros de diámetro. Este edificio es la tumba del califa al-Muntazir, fallecido en el 862, cuya madre –que era cristiana y griega (ortodoxa)– obtuvo la autorización de levantar para su hijo un mausoleo, donde fueron enterrados también, posteriormente, los califas al-Motazz (m. 869) y al-Mohtadi (m. 870).

Por su planta, el Qubbat al-Solaïbiya se inspira, evidentemente, en la cúpula de la Roca (Qubbat al-Sakhra) de Jerusalén, así como en los martyriums bizantinos. La existencia de un deambulatorio abovedado muestra que allí se practicaba el rito de la circunvalación, cuya apropiación por parte de los califas indica el deseo de subrayar el carácter sagrado del soberano. El edificio estaba construido mediante una especie de piedra artificial modelada en forma de ladrillos cuadrados de 33 centímetros de lado y 10 centímetros de espesor. Presumiblemente estaba revestido de estuco y de materiales preciosos.

Vemos aparecer así en Samarra el esquema de tumba destinada a los príncipes islámicos, un esquema que iba a conocer una extraordinaria expansión y un fasto poco común. Baste recordar las obras maestras que constituyen los *gombad* persas, los *turbes* turcos, las tumbas de los califas de El Cairo, o los mausoleos de la India mogol.

Diversidad del Egipto Musulmán

Desde los sultanes sunnitas hasta los califas fatimíes

Página 137
El avance de las ciencias
El mundo islámico clásico ha contribuido decisivamente a la conservación de la herencia científica antigua y al desarrollo de los conocimientos. El astrolabio es uno de los instrumentos que han sido mejorados sin cesar por los sabios musulmanes, tanto para la observación astronómica indispensable para la navegación de alta mar, como para los horóscopos, ya que la astrología jugaba un papel importante en el ejercicio del poder de los soberanos árabes.

El Egipto copto y monofisita, que vivía bajo la opresión de los Bizantinos ortodoxos, había acogido a los conquistadores musulmanes como liberadores. En un principio, el país constituyó, en la época islámica, una brillante encrucijada de influencias y de corrientes espirituales. Esta multiplicidad de fuentes se observa en las obras de arquitectura.

Una primera mezquita es edificada en Fostat, ciudad que los árabes han fundado en el 641, durante la conquista, en un lugar cerca de El Cairo, nueva capital que levantaron los Fatimíes. Esta mezquita lleva el nombre de Amr ibn el-Ass, general victorioso que inicia, en el 642, una construcción cuyo aspecto ha cambiado muchas veces durante su larga historia, porque fue demolida y reconstruida en el 698, reconstruida otra vez en el 711, ampliada en el 750, y después en el 791 de nuestra era.

La mezquita de Amr alcanza finalmente sus dimensiones actuales en el 827, época en la que Abd Allah ibn Tahir le da su forma definitiva. Esta gestación agitada se debe no solamente a las vacilaciones de los arquitectos a la hora de fijar el tipo clásico de la mezquita durante los dos primeros siglos de la hégira, sino también al rápido crecimiento del número de musulmanes que quieren participar en la oración en una sala de congregación capaz de acoger a numerosos fieles.

Cuando sepamos cómo es la estructura de este edificio, comprenderemos cómo pudo ser objeto de tantas reestructuraciones sucesivas: se trata de una especie de juego de construcción hecho de antiguas columnas y capiteles romano-bizantinos que forman unos pórticos perpendiculares a la *kibla*, con unos arcos hechos en mampostería ligera. Estos elementos están unidos entre sí, a nivel de impostas, por unos tirantes de madera que, trabajando transversal y longitudinalmente, forman una estructura ortogonal aérea. Este sistema, que cuadricula el espacio, constituye un eficaz refuerzo y es lo que confiere al conjunto su rigidez.

La mezquita de Amr, que cubre aproximadamente 120 x 110 metros y se parece a las primeras formas de las mezquitas de Córdoba y de Kairuán, es por tanto un ejemplo típico del edificio de oración de sala hipóstila: está formada por una veintena de naves y totaliza casi ciento cincuenta columnas. El espacio oblongo del *haram* está precedido por un patio o centro en el que se encuentra la fuente para las abluciones rituales.

La primera mezquita de El Cairo
Fundada por el general Amr ibn el-Ass, la mezquita de Amr en Fostat, en la futura ciudad de El Cairo, se remonta al 642. Varias veces transformada y ampliada, presentaba una sala hipóstila que le valió el apodo de «Mezquita de las cuatrocientas columnas». Grabado de Louis Mayer, que data de 1802, y muestra el edificio parcialmente en ruinas.

Una obra de edilicia: el Nilómetro de Rodas

El reinado de los Grandes Abasíes está marcado por considerables progresos técnicos. Cuando los califas gobernaron en Egipto, se preocuparon por el rendimiento agrícola. Este afán de promover las instalaciones necesarias para la explotación de las tierras irrigadas era característico de los soberanos iraquíes, cuya riqueza dependía en gran parte de las instalaciones hidráulicas de la llanura mesopotámica.

En Egipto, donde ocurría lo mismo, al-Motawakkil mandó hacer un Nilómetro, concebido con el espíritu de las construcciones faraónicas. Edificado en el 861, ocupa la extremidad meridional de la isla de Rodas, frente a El Cairo antiguo. Este edificio subterráneo demuestra un nivel científico avanzado: se presenta como un pozo cua-

Fachada que da al patio
La mezquita de Amr, en El Cairo, que alcanza su tamaño definitivo en el 827, es el fruto de una serie de modificaciones. Consiste en una sala hipóstila rodeada de arcadas ligeras que dan al patio. Unas columnas hechas con materiales antiguos soportan unos pórticos que se desarrollan perpendicularmente a la *kibla*.

drado, en piedra tallada, de una estereotomía muy elaborada, que recurre a unos arcos apuntados de una extraordinaria elegancia. Unas hornacinas abovedadas contribuyen a estirar la estructura, resistiendo a la fuerza lateral ejercida sobre las paredes. Porque esta construcción penetra en el suelo a unos doce metros de profundidad. En tres secciones, que se van estrechando, desciende hasta el nivel más bajo que alcanza el curso del Nilo. Una escalera permite acceder a la base del pozo, donde dos túneles comunican con el agua. En el centro se alza una hermosa columna octogonal que, por estar graduada, permite averiguar el nivel máximo alcanzado por la crecida del río. Tomando como base la cifra indicada sobre el fuste se calculaba la cantidad anual de agua que el califa sacaba en los territorios rurales. Según los autores árabes, el Nilómetro de Rodas, cuya técnica se basa en el principio de los vasos comunicantes, sería el producto de la colaboración entre el arquitecto Ahmed ibn Mohammed al-Hasib y el célebre matemático al-Farghani. No se excluye que haya que atribuir el acabamiento de la obra al sultán Ahmed ibn Tulun que se hace con el poder en Egipto en el 868.

A partir del reinado del califa al-Motazz (866–869) de Samarra, los movimientos revolucionarios se multiplicaron en el imperio de los Abasíes: vamos a citar el de los Zandj, esclavos negros de las plantaciones de caña de azúcar al sureste de Irak, dirigido por un supuesto Alí; el de los Karmates de Siria y de Arabia oriental, de inspiración chiíta ismaelita; el de los Safawíes en Seistan, y posteriormente en Khorasan, revoluciones que son aniquiladas por los Samani en los albores del siglo X, etc. En este turbulento contexto se produce la secesión del general Ahmed ibn Tulun: hijo de un esclavo de Bukhara, nacido en Samarra, este soldado de origen turco había sido nombrado gobernador de Egipto y de Siria por el califa al-Motazz.

Cuando proclama su independencia y no reconoce el poder central abasí, su revolución ya no suscita reacciones: Bagdad se limita a aceptar la secesión de una de las provincias más ricas.

La sala hipóstila típica
Con sus arcadas que sostienen unas columnas extraídas de los monumentos romano-bizantinos de Egipto, la mezquita de Amr es el ejemplo de las estructuras aéreas –con tirantes de madera que unen las impostas entre sí– que forman la sala de oración islámica en sus orígenes.

Ibn Tulun importa las técnicas abasíes

Desde su palacio llamado al-Kataï, ibn Tulun dirige el país con autoridad. De su estancia en Samarra, donde se crió, guarda el recuerdo de las gigantescas mezquitas, construidas en ladrillo, según la tradición iraquí. Decide a su vez edificar en Fostat (cerca de la futura ciudad de El Cairo) un lugar de oración análogo, de proporciones monumentales. Contrariamente a la costumbre del valle del Nilo, donde el recurso a la piedra estaba generalizado desde de los faraones para los templos y las tumbas, el amo de Egipto se inspira en el esquema del aparejo de ladrillo y del revestimiento de estuco en uso en Mesopotamia.

La Gran Mezquita de ibn Tulun empieza a construirse en el 876 y es terminada en el 879. No alcanza las dimensiones de las de Samarra, sin embargo es una innovación en Egipto por su amplitud. Una primera muralla cuadrada limita la *ziyada* (162 metros de lado, es decir, 2,6 hectáreas). La mezquita propiamente dicha mide 140 x 116 metros y está formada, en el centro, por un patio cuadrado de 90 metros de lado, bordeado de pórticos con arcadas en sus cuatro lados. La sala de oración, oblonga, es tres veces más ancha que profunda. Está formada por cinco intercolumnios paralelos a la *kibla* y totaliza ochenta pilares transversales que soportan unos arcos apuntados, todos idénticos. Esta serie de arcos casi de herradura culminan a 8,1 metros de altura. El ritmo de estos pórticos regulares continúa, por otra parte, sin interrupción a lo largo de la doble galería que rodea los otros tres lados del patio y que está formada igualmente por ochenta pilares. Éstos están aislados por pequeñas columnas esquinadas y adosadas, mientras que las arcadas y el intradós de los arcos están cubiertas de motivos en estuco moldeados, como en los palacios de Samarra. Entre los arcos, se hace un vano en las enjutas, tanto para aligerar visualmente el pórtico, como para tensar la estructura. Además, la obra de ibn Tulun estaba formada, a ejemplo de las mezquitas de Samarra, por un minarete

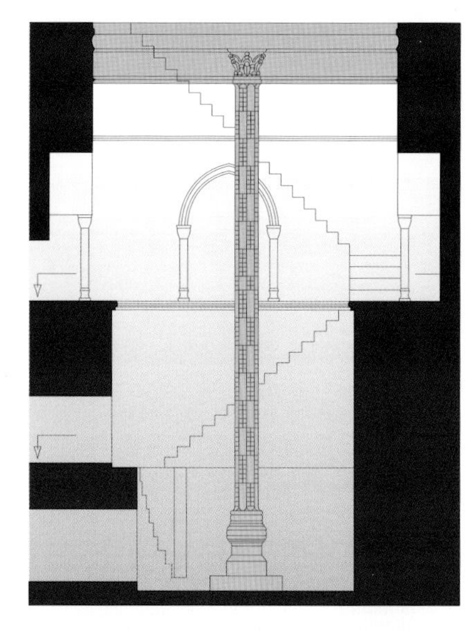

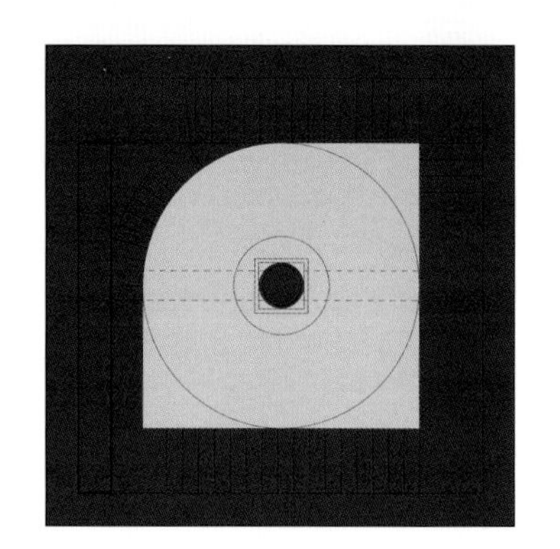

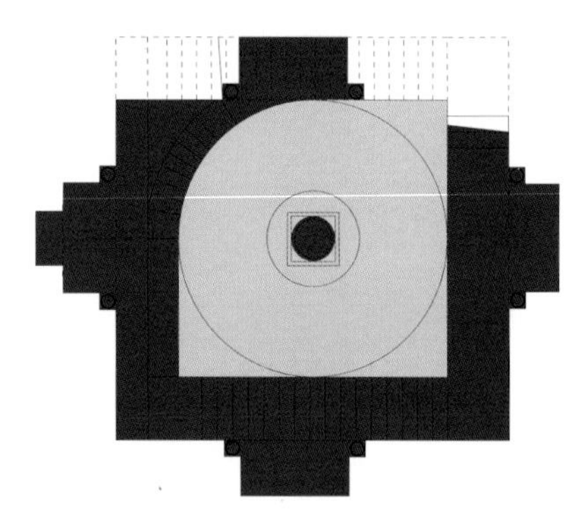

helicoidal de ladrillo. Éste fue, posteriormente, reconstruido en piedra. La operación debió tener lugar en 1296, en tiempos de los Mamelucos, cuando la fuente central del patio fue también reconstruida, a raíz de una campaña de restauración del venerable edificio, que por aquel entonces tenía cuatro siglos. En la época moderna, a causa del derrumbamiento de una serie de arcadas de la sala de oración, en 1877, fue necesario emprender nuevos trabajos de restauración en 1929.

La mezquita de Ibn Tulun constituye una obra maestra notable por su planta y por la unidad de su concepción; además, nos ayuda a imaginar el aspecto que debían de tener las grandes mezquitas de Samarra, demasiado en ruinas para darnos una idea concreta de sus espacios cubiertos. Por sus considerables dimensiones, este edificio subraya la horizontalidad de sus proporciones. Excepto el minarete, un solo acento emerge del cuadrilátero: la cúpula de ladrillo que sobresale por encima del *mihrab*.

Una obra hidráulica
El Nilómetro de Rodas, construido en el siglo IX en El Cairo, ocupa una isla a lo largo del curso del Nilo: este edificio subterráneo servía para medir el nivel del río, a fin de determinar el importe de los impuestos. Alrededor de una columna graduada, la construcción de piedra forma un pozo profundo que comunica con el Nilo.
Arriba a la derecha: corte y plantas de dos niveles del Nilómetro de Rodas.

El Nilómetro de Rodas
Una vista del Nilómetro hecha por Louis Mayer, a comienzos del siglo XIX. En aquellos tiempos, el instrumento todavía funcionaba.

El pozo reforzado por arcos
El aspecto interno del Nilómetro, enteramente revestido por un bonito aparejo en piedra tallada, refleja los imperativos de su función tecnológica. La alta columna poligonal se mantiene en su sitio gracias a una viga cubierta por una inscripción en caracteres cúficos. Esta obra de la época abasí, que acabó probablemente el general Ahmed ibn Tulun, ilustra el cuidado que tenían los soberanos musulmanes por perpetuar las tradiciones científicas del Egipto faraónico.

La obra maestra de ibn Tulun
Al oeste del Viejo Cairo, la mezquita que construyó en Fostat, entre el 876 y el 879, el general Ahmed ibn Tulun, a raíz de hacerse con el poder en Egipto, es una de las obras islámicas más grandes del valle del Nilo: cubre 140 por 116 metros y está formada por una *ziyada*, o patio exterior periférico, que la aisla de los barrios que la rodean, como muestra la vista aérea.

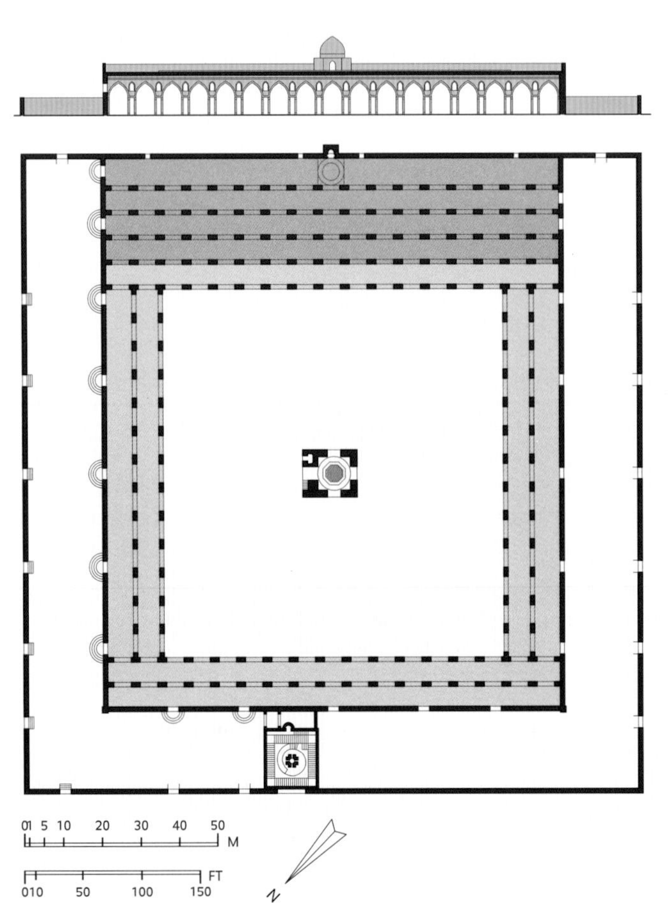

Una estructura rigurosa
Alzado y planta de la mezquita de Ibn Tulun en Fostat, con su patio circundante, o *ziyada*. La sala hipóstila presenta cinco intercolumnios cuyas arcadas son paralelas a la *kibla*. Todos los pórticos están edificados sobre el mismo modelo.

Éste es un elemento innovador relacionado con la Gran Mezquita de Samarra. Hay que señalar que el esquema de las arcadas paralelas –y no perpendiculares– a la *kibla*, y el recurso a unos pilares horizontales limita sensiblemente la visión en dirección al *mihrab*. El resultado ofrece un aspecto severo y estricto suavizado por los ligeros motivos de estuco que adornan los capiteles y el borde de los arcos, así como la decoración de los *claustra* con figuras geométricas situadas delante de las ventanas altas. Finalmente, unos motivos esculpidos en las puertas de madera y en todos los trabajos de madera parece que están hechos por carpinteros coptos. Debemos añadir que, al borde de las terrazas que cubren tanto la sala de oración como los pórticos del patio, una elegante barandilla calada en mampostería estucada destaca sobre el cielo unos motivos que parecen recortados. Este juego de merlones emblemáticos, cuya altura supera los 3 metros, aligera el aspecto bastante macizo de la construcción de Tulun.

La llegada de los califas fatimíes

En el siglo X, la disgregación del imperio abasí se acelera. Después de que ibn Tulun se hubo sustraído al poder de los califas de Bagdad, unos príncipes Buyid de tendencia chiíta ponen bajo su protección al jefe de los creyentes. Estos aventureros persas, que se proclaman independientes en el 932, llegan a ocupar Bagdad, donde intensifican la «iranización» de la corte. A estas alturas la disputa entre sunnitas y chiítas, basada en la forma de sucesión del jefe del Islam, es cada vez más enconada. Los partidarios de la sucesión familiar, que forman la rama chiíta, consideran a Ali, primo y yerno del Profeta por haberse casado con Fátima, como el representante legal de la tradición. Según este concepto, sólo los descendientes de Mahoma pueden heredar el poder y convertirse en los guardianes de la fe islámica. Ahora bien, este movimiento político-religioso tiene un desarrollo tanto más rápido cuanto más débil se va haciendo el poder sunnita de Bagdad. En el Norte de África y en Oriente Próximo, los Alíes están representados por los anticalifas fatimíes, que constituyen la oposición

Un espacio generoso
Visto desde lo alto del minarete, el patio de la mezquita de ibn Tulun en Fostat, bordeado de grandes arcadas que rodean la fuente central destinada a las abluciones, es una gran construcción: el monumento, enteramente hecho en ladrillo, se inspira en las creaciones de Samarra.

Perspectiva sobre una arcada
Los pórticos que rodean el patio de la mezquita de ibn Tulun tienen una gran altivez, con sus arcadas sobrias y unitarias, cuyo ritmo repetitivo no tolera la más mínima variante.

Página 146
El minarete y la fuente
En el centro del patio de la mezquita de ibn Tulun se eleva la cúpula de una fuente. Es el fruto de una reconstrucción medieval que data de la época de los Mamelucos de El Cairo (1296). En cambio, el minarete helicoidal del fondo, que constituye una reminiscencia de los de Samarra, ciudad de la que era originario el general ibn Tulun, es una transposición tardía en piedra de un primer minarete que, como el conjunto del edificio, estaba construido en ladrillo.

más virulenta al sunnismo. Los Fatimíes, o partidarios de Fátima, hija del Profeta, forman una dinastía ismaelita, de obediencia chiíta, que se impone gracias a Obayd Allah, llamado el Mahdi (862–934). Este personaje, que pasa por ser un descendiente directo del Profeta, había nacido en Siria. Ante las amenazas de sus adversarios, huye al Tafilalet (Marruecos meridional). Su misionero, llamado Abu Abd Allah, difunde sus ideas en la Ifrigiyya (actual Túnez), donde el personaje de Obayd Allah es rápidamente reconocido como el verdadero Mahdi. Sus fieles le conceden el título de califa. Ahora existe, frente al califato sunnita de Bagdad, un califato chiíta que afirma inicialmente su autoridad en Kairuán, la capital de la Ifrigiyya, y después, al fundar la ciudad de Mahdiya, Obayd Allah se instala en el 921 en esta nueva capital.

El movimiento alí, en tiempos de la dinastía fatimí, conoce una rápida difusión: se implanta en Egipto en el 969, y después en Damasco en el 970. La mayor parte del mundo islámico parece entonces inclinarse hacia el campo de los chiítas, y el sunnismo ya sólo se mantendrá en su posición preeminente gracias a los nuevos convertidos, los Turcos selyúcidas. No solamente hay soldados turcos en la guardia de los Abasíes, sino que sus hermanos, los Selyúcidas, constituyen pronto una formidable potencia en Oriente Medio, donde se apoderan de Persia antes de entrar triunfalmente en Bagdad en 1055 y proclamarse defensores del califa.

La presencia de los Fatimíes en Egipto va acompañada por una profunda transformación del país. Fundadores de El Cairo (al-Kahira, la «Victoriosa»), los califas chiítas se establecen en el 973 en esta nueva capital. Bajo su reinado, Egipto conoce una extraordinaria prosperidad, como lo demuestra una renovación de las artes y de la arquitectura. Es el general Gauvar, comandante de las tropas del Fatimí al-Muizz (953–975), el que decide edificar, no lejos de la ciudad árabe de Fostat, esta nueva ciudad, situada entre el Nilo y el Mokkatam. Se trata esencialmente de una fortaleza, de una especie de «ciudad prohibida», reservada al soberano y a su corte, al personal administrativo así como a la guardia pretoriana. Esta ciudad fortificada tiene un tesoro, una casa de la moneda, una biblioteca, un arsenal y unos mausoleos. Está provista, en un primer momento, de una muralla de

Debajo de grandes pórticos
Lo que choca en la mezquita de ibn Tulun es ante todo la amplitud de la concepción de las grandes arcadas que soportan el tejado de madera. Los arcos apuntados, que dominan unos pilares aislados por pequeñas columnas adosadas, repiten de manera inmutable los mismos elementos decorativos tan sobrios.

Fuerza y sobriedad del estilo tulunida
Una arcada sobre el patio de la mezquita de ibn Tulun, en El Cairo: sobre unos pilares rectangulares, el arco apuntado, casi de herradura, se abre entre unos vanos aligerando así las enjutas. De una y otra parte de estas aberturas, unos grandes rosetones de estuco corresponden a un friso de estos motivos que se suceden en la parte de arriba del muro, recordando la decoración de las mezquitas de Samarra.

La grandeza no excluye la delicadeza
Detalle de las ventanas en forma de *claustra* de estuco, adornadas con enrejados geométricos, que dan a la *ziyada*, o patio exterior. El Islam siempre ha sabido utilizar los esquemas repetitivos para adornar sus edificios de oración.

Una decoración vigorosa
Coronando unas construcciones macizas, la mezquita de ibn Tulun presenta una alta balaustrada horadada que destaca en el cielo y aligera el aspecto general del edificio.

La decoración de yeso
Dos detalles de la ornamentación en yeso que decora los intradós de los arcos sobre el patio. Como en Samarra, lo esencial del sistema decorativo se basa en una serie de motivos repetitivos cincelados en el estuco.

ladrillo, de planta cuadrada, que mide 1,1 kilómetros de lado. Más tarde, en el siglo XI, estas murallas serán reconstruidas en piedra, bajo la influencia de los progresos realizados en el campo de la poliorcética, en vísperas de las Cruzadas.

El hecho de que El Cairo haya sido concebido como una fortaleza, donde sólo residía la clase dirigente, explica en parte el profundo cisma que siempre ha existido entre, por un lado, los soberanos fatimíes, su Corte y su administración, y por otro la gran masa de la población rural y artesanal egipcia que ha seguido siendo sunnita. Esta ruptura social explica la relativa brevedad del paréntesis fatimí. En efecto, esta dinastía sólo dura dos siglos, y se acaba en 1171 en medio del caos.

La mezquita al-Azhar, centro de civilización

En el centro de El Cairo se alza la principal mezquita del Islam chiíta de todo el Norte de África y de Oriente Próximo, entre los siglos X y XII: se llama al-Azhar, «la Espléndida», y ha sido fundada en el 970. Es un edificio con patio oblongo, rodeado por un pórtico formado por antiguas columnas, que soportan unas arcadas de ladrillo revestido de estuco. El perfil de estos arcos se basa en un trazado con cuatro centros: los arcos están hechos de rampantes muy estirados (casi rectos) y de respaldos tiesos. El diseño de estos vanos es de una notable energía. Los arcos están muy elevados y unidos entre sí por unos tirantes, que confieren su solidez al pórtico a pesar de la delicadeza de sus soportes. Para paliar todo riesgo de fragilidad, los arquitectos han triplicado las columnas de una y otra parte de la entrada y las han duplicado en las esquinas del patio. Éste mide 50 x 34 metros y sus cuatro «fachadas» están adornadas, a nivel del friso, por unos huecos hechos justo encima de las columnas, mientras que grandes rosetones circulares coronan los arcos. Destacando sobre el cielo, una balaustrada con abertura de merlones escalonados (motivo de origen aqueménida) aligera el aspecto general del edificio. El lenguaje decorativo que adorna el patio de al-Azhar deriva en gran parte del ejemplo de Tulun. Pero más por la ornamentación que por el recurso a la técnica del ladrillo, la primera arquitectura fatimí de El Cairo no constituye una ruptura con la tradición mesopotámica inaugurada por ibn Tulun. Sólo la utilización de elementos antiguos enlaza con el pasado omeya.

En al-Azhar, el patio constituye un antesala perfecta a la sala de oración, que contaba, en un principio, con cinco intercolumnios paralelos a la *kibla*. Es una construcción hipóstila con techo de madera plano sobre columnas recicladas, que se parece a

Página 151
En dirección a la Kaaba
En el centro del muro *kibla* de ibn Tulun, el *mihrab* y el *minbar* de madera (o púlpito del predicador) marcan el Sancta sanctórum de la mezquita tulunida. La decoración de la hornacina asocia los elementos originales en estuco y las aportaciones de mármol policromado.

لا اله الا الله محمد

La universidad del Islam
La mezquita al-Azhar, en El Cairo, fue fundada por los Fatimíes, de obediencia chiíta, en el 970. Se alza en la ciudad de al-Kahira fundada por prosélitos procedentes de Túnez (Ifrigiyya). Tres años más tarde se convertirá en la capital de esta dinastía. El pórtico sobre el patio, de una gran ligereza, presenta delicadas columnas que soportan arcos apuntados. El minarete fue añadido bajo el reinado de los Mamelucos. Al-Azhar será en un principio, para todo el Próximo Oriente medieval, la universidad del Islam chiíta. Tras la caída de la dinastía fatimí, se convertirá en el centro de la doctrina sunnita.

la estructura de la venerable mezquita de Amr ibn el-Ass: se encuentra en ella la ligereza espacial ritmada por los tirantes cruzados a nivel de impostas. Esta sala presenta la particularidad de ofrecer una nave basilical mediana más ancha, bordeada por dos arcadas que conducen al *mihrab* y que son subrayadas por columnas pareadas. Además, el espacio prosigue lateralmente, angulado en forma de escuadra, sobre los lados del patio. Engloba, a derecha e izquierda, once intercolumnios que cuentan con tres arcos en el sentido de la anchura, que engrandecen notablemente la sala de oración. Da la impresión de que el patio destaca en el interior del *haram* en lugar de precederlo. La concepción gana aquí en cohesión y unidad.

Tras la caída de los Fatimíes, esta mezquita chiíta se convertirá en la gran universidad del Islam sunnita. Sufrirá varias campañas de ampliación. La *kibla* será abatida, se conservará el *mihrab* original, y la sala de oración será prolongada en dirección a La Meca mediante cuatro nuevos intercolumnios. La nave principal de la parte nueva, desplazada hacia la izquierda, conduce a un nuevo *mihrab* fuera del eje. En el lado norte, la fachada de entrada es totalmente remodelada, mientras que se añaden unos minaretes mamelucos.

La época fatimí crea toda una serie de lugares de oración. Los anticalifas expresan aquí su autoridad. Si al-Muizz y al-Aziz dan prueba de tolerancia hacia la minoría copta, el sultán al-Hakim (996–1021), por el contrario, se dedica a perseguir a los cristianos y a los judíos. Este califa alí, que prescribe una rigurosa ascesis, manda construir, al norte de El Cairo, una gran mezquita inspirada en la de ibn Tulun. Esta mezquita estaba formada por cinco intercolumnios paralelos a la *kibla* con una nave axial que conducía al *mihrab*. Un triple pórtico bordeaba lateralmente el patio, mientras que las arcadas eran dobles al lado de la entrada. El edificio, enteramente construido en ladrillo, estaba formado por gruesos pilares que soportaban unos arcos apuntados. De una parte y de otra de la entrada principal subsisten unas torres esquinadas, poderosamente fortificadas, cuyos muros presentan un desplome, y que están coronadas por minaretes. El lado nordeste del edificio se confunde, por otra parte, con la muralla fatimí de la ciudad.

Hoy en día, totalmente desfigurada por unas «restauraciones» absurdas y abusivas, esta mezquita, que mide 120 x 113 metros, muestra un pavimento y unos muros interiores de mármol blanco que no tienen nada que ver con el edificio original...

La muralla en piedra tallada de El Cairo

Bajo el reinado del califa fatimí al-Mostanzir (1036–1094), que se mantiene en el trono más de medio siglo sin reinar jamás verdaderamente, los desórdenes y la anarquía se instalan en el país. La autoridad del soberano no llega a imponerse de forma duradera. Finalmente, en 1074, para poner orden en un Egipto destrozado, al-Mostanzir llama a Badr Gamali, un armenio que había sido gobernador de Damasco y prefecto de San Juan de Acre. Badr está rodeado de tropas mercenarias

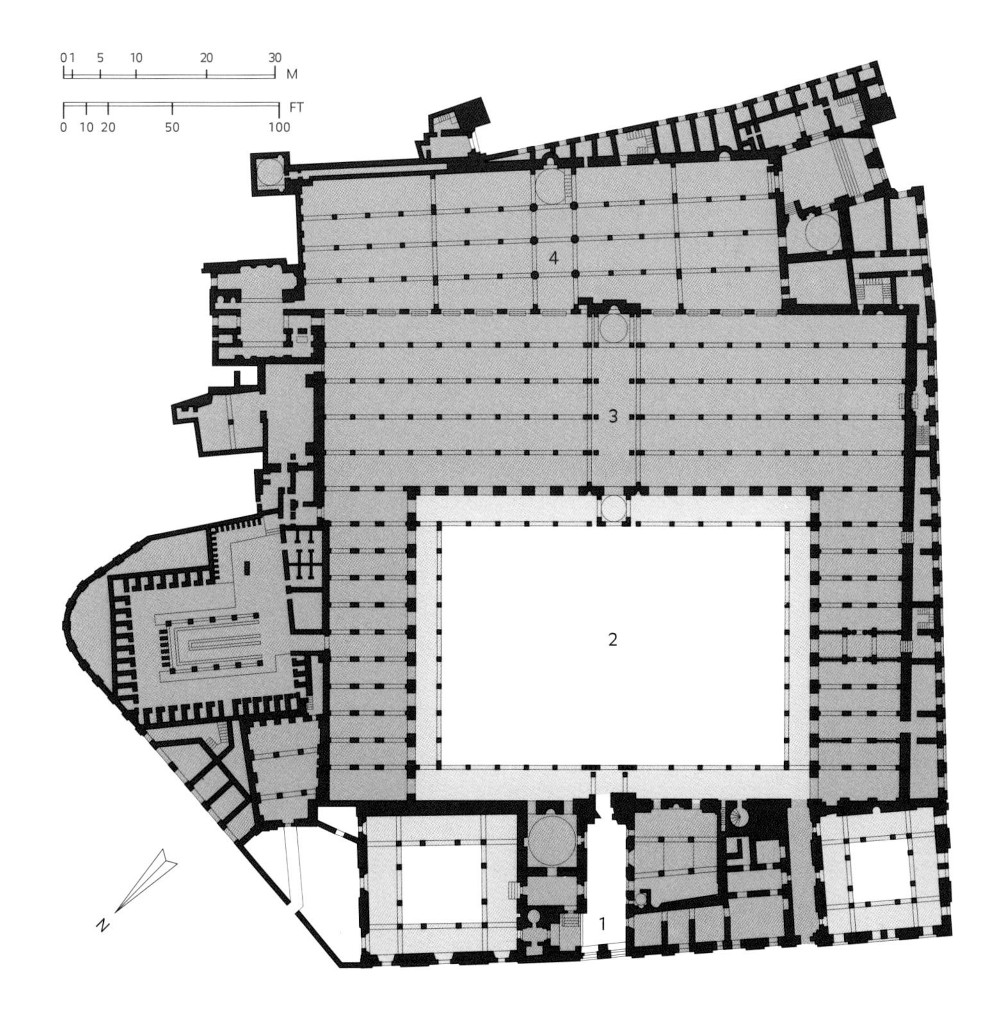

Fruto de múltiples añadiduras
La planta de la mezquita al-Azhar en El Cairo: alrededor de la estructura sobre el patio original se han introducido diversas ampliaciones, en particular nuevos intercolumnios al fondo de la sala de oración, con un nuevo *mihrab*. Como en ibn Tulun, los pórticos son paralelos a la *kibla*.
1. Entrada
2. Patio con pórticos
3. Primera sala de oración
4. Ampliación

Pórtico sobre el patio
Con sus grandes medallones sobre los arcos y sus falsos vanos que aligeran las enjutas adornándolas, la fachada sobre el patio de al-Azhar perpetúa la técnica del ladrillo estucado de ibn Tulun. Pero el recurso a las columnas de mármol confiere una gran elegancia a su estructura.

Ligereza de la sala hipóstila
Contrariamente a los pórticos de la mezquita de Amr ibn el-Ass, cuyas arcadas son perpendiculares a la *kibla*, la sala de oración de al-Azhar está formada por arcadas paralelas. Pero tanto aquí como allí, los tirantes de madera que unen las impostas aseguran la rigidez de la estructura delicada cubierta por un techo plano de madera.

La mezquita del sultán loco
Visiblemente inspirada en la planta de ibn Tulun, el santuario que mandó edificar el califa fatimí al Hakim en los albores del siglo XI, en El Cairo, presenta en las esquinas unas torres poderosas cuyos muros inclinados tienen aspecto de fortaleza. Sobre la terraza superior se alza un minarete octogonal, que presenta, en la cima, una pequeña cúpula de gajos.

armenias que se habían refugiado en Egipto, tres años después de su derrota ante los Selyúcidas (1071) en Mantzikert. Badr se apresura a secuestrar al califa en el palacio real. La soldadesca en la que basa su autoridad va acompañada por arquitectos e ingenieros especializados en fortificaciones, a los que Badr confía la tarea de edificar una nueva muralla alrededor de la capital. Estos constructores, que trabajan según la tradición armeno-bizantina, construyen, entre 1087 y 1091, las murallas, jalonadas de torres cuadradas, así como tres puertas de El Cairo llamadas Bab el-Nasr, Bab el Futuh y Bab el-Zueïlah. La construcción de esta muralla de una excepcional calidad, que se parece a la de Edesa, ciudad de la que son originarios numerosos artistas de Badr, marca el retorno de la técnica de la piedra tallada en la arquitectura egipcia, enlazando así con su lejano pasado faraónico. El aparejo está hecho de grandes bloques unidos con una extremada precisión.

La concepción de esta muralla deriva de los modelos romanos, con torres cuadradas o semicirculares y portones en plena cimbra. Recurre a las formas evolucionadas que son la bóveda de lima tesa o la cúpula sobre pechinas. El sistema de las troneras, heredado de los castillos omeyas, demuestra el desarrollo al que habían

Arcos apuntados y pilares de ladrillo
La mezquita al-Hakim, cuyos elementos están formados, como en ibn Tulun, por gruesos pilares de ladrillo aislados por pequeñas columnas que soportan unos arcos apuntados, ha sido recientemente objeto –por desgracia– de una «restauración» radical que ha sustituido con mármol blanco las estructuras del milenario edificio fatimí cuyo recuerdo se conserva en estas fotos.

llegado las técnicas de defensa en El Cairo en vísperas de las Cruzadas. Esta obra magnífica que se alza aún hoy en su perfección geométrica y funcional es un ejemplo de las técnicas que serán utilizadas en la época ayyubí. Anuncia ya las grandes ciudadelas de Damasco o de Alepo.

Un nuevo tipo de mezquitas de piedra

La estereotomía que es propia de la arquitectura defensiva se impone también para las nuevas mezquitas que erigen los califas fatimíes de El Cairo. Desde luego, no se trata de grandes construcciones como los edificios destinados a las reuniones religiosas que hemos mencionado antes. Pero esta arquitectura de piedra, aunque de dimensiones limitadas, se expresa mediante unas plantas nuevas que le confieren un interés extraordinario. Bajo la influencia de constructores sirio-armenios, por tanto de formación cristiana, las mezquitas adoptan ahora unas proporciones longitudinales indiscutiblemente heredadas del esquema basilical.

Es en tiempos del califa al-Amir (1101–1130) cuando se construye la pequeña mezquita al-Akmar, que data de 1125, cuya planta longitudinal no va más allá de

Una muralla «armeno-bizantina»
La muralla con la que el *visir* Badr Gamali rodea El Cairo en 1087 es obra de constructores armenios, herederos de las técnicas romano-bizantinas: este grabado representa la puerta de Bab el Nasr, tal y como fue dibujada por Louis Mayer en 1802.

Página 158
Salvado del desastre
Uno de los raros elementos de la mezquita al-Hakim que ha sobrevivido al drástico proceso de renovación recientemente emprendido en El Cairo es el hermoso *mihrab* decorado con mármol policromado. Observamos, en particular, sus arcos de estilo *ablak*, con alternancia de elementos claros y oscuros.

unos 30 metros de profundidad por unos 20 metros de ancho. La fachada que da a la calle no es paralela a la *kibla* y el ajuste se lleva a cabo mediante un frontispicio oblicuo que compensa el desequilibrio, según un esquema que será frecuentemente utilizado en el arte de los Mamelucos. La originalidad de las esculturas que ofrece esta fachada consiste en la transposición en piedra de los motivos decorativos aparecidos en al-Azhar, donde estaban tratados en mampostería de ladrillo revestido de estuco. Unas pequeñas hornacinas hechas en forma de estalactitas, o *mukarnas,* hacen aquí su aparición. En el interior, un pequeño patio cuadrado rodeado por una sola fila de arcadas precede la sala de oración provista de tres intercolumnios y cinco naves. Los soportes están hechos con elementos antiguos.

Hay otro ejemplo de edificio fatimí que se inscribe dentro de una planta rigurosamente rectangular: es la mezquita de Salih Talaï, que fue levantada en 1160. La construcción, de unos 50 metros de largo, se alza sobre un podio al que se accede por una doble escalera en la fachada. La entrada presenta una concavidad en forma de ancha exedra soportada por una fila de cuatro columnas: sobre el eje de simetría se abre el portal que da acceso a un patio que mide 23 x 18 metros de ancho. Éste está rodeado por un pórtico con una sola fila de columnas que cuenta con seis soportes a lo ancho y siete a lo largo. La sala de oración sólo presenta, como en al-Akmar, tres intercolumnios paralelos a la *kibla*. En Salih Talaï estamos en presencia de un sistema coherente y racional que traduce el sistema arquitectónico introducido un siglo antes por los constructores sirio-armenios.

Torres cuadradas y lienzos de muralla
Construida entre 1087 y 1091, la muralla fatimí de El Cairo recurre a la piedra tallada, procedente de la tradición antigua: a las torres cuadradas de la puerta llamada de Bab el-Nasr (arriba) corresponden los bastiones almenados que jalonan la muralla con lienzos rectilíneos (abajo).

El palacio de los califas fatimíes de El Cairo

El período fatimí corresponde, para Egipto, a un notable progreso de las artes y las ciencias. Los califas favorecen la expresión artística, disponen de astrónomos y astrólogos, de matemáticos y sabios que trabajan en la corte, así como de numerosos copistas e ilustradores que hacen miniaturas; porque la prohibición de imágenes sólo se aplica a la religión; no afecta a las obras científicas o literarias.

A lo largo de la calle principal de El Cairo, el soberano dispone de dos grandes palacios y de una plaza (*meïdan*), en la que se practicaba el juego del polo, importado de los confines orientales de Irán. Como escribe Oleg Grabar, «la capital se había convertido en uno de los centros urbanos más cosmopolitas y más grandes de la época medieval». Conocemos el Gran Palacio oriental por los textos de los historiadores contemporáneos que describen la perspectiva de las salas que conducen al *aula regia*. Podemos, por otra parte, imaginarnos la fastuosidad que los Fatimíes habían acumulado en esas construcciones; en efecto, bajo la influencia del ritual áulico persa, la supremacía del soberano se hace considerable, hasta el punto de que al-Hakim quiso que se le reconociera como dios. A pesar del carácter igualitario de la doctrina musulmana, la divinización de los Príncipes, a la manera romana, estaba en fase de reaparición bajo la influencia de la corriente chiíta.

En vísperas de la primera cruzada
La muralla de piedra de El Cairo es acabada cuatro años antes de que el papa Urbano II lance su llamada a la primera cruzada (1095): veinte años antes, la irrupción de los Selyúcidas había sembrado el pánico en Oriente Próximo. Al igual que las puertas romanas, las torres semicirculares de Bab el Futuh (a la derecha) y de Bab el-Zueïlah –ésta última dominada por minaretes edificados bajo el Mameluco al-Muayyad, hacia 1415 (a la izquierda)– defienden la capital de los Fatimíes.

Regreso a las mezquitas de piedra
La influencia de los constructores armeno-bizantinos de Badr Gamali conduce a abandonar el uso del ladrillo para los lugares de oración. La pequeña mezquita de al-Akmar (1125), con su fachada adornada de motivos en relieve –tímpano, estalactitas, hornacinas con pequeñas columnas– hechos con estuco sobre la piedra tallada, demuestran la evolución estilística a comienzos del siglo XII.

Pórtico de entrada
En medio de la fachada estrecha de la construcción, el vestíbulo que forma la entrada a la mezquita Salih Talaï se abre detrás de una fila de columnas que soportan una arcada. El lenguaje que adopta ahora la arquitectura de piedra ha cambiado totalmente. Tiene un estilo muy sobrio y es más libre y refinado.

Arcadas y tirantes
El patio de la mezquita de Salih Talaï, construido en 1160, es ligero. La organización de los pórticos recurre a los tirantes de madera entre las impostas.

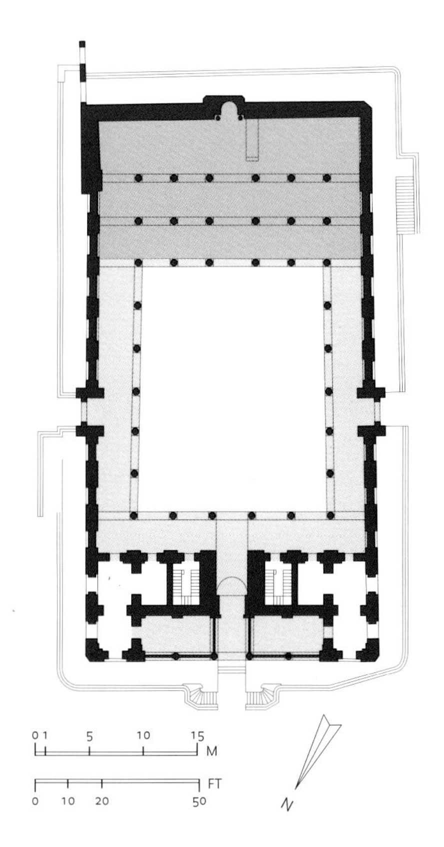

Escala reducida
La era de las grandes salas de oración como ibn Tulun, al-Azhar o al-Hakim ha terminado: la mezquita llamada de Salih Talaï, en El Cairo, adopta una planta rectangular muy sobria. El pequeño patio está totalmente rodeado por un pórtico de arcos realzados soportados por delicadas columnas.

Los mausoleos fatimíes de Asuán

Al sur de Egipto, no lejos de la ciudad de Asuán, se alza una necrópolis cuyos mausoleos con cúpulas casi en ruinas son un testimonio del desarrollo de la arquitectura funeraria en ladrillo, de la época de los Fatimíes (siglo XI). El interés de estos monumentos, o *qubba*, reside en la diversidad de las cúpulas que, respondiendo a un simbolismo frecuente en el mundo islámico como representación del cielo, cubren las tumbas. En efecto, encontramos aquí unas cúpulas hemisféricas, algunas puestas a los lados, situadas sobre unos tambores de cornisa saliente iluminados por ventanas. Aquí se experimenta todo un repertorio de cubiertas, pasando de la planta cuadrada al cilindro a través de unas estalactitas que revisten las pechinas de sus estructuras geométricas.

En este virtuosismo de formas esféricas y en el deseo de tratar la transición espacial del cuadrado al círculo por medio de formas meramente racionales, se observa el atractivo de un desarrollo que alimentará el lenguaje arquitectónico medieval tanto en Persia como en Siria y en Egipto, y más tarde en toda el área islámica, desde Granada hasta la India.

Arcos realzados
La mezquita Salih Talaï de El Cairo presenta unos arcos apuntados de doble centro –con espolones apretados y rampantes más tensos– que están realzados con respecto a los capiteles. A pesar de la importancia que adquiere la piedra tallada, hallamos aquí la decoración de estuco de los primeros edificios fatimíes.

Las tumbas fatimíes de Asuán
El cementerio de Asuán, al sur de Egipto, está formado por una serie de mausoleos chiítas con cúpulas, construidos en ladrillo con revestimiento de estuco. Datan de los siglos XI y XII. En estas tumbas, las variantes en las formas de la cúpula -de gajos, de perfil de arco de herradura, sobre tambor, dividida en cuatro partes, etc.- hacen de la *qubba* un repertorio de soluciones técnicas originales.

La Desintegración del Occidente Islámico

Desde la Ifrigiyya de los Aglabíes hasta el Magreb de los Almohades

Página 167
León emblemático
Este león de bronce estilizado, de 30 centímetros de alto, que data del período almohade en España (siglos XII-XIII), decoraba una fuente en un castillo moro cerca de Palencia. Simboliza la potencia del soberano. (Museo del Louvre, París)

Entre las provincias que, progresivamente, hacen la secesión, oponiéndose al poder de los Abasíes de Bagdad, está la Ifrigiyya, que corresponde al actual Túnez. Si unas incursiones árabes alcanzan la Berbería en el 647, la segunda expedición no se produce hasta el 665. Hay que esperar hasta el 670 para que tenga lugar la anexión de Túnez. Simultáneamente, las tropas del Islam fundan la ciudad de Kairuán, que significa «el Campamento». Esta ciudad, que está situada a 150 kilómetros al sur de Túnez y a 60 al oeste de Susa, se alza en un territorio desértico. En el 836, es edificada allí una Gran Mezquita, que hará de Kairuán la cuarta ciudad santa del Islam sunnita.

Sin embargo, la conquista por parte de los Árabes no es fácil: se encuentran con una vigorosa resistencia de los Bizantinos y sobre todo de los Bereberes. El general musulmán Okba ibn Nafii es derrotado en Biskra en el 682. Kosaïla, jefe de la insurrección berebere, consigue entonces expulsar a los invasores árabes que tienen que iniciar nuevas expediciones para apoderarse de Cartago, en el 698. La resistencia, personificada por la Kahina, reina berebere que mantuvo alejados a los Musulmanes, se hizo célebre en el Aurés. Su derrota en el 702 condujo a la arabización del país y de una gran parte del Magreb, bajo el mando de un gobernador que dependía de los Omeyas de Damasco.

Será enrolando a los Bereberes, cuyo modo de vida era parecido al de los habitantes de Arabia, como las fuerzas musulmanas obtendrán espectaculares victorias. Como ya hemos dicho, un ejército guiado por uno de ellos, llamado Tariq, desembarcó en España en el 711. Y el árabe Muza, tomando el relevo, introduce la nueva provincia en el seno de los Omeyas. Pero estos Bereberes, que imponían tasas a los súbditos no árabes, proclamaron su independencia abrazando la herejía de los Kharidjitas de Oriente. Esta doctrina proclamaba la igualdad de todos los musulmanes. Los adeptos de esta corriente comunitaria pura y severa se apoderaron de Kairuán en el 745, poco antes de la caída de los Omeyas. A continuación, hubo un período de vacilación, durante el cual el orden se les escapó a los sunnitas ortodoxos.

Bajo la dinastía de los Aglabíes, que reina entre el 800 y el 909 en la zona este del Norte de África, la ortodoxia religiosa es restaurada en una provincia que es ya semi-independiente. Ibrahim ibn al-Aghlad, emir nombrado por Bagdad, es el autor de este regreso a un poder estable. Vuelve a tomar las riendas desde su castillo llamado Kasr al-Khédim, cerca de Kairuán, donde está rodeado por una guardia pretoriana formada por esclavos negros, y lo hace bajo el signo de la energía. Su sucesor, Ziyadet Allah I, lanza unas expediciones contra Sicilia, de la que llega a apoderarse en el 827. Es él quien, en el 836, edifica el minarete de la Gran Mezquita de Kairuán.

Escudilla con ave
Esta cerámica mora de España, hecha entre 1035 y 1040, está decorada con la efigie de un pavo real esquematizado con un penacho de hojas de acanto. Una mezcla entre el símbolo oriental de la vida eterna y la ornamentación antigua. (Museo arqueológico, Madrid)

Kairuán y su Gran Mezquita

La construcción de la mezquita de Kairuán se desarrolla en varias fases, a saber: en el 836, en el 862 y en el 875. El edificio, que cubre una superficie de 130 x 80 metros, es decir, 1 hectárea, está cercado por un muro alto en el que se abrían ocho puertas. Está formado por un patio de 65 metros de largo por 50 metros de ancho, rodeado de pórticos dobles. El conjunto está dominado por un minarete alto y cuadrado, de tres niveles, que van empequeñeciéndose progresivamente. Este tipo de minarete –que parece derivar del esquema de los antiguos faros, y que hace pensar en el aspecto que las monedas dan al Faro de Alejandría– se extenderá en todo el Magreb y en España, tanto en la Kutubiya de Marrakech como en la Giralda de Sevilla.

En cuanto a la sala de oración oblonga, está formada por diecisiete naves con arcadas perpendiculares a la *kibla*. La nave central, más ancha, conduce al *mihrab*, según un esquema que retomará al-Azhar, en El Cairo. De los ocho intercolumnios, el último, a lo largo de la *kibla*, destaca especialmente. Presenta en su centro una cúpula que domina la hornacina que indica la dirección de la plegaria, de manera que estamos ante la típica planta de la mezquita en forma de «T». Se trata de un edificio hipóstilo construido en gran parte con la ayuda de antiguos elementos, tanto para los fustes como para los capiteles. El *haram*, con su nave central bordeada de columnas pareadas, totaliza ciento sesenta soportes. Las arcadas, como en la mezquita de Amr, en El Cairo, están unidas mediante tirantes a nivel de impostas. Sostienen un techo plano de madera.

La decoración del *mihrab* es de gran interés: está formada por 130 pequeños cuadrados de mayólica con reflejos metálicos, importados de Bagdad. La hornacina propiamente dicha está formada por tablas de mármol, algunas de ellas caladas. Finalmente, el *minbar* de madera, que presenta los mismos motivos de *claustra* delicadamente trabajados, data del reinado de Ibrahim ibn al-Aghlad, a comienzos del siglo XI. Una cúpula con nervaduras domina el *mihrab*: descansa sobre un octógono sostenido por cuatro pechinas esquinadas que alternan con arcos del mismo tamaño, que constituyen la transición de la planta cuadrada al círculo. Otra cúpula, en mitad del pórtico sureste del patio, marca la entrada axial de la sala de oración.

Al exterior de las murallas de Kairuán, unos grandes estanques circulares llamados «de los Aglabíes» destinados al abastecimiento de agua de la ciudad, se utilizan como depósitos. El más importante es el de Abu Ibrahim Ahmed, del 860, y mide 128 metros de diámetro. Estas obras son el resultado de un sistema hidráulico colo-

Página 171

Vigoroso minarete de los Aglabíes
El minarete cuadrado de tres cuerpos macizos de la mezquita de Kairuán, coronado por una cúpula de gajos. Su fuerte silueta influirá en toda la arquitectura del Norte de África y de la España andaluza.

La gran mezquita de Kairuán
La vista, desde lo alto del minarete, abarca el patio y el *haram* de la mezquita de los Aglabíes, en Kairuán, cuya construcción se inicia en el 836. Es el edificio de oración más venerable del Magreb musulmán.

sal. Hechas mediante muros de mampostería, están reforzadas por estructuras semicirculares en proyección, a fin de resistir mejor a la presión. Un acueducto de 36 kilómetros, que llevaba el agua desde el oasis Marguelil, las abastece. El estanque principal, precedido por un aljibe de 37 metros de diámetro, está formado en su centro por un islote, sobre el cual dicen que «el emir iba a descansar». Si el hecho fuera cierto, se trataría de la recreación del islote situado en medio de un estanque anular que cita Varrón a propósito de su «pajarera», y que reproduce el «Teatro marítimo» de Adriano en Tívoli: dos construcciones a las que hay que relacionar con el ritual áulico y las costumbres relativas a las predicciones practicadas en la corte de los soberanos helenístico-romanos, costumbres en las que sabemos que los soberanos musulmanes se han inspirado. De ese modo la dinastía de los Aglabíes de Kairuán perpetuaba –al igual que las de Córdoba, Bagdad o El Cairo– el ceremonial palatino de la Antigüedad.

Cúpula acanalada
Dominando el *mihrab,* una cúpula octogonal provista de grandes gajos marca el emplazamiento más sagrado de la mezquita de Kairuán. Distinguimos claramente el paso de la planta cuadrada a la planta circular pasando por el octógono, cuyos lados son ligeramente cóncavos.

La mezquita y el *ribat* de Susa

Situada a orillas del Mediterráneo, la ciudad de Susa –que se confunde con la antigua Hadrumeta– debe su renacimiento, como Kairuán, a los Aglabíes. Es en este puerto, que data del tiempo de los Fenicios y los Romanos, donde las fuerzas islámicas se embarcan para conquistar Sicilia. En el centro de la ciudad, la Gran Mezquita, contemporánea de la de Kairuán, se remonta al 851. Debe su aspecto macizo a sus orígenes: admitimos, en efecto, que se alza en una antigua *kasbah* (fortaleza) destinada a defender las instalaciones portuarias. Transformada en lugar de oración, esta construcción ha conservado sus torres esquinadas y sus merlones. El patio oblongo, con sus pilares juntos, y sus series de arcos pesados y de herradura, precede el *haram* que ofrece, como en Kairuán, una cúpula axial sobre el pórtico que da acceso

Página 173
Una sala hipóstila muy rica
La sala de oración de Kairuán, con sus columnas bizantinas hechas de material antiguo soportan las diecisiete arcadas perpendiculares a la *kibla*.

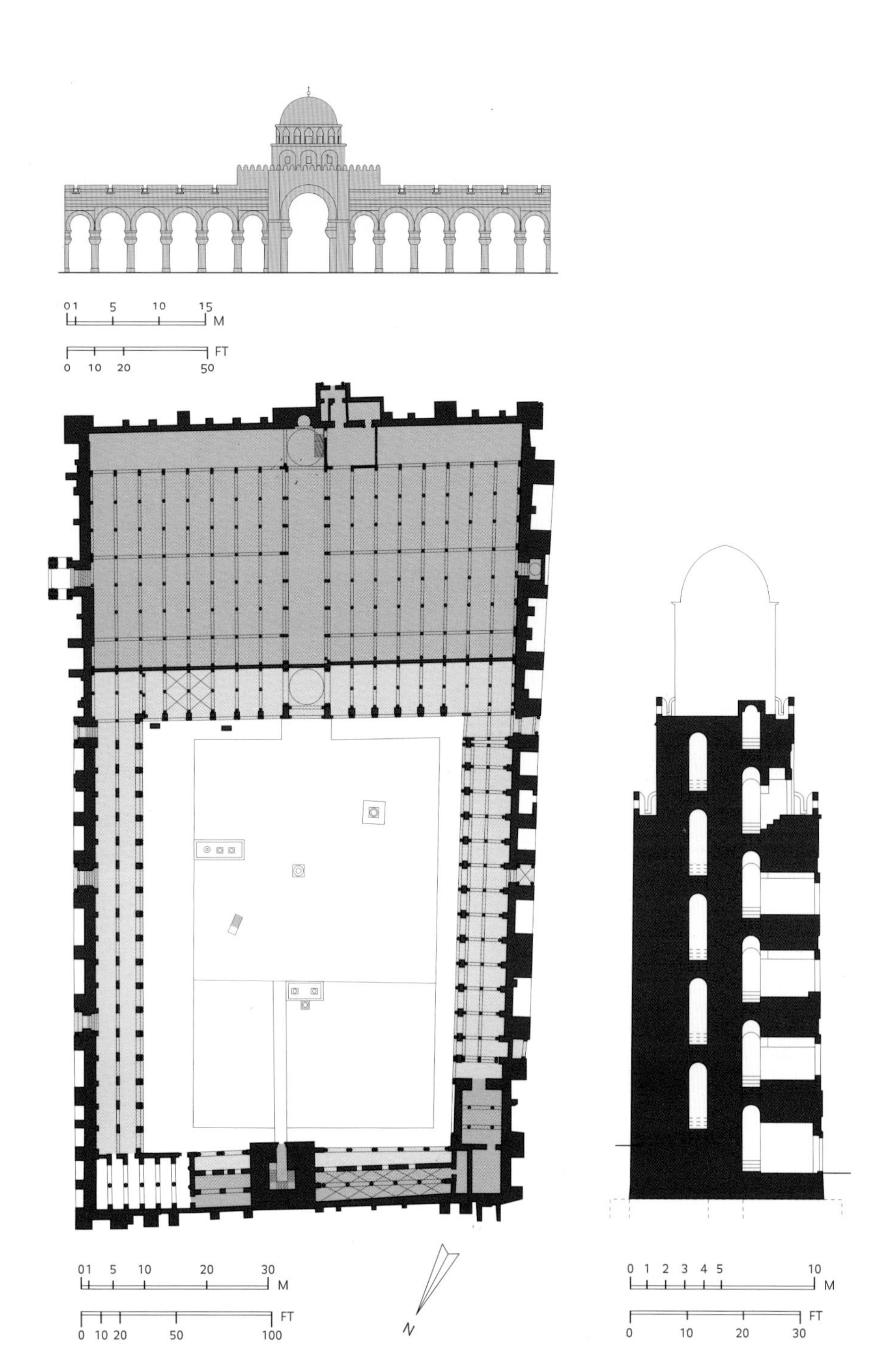

La mezquita de los Aglabíes
Alzado de la fachada que da al patio, planta general y corte del minarete. La sala de oración está formada por 17 naves. Observaremos que la nave mediana, más ancha, así como el último intercolumnio, igualmente subrayado, dan origen a la planta llamada en forma de «T», frecuente en el Magreb. Respecto al minarete, de 35 m de alto, está formado por unos planos inclinados sobre seis niveles.

a la sala de oración, y otra cúpula que domina el *mihrab*. De las once naves con arcadas perpendiculares a la *kibla*, cubiertas de bóvedas en mampostería, sólo la nave central, más ancha, tiene interés. Sus hermosos arcos de herradura descansan sobre unos pilares cuadrados, a veces flanqueados por columnas hechas con materiales antiguos.

Custodiando también la entrada del puerto, el *ribat* (fortaleza-monasterio) de Susa, cercano a la Gran Mezquita, fue edificado a finales del siglo VIII para hacer frente a los ataques de los Bizantinos que aún tenían el dominio naval del Mediterráneo. Se trata de una fortaleza cuadrada, con muros coronados de merlones, y que está dominada por un alta torre redonda, edificada en el 821 bajo el emir aglabí Ziyadet Allah I. Otro *ribat*, destinado a los guerreros de la fe musulmana, alza su poderosa silueta a orillas del mar, en Monastir. Construido en el 796, recibe numerosas añadiduras entre los siglos IX y XI, sin perder su carácter altivo y macizo, que hace de él un ejemplo notable de la arquitectura militar del Islam clásico.

Estructura bajo la cúpula
Una de las puertas de la mezquita de Kairuán está señalada por la presencia de una cúpula a la que sostienen cuatro arcos casi de herradura.

El acceso al Sancta sanctórum
Al lado: El *mihrab* de la mezquita de los Aglabíes, en Kairuán, es uno de los más célebres del mundo islámico. Rodeado por un ornamento de pequeños cuadrados de mayólica procedente de Mesopotamia, está formado por una hornacina adornada de paneles de mármol calados. Las dos columnas de mármol que le rodean están provistas de capiteles bizantinos.
Arriba: Detalle de la decoración del *minbar* de Kairuán, con sus motivos en forma de *claustra* trabajados en madera.

Grandes obras hidráulicas
Al exterior de la muralla de Kairuán, los estanques de los Aglabíes son unas grandes cisternas circulares donde el agua potable, llevada por el acueducto, era almacenada para las necesidades de la población de la ciudad.

La mezquita-fortaleza de Susa
Vista desde lo alto del torreón del *ribat* de Susa, la mezquita construida en el 851 bajo los Aglabíes se considera fruto de la reestructuración de una antigua *kasbah* destinada a luchar contra los Bizantinos que intentaban volver a poner pie en el Norte de África.

Un poderoso *haram*
La sala de oración de la mezquita de Susa, con sus soportes bajos y sus arcos realzados, ofrece un aspecto pesado y macizo que traduce la época de inseguridad reinante durante su construcción.

Una arquitectura militante
De sus orígenes guerreros, la mezquita de Susa conserva las formas compactas de sus arcadas escarzanas, sus accesos que sirven de comunicación con los adarves y sus pequeñas torres esquinadas y fortificadas.

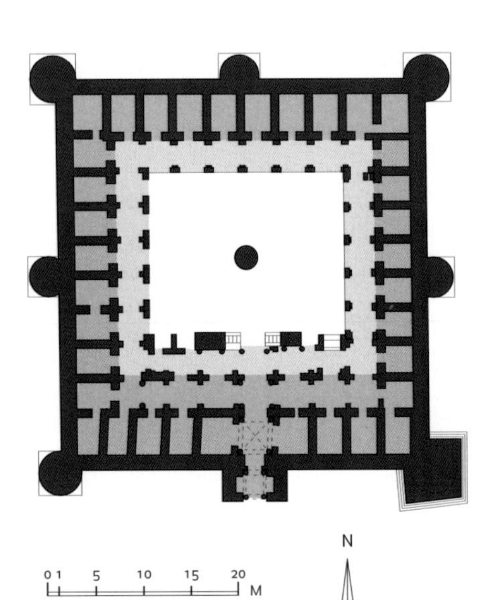

La fórmula del *castrum*
Planta del *ribat* de Susa, con su disposición en forma de campamento romano cuadrado. Sus murallas, jalonadas de torres, presentan un carácter militar acusado. Alrededor del patio con pórticos se sitúan las celdas de los monjes-soldados.

Página 179
Torre vigía
El *ribat* o fuerte-monasterio de Susa, edificado en el 821, dominaba la ciudad portuaria. Los vigías vigilaban el mar desde la cima de su alta torre cilíndrica que emergía de la muralla almenada, para prevenir toda incursión bizantina.

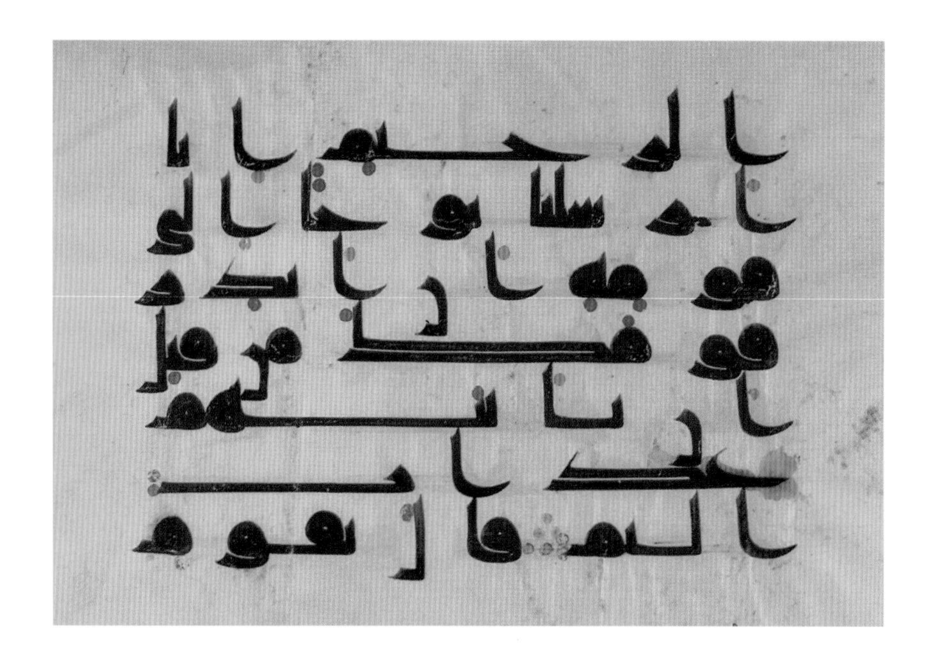

El mensaje del Profeta
Kairuán, capital de la Ifrigiyya, es un lugar importante del Islam magrebí: unos magníficos Coranes en caracteres cúficos fueron copiados aquí en los siglos IX y X en un estilo de gran elegancia. (Museo del Bardo, Túnez)

Las fortalezas de la fe
El *ribat* de Monastir, en la cuesta oriental de Túnez, es una enorme fortaleza, edificada en el 796, pero que ha tenido varias añadiduras durante los siglos siguientes y hasta los enfrentamientos con los cruzados.

Desde el Magreb hasta al-Andalus

Hemos recordado antes el movimiento fatimí que procede del Norte de África y se impone en El Cairo. En el 909, el chiísmo invade Túnez, después los califas fatimíes van a reinar en Egipto. Cuando esta dinastía traslade su capital a El Cairo, en el 973, decidirá poner la Ifrigiyya bajo la autoridad de los Ziríes. Estos Bereberes no tardan en rechazar, en 1048, el poder fatimí. Para vengarse, El Cairo lanza sobre el país la tribu de los Banu Hilal. Estos nómadas, muy poco cultivados, siembran la desolación en las ciudades y en los campos, y destruyen Kairuán en 1057. Túnez se desmembra ya en principados vasallos de los Hilalíes.

Simultáneamente, España conoce un desgarramiento análogo tras la caída de los Omeyas de Córdoba. En la lucha sin cuartel que se libra entre cristianos y musulmanes en la Península Ibérica, el cambio del siglo X al siglo XI es crucial. En el 986, el terrible Almanzor se apodera de Barcelona y la saquea, como muchas otras ciudades de Castilla y de León. Pero la respuesta no se hace esperar: en el 1009, el conde de Barcelona toma Córdoba y vuelve a Cataluña cargado de botín. El poder omeya se estremece. Y a partir de 1010, la unidad de al-Andalus se rompe. Es reemplazada por pequeños principados musulmanes: los reinos de Taifas. Cada uno de ellos nombra un rey provincial (en árabe: *muluk al-tawaïf*). El califato se desmigaja dejando paso a los reinos de Sevilla, de Córdoba, de Málaga, de Granada, de Badajoz, de Valencia, de Murcia, de Niebla, de Toledo y de Zaragoza. Los soberanos de estos territorios entran en lucha los unos contra los otros. El Sur de España conoce una Edad Media en la que cada cual lucha contra su vecino, en la que los cristianos y los musulmanes se alían a veces contra sus propios correligionarios, en la que los intereses creados priman sobre las diferencias de culto o de fe. Estos desórdenes no impiden, sin embargo –lo cual no deja de ser una paradoja– una extraordinaria eclosión cultural y unos intercambios fructuosos. Estas guerras civiles propias del siglo XI no acabarán hasta la irrupción de los Almorávides del Norte de África.

Bereberes del Atlas, los Morabitos o Almorávides –unidos en cofradías de monjes guerreros que, tras haber conquistado Marruecos y una parte de Argelia, han desembarcado en España para restablecer allí un Islam de estricta observancia– están bajo el mando de Yusuf ibn Tashfin (1061-1106). Se trata de Beduinos sin contacto con Oriente y sin tradición arquitectónica propia. Sufren la influencia de la civilización evolucionada de la España islámica y dan origen al arte hispano-morisco.

Desde la Aljafería de Zaragoza hasta la sinagoga de Toledo

La conquista de los Almorávides no llega al Norte de España hasta 1110. Antes, uno de los últimos Reyes de Taifas que reinan en Zaragoza, Ahmad ibn Solimán al-Mokta-

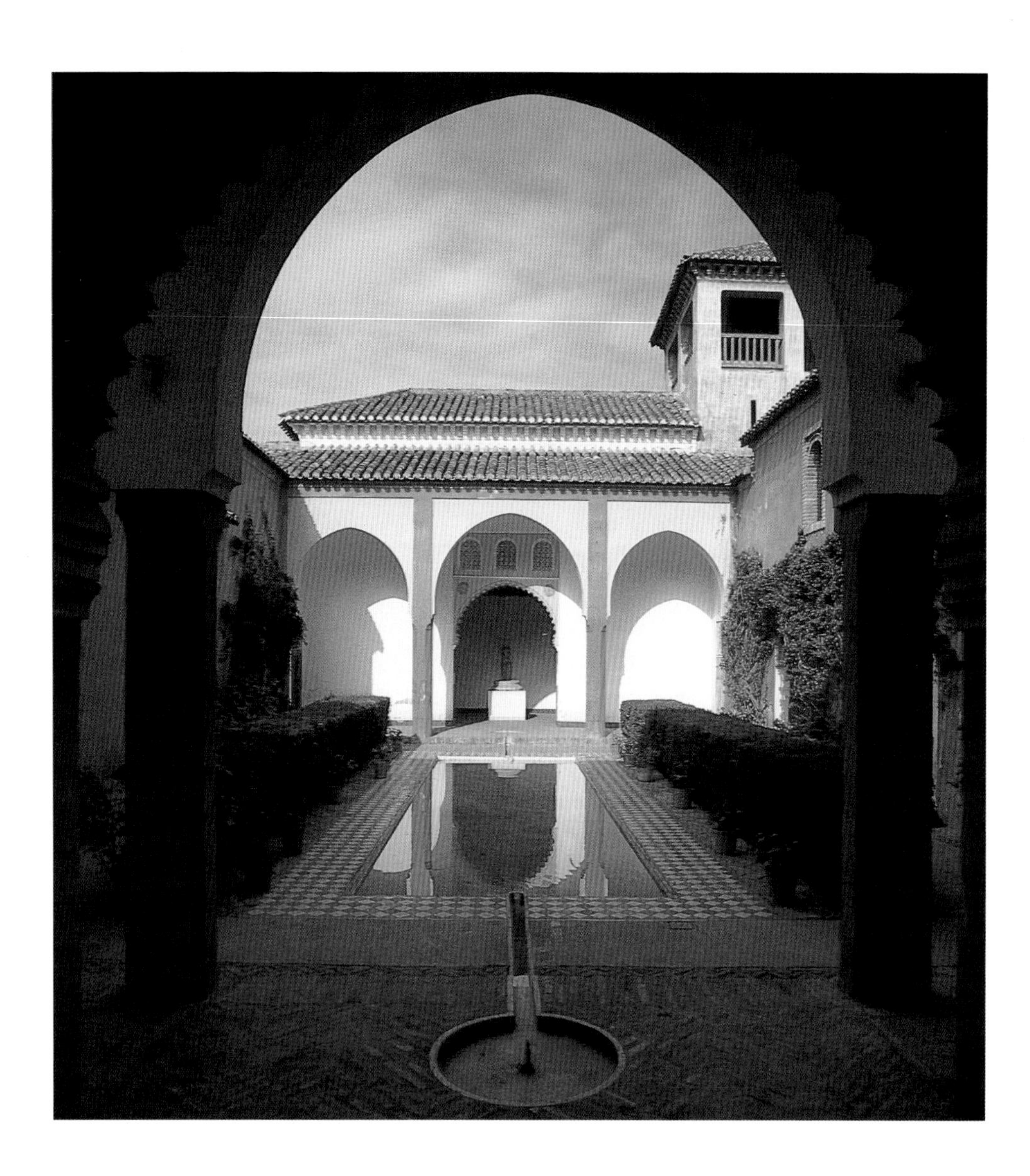

Un palacio que domina Málaga
Una serie de poderosas murallas fortificadas rodean el palacio de la Alcazaba, en el puerto de Málaga. En el centro de este sistema defensivo, el emir de los Bereberes Banu Hammud construye en el siglo XI un palacio (varias veces ampliado) que anuncia los encantos de la Alhambra de Granada: este estanque rodeado de arcadas data de 1157.

Los baños de Granada
Bautizados «Bañuelos» –o pequeñas termas–, los baños árabes de Granada se remontan al siglo XI: para evitar cualquier fuga de calor y dar a las salas una claridad tamizada, las bóvedas soportadas por arcadas sobre pequeñas columnas tienen unas claraboyas cerradas por láminas de vidrio o culos de botellas.

dir (1046-1081) edifica en su capital una fortaleza-palacio donde florece –a pesar de su apariencia guerrera debido a los tiempos revueltos por los que atraviesa el país– un arte resplandeciente y barroco. Detrás de sus poderosas torres amuralladas y de su foso atravesado por un puente levadizo, todo es refinamiento. El «Salón» que da a un *patio* se caracteriza por un juego de arcadas polilobuladas cuyos arabescos se entrelazan con virtuosismo y un fastuoso pórtico que bordea un estanque interior. Soportados por pequeñas y delicadas columnas hechas con material antiguo, estos pórticos son el testimonio del refinamiento que la civilización musulmana alcanza en el siglo XI. Este arte de la mampostería y del yeso delicadamente moldeado iguala a los más suntuosos movimientos del arte califal de Córdoba. Su nacimiento constituye –con tres siglos de adelanto– un prólogo al esplendor de la Alhambra de Granada...

También es antes de la llegada de los Almorávides, que se apoderan de Toledo en 1085, cuando es edificada la sinagoga llamada «Santa María la Blanca». Construida bajo el reinado del último *muluk*, Yahya ibn Ismaïl al-Kadir (1075-1085), este sorprendente símbolo de la armonía judío-árabe en la España medieval demuestra la atracción que ejercen las formas islámicas sobre las comunidades sefardíes. En efecto, es el lenguaje estético de las mezquitas hipóstilas el que adopta el edificio, con sus cinco naves separadas por cuatro filas de arcadas cuyos arcos de herradura descansan sobre unos pilares octogonales de mampostería, mediante unos capiteles decorados con piñas.

Almorávides y Almohades de España y del Magreb

La dinastía de los Almorávides había fundado, en 1061, su capital en Marrakech (Marruecos). Estos soberanos intervienen en España por expresa petición del emir de

Un palacio-fortaleza en Zaragoza
Uno de los últimos emires de los Reyes de Taifas fortifica su residencia, dotándola de una poderosa muralla jalonada de torres y de un foso unido al curso del Ebro. Es la Aljafería, cuyo aspecto externo tan marcial oculta, en su interior, exquisitos tesoros.

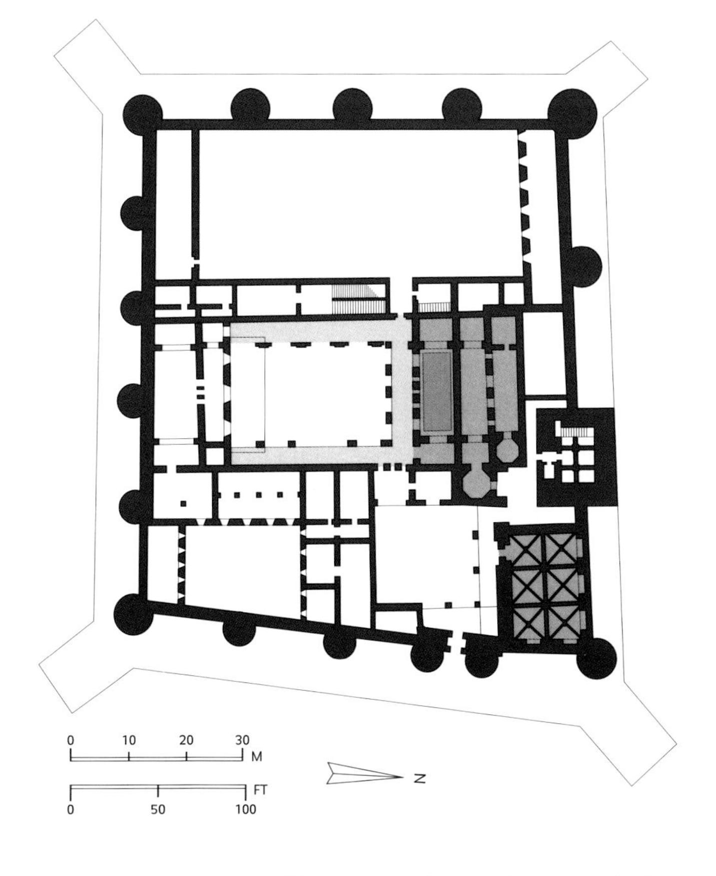

Una organización militar
Planta de la Alfajería de Zaragoza: la preocupación por la defensa se debe a la época revuelta que representa el tiempo de los Reyes de Taifas en la mitad del siglo XI. En el centro de las murallas defensivas se abre un palacio de ensueño para los emires.

Una suntuosa sala de recepción
El gusto por la fastuosidad del emir Ahmad ibn Solimán al-Moktadir se manifiesta en este Salón de arcadas polilobuladas de la Aljafería de Zaragoza. Con su estanque central, en el que se reflejan los arcos de estuco que se entrecruzan, el edificio perpetúa en el siglo XI el esplendor de Medina Azahara.

Un patio de luz
El patio abierto de la Aljafería de Zaragoza está rodeado de grandes arcos polilobulados de una extrema ligereza.

Delicadeza de los *claustra*
Esta ventana pareada de la Aljafería de Zaragoza adorna sus dos vanos, de arcos de herradura, con un delicado enrejado que tamiza la luz.

Sevilla. Llevan a cabo la segunda invasión islámica de la península, pronto seguida por la de los Almohades. Tanto el movimiento rigorista de los Almorávides –que se caracterizan por un rechazo absoluto de todo motivo que no sea abstracto y geométrico– como el de los Almohades (que les suceden entre 1147 y 1269) aspiran a una renovación del Islam. Los Almohades son también Bereberes salidos del Norte de África. Obedecen a la doctrina de Mohammed ibn Tumart, que se considera como el *mahdi* venido para purificar la religión y hacer que reinen la justicia y la fe verdadera. Su nombre (procedente del árabe *al-Mowahhidun*) indica el movimiento de los «Unitarios» que subraya la unidad de Alá. El compañero de Ibn Tumart, llamado Abd al-Mumin (1128–1163) se hace con el título de califa y reina en el Norte de África y Andalucía. Funda Rabat (al-Ribat) en 1150, ciudad que se convierte en la capital de su reino. Bajo los Almohades florece un arte depurado y sobrio, que demuestra la ascesis que desea promover el califa.

Las formas de construcción y el estilo general de las obras de los siglos XI y XII caracterizan en particular unas mezquitas hipóstilas con sus arcos de herradura o polilobulados, sus pilares cuadrados o cruciformes y su planta muy sobria de arcadas perpendicu-

Página 187
La sinagoga de Toledo
Conocida bajo el nombre de «Santa María la Blanca», esta sinagoga fue edificada entre 1075 y 1085 por artesanos moros familiarizados con a las formas árabes: arcos de herradura, pórticos perpendiculares al muro de fondo, decoración floral y geométrica, etc. Este hermoso espacio consagrado al culto judío está cubierto por un techo de madera. Para atenerse a la prohibición del 2º Mandamiento del Decálogo, el arte judeo-árabe adopta aquí el motivo de piña para adornar los capiteles de la sinagoga de Toledo.

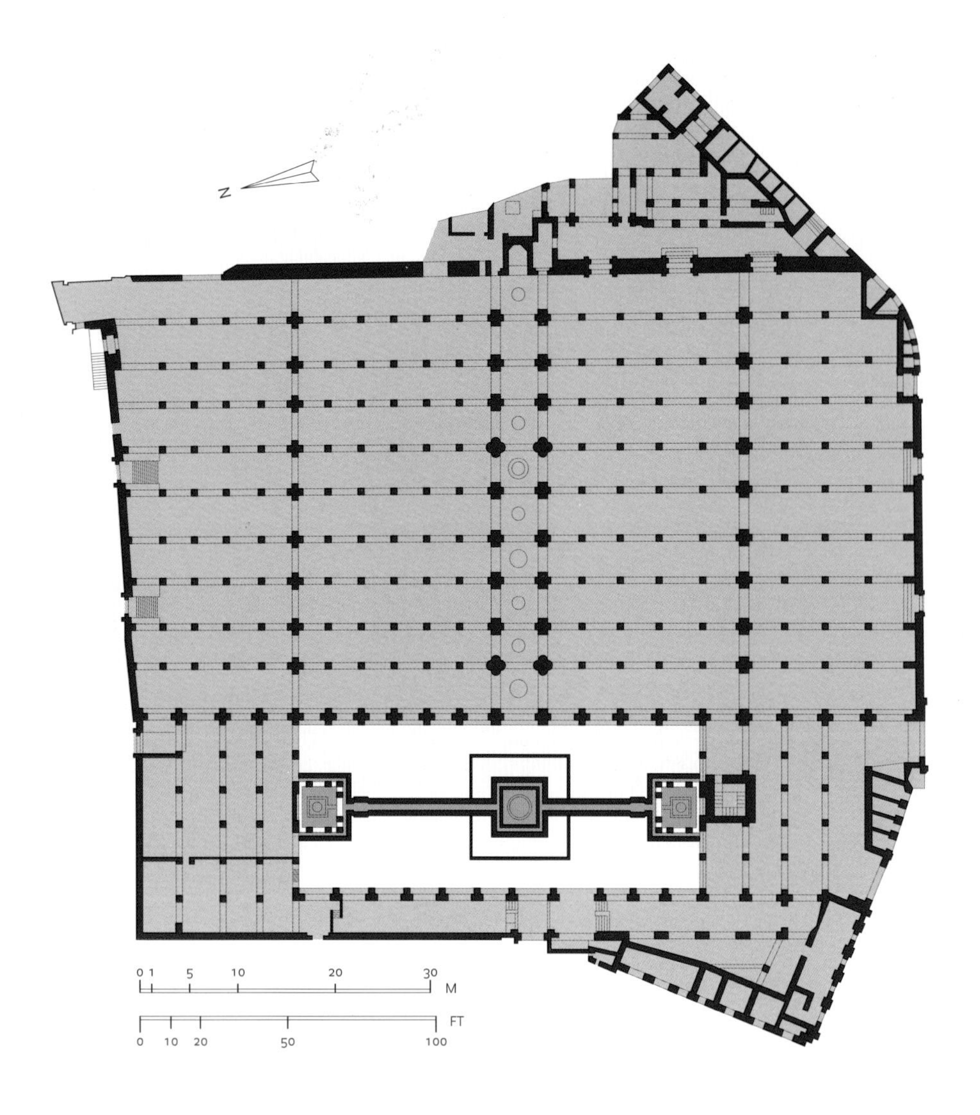

La Karauiyna de Fez
Planta de la mezquita marroquí de la Karauiyna, construida esencialmente en la época de los Almorávides (1135). Está formada por un patio oblongo con fuentes para las abluciones. Su sala de oración está dotada de múltiples intercolumnios, cuyas arcadas son paralelas a la *kibla*. El perímetro irregular del edificio indica su crecimiento en etapas sucesivas y su inscripción dentro de un barrio de una elevada densidad de población.

lares a la *kibla,* con un recurso generalizado a una disposición en forma de «T». Estos elementos afectan ya a toda la arquitectura religiosa. Asimismo, basándose en el lejano modelo del minarete de Kairuán, las grandes mezquitas tienen altas torres cuadradas, a menudo sin elemento decorativo de cubierta, cuyos lados presentan una decoración formada por combinaciones de figuras geométricas, ritmadas por pequeños arcos entrelazados sobre columnas pequeñas que subrayan las ventanas de los pisos.

Los arcos fuertemente apuntados a menudo con un perfil polilobulado o festoneado, el recurso al juego de estalactitas, o *muqarnas*, originarias de Oriente, el carácter de fortaleza de los lugares de oración debido a las perturbaciones políticas de la Edad Media, todo esto hace del arte hispano-morisco un sistema coherente que se extiende tanto al Magreb como al sur de España.

Este tipo de mezquita que –en el plano arquitectónico– es muy clásica, y que demuestra que los Almorávides y los Almohades aspiran a enlazar con el pasado tradicional del Islam, encuentra su expresión, en 1097, en la Gran Mezquita de Argel, con sus once naves y su pequeño patio oblongo. Respecto a la Karauiyna de Fez, fundada en el 857 y reconstruida entre el 912 y el 933, más tarde en 1135, época en la que alcanza 6000 m² y totaliza más de doscientos soportes, presenta diez intercolumnios con arcadas paralelas a la *kibla*. Este hecho puede sorprender, sobre todo sabiendo que Karauiyna significa «de Kairuán», en recuerdo de su fundadora, de nombre Fátima, que había huido a Túnez con un grupo de fieles hostiles a los Fatimíes. En efecto, la planta de esta mezquita no se parece en nada a la de la sala de oración de Kairuán, cuyas arcadas son perpendiculares a la *kibla*. Este edificio tiene, como al-Azhar, en El Cairo, un patio oblongo flanqueado lateralmente por intercolumnios unidos al hipóstilo. Además, este patio parece estar incluido en el *haram*.

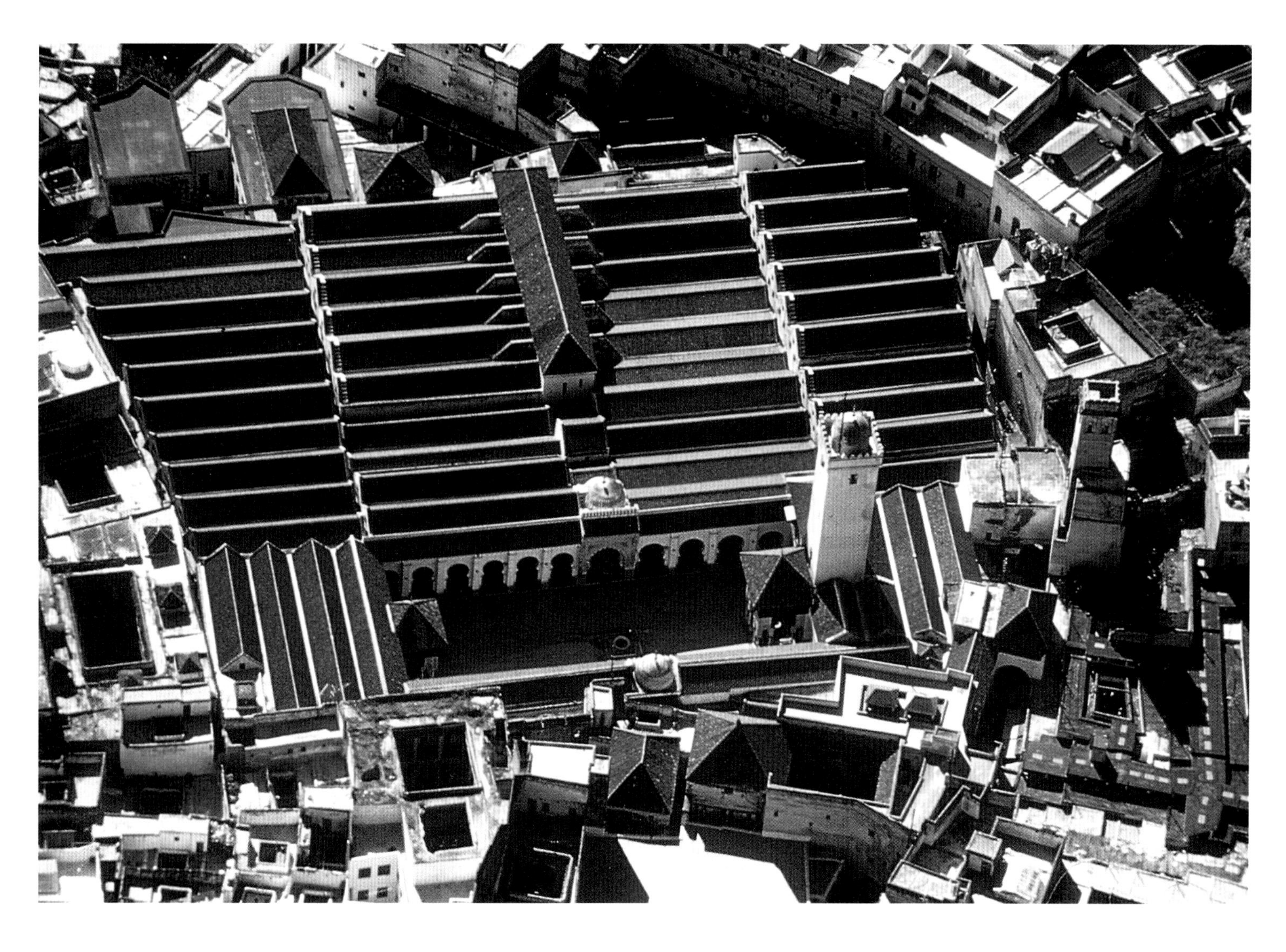

Ampliada sin cesar
La vista aérea revela los esfuerzos hechos, entre 857 y 1613, para adaptar sucesivamente la mezquita Karauiyna de Fez a las necesidades de los fieles de la ciudad del Magreb.

Un efecto macizo
Vista interna de la sala de oración de la Karauiyna, cuyas arcadas descansan sobre unos pilares compactos. En un nudo de arcos poderosos, el espacio adquiere el aspecto de dédalo.

Torres y minaretes
Herederos del poderoso minarete cuadrado de Kairuán, el minarete de la mezquita de Sevilla (que hoy se conoce como «Giralda») y el de la Kutubiya de Marrakech afirman el ascetismo de los Almohades y de los Almorávides: formas puras y decoración limitada a unos simples motivos repetitivos. Hay que señalar que los niveles superiores de la Giralda son añadiduras hechas durante la transformación del minarete en campanario de la catedral.

Centinela sobre el Guadalquivir
Velando sobre el curso del río, la Torre del Oro de Sevilla es un edificio dodecagonal construido por Abu Yakub Yusuf en el siglo XII.

Página 191
La Kutubiya de Marrakech
El hermoso espacio interno de la «Mezquita de los Libreros» asocia la sobriedad de unos arcos de herradura ligeramente apuntados y el rigor de largas perspectivas. Es un ejemplo característico del ascetismo del arte de los Almohades en el siglo XII.

Un mausoleo de estalactitas
Una de las tumbas más interesantes de Marrakech es la qubba almorávide de Ba'adiyn que data de 1120. Este edificio rectangular de ladrillo con dos niveles está coronado por una cúpula que simboliza el cielo: es una *qubba* cuyo interior está provisto de *mukarnas*.

Cúpula octogonal
Vista de la cubierta con estalactitas que domina la sala funeraria de la qubba de Ba'adiyn, con su fino enrejado de *mukarnas* delicadamente labradas que alternan con unas conchas de Santiago.

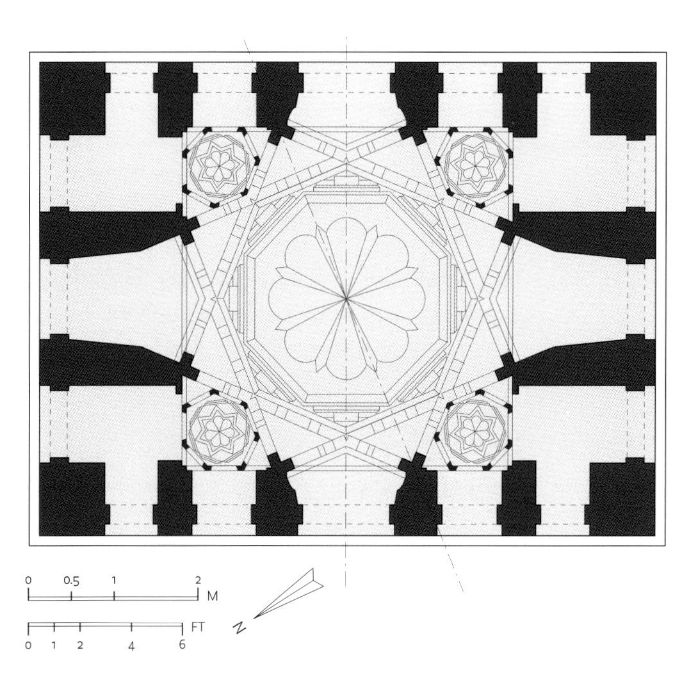

Una planta refinada
El trazado de la qubba Ba'adiyn de Marrakech. Su sistema de cubierta regido por el octógono que deriva de dos cuadrados desplazados a 45° el uno del otro, proporciona un interesante ejemplo de las sucesivas adaptaciones de la fórmula octogonal desarrollada en la Gran Mezquita de Córdoba.

Ésta es una particularidad frecuente en la arquitectura árabo-andaluza. Un hermoso estanque para las abluciones adorna el espacio abierto. A cada extremidad se alzan unos pabellones sobre pequeñas columnas coronadas por un techo piramidal: estas añadiduras datan de 1613 y están directamente inspiradas en el patio de los Leones, de la Alhambra de Granada.

Un ejemplo de una gran sencillez caracteriza los comienzos de la arquitectura de los Almohades: la mezquita de Tinmal, en el Atlas marroquí. La construyó en 1153 al-Mumin, en ese lugar en el que ibn Tumart proclamaba su doctrina. Es aquí donde se alza un edificio original, que tiene la forma de un *ribat* fortificado, verdadero «Castillo de Dios». Es una planta cuadrada, de unos cincuenta metros de ancho: en la sala de oración, con nueve naves, destaca no solamente la nave central, sino también las dos naves laterales, instalando un intercolumnio más ancho ante el *mihrab*. El edificio, de ladrillo revestido de estuco, que acaba de ser objeto de una importante restauración, es un ejemplo del gran rigor de concepción de un trazado estrictamente simétrico.

La Gran Mezquita de Sevilla, en gran parte desaparecida –reemplazada por la catedral gótica– sólo presenta su hermoso minarete que se remonta a 1171. A este minarete le ha sido añadida una nueva parte superior a la que debe su nombre de «Giralda»: los cristianos le han añadido dos niveles barrocos que culminan en un ángel de bronce en forma de veleta que indica la dirección del viento. La decoración de este minarete influirá en la de la Gran Mezquita de Hasan en Rabat.

Edificado entre 1157 y 1195, uno de los más hermosos minaretes del Islam Occidental domina la Kutubiya, o «mezquita de los libreros», de Marrakech. Contemporáneo de la «Giralda», tiene 69 metros de altura. Su planta cuadrada y su perfil rectilíneo, a la manera de un torreón coronado por una linterna, presenta hermosas superficies a la decoración de arcos entrelazados que cubren la parte alta de sus muros. Respecto a la sala de oración de esta gran mezquita, que cuenta con diecisiete naves y siete intercolumnios, y tiene 80 metros de ancho, presenta el ancho crucero de la típica planta en forma de «T» propia de esta época.

Toda esta arquitectura, intencionadamente sobria, no constituye, sin embargo, una aportación innovadora, como las construcciones omeyas. Aquí encontramos casi siempre las mismas plantas, las mismas cúpulas con nervaduras sobre el *mihrab*, el mismo tipo de ornamentación, siempre tratada con sobriedad. Es un arte que refleja fielmente la austeridad predicada por los teólogos, en la época de los soberanos almorávides y almohades.

El palacio de la Ziza en Palermo

En Sicilia, conquistada por los Aglabíes de Kairuán, la presencia árabe ha sido suplantada por el poder cristiano de Roger de Hauteville, que se apodera de Mesina en 1061, y de Palermo en 1072. Bajo la dominación de los Normandos, Sicilia se convierte en el centro de una cultura mixta, árabo-cristiana, gracias a la tolerancia de Roger II, rey de Sicilia entre 1130 y 1154. Las corrientes bizantinas y musulmanas se unen aquí armoniosamente. Científicos y poetas convergen hacia la ciudad de Palermo, donde los Europeos pueden acudir a las fuentes del saber antiguo mediante la literatura árabe. Bajo Guillermo II, sucesor de Roger II, la situación de equilibrio parece mantenerse. Pero en realidad se va degradando debido a la presencia de cristianos francos que crean una atmósfera de cruzada. Las persecuciones contra los musulmanes se desencadenan a la muerte del soberano, en 1189.

El arte palermitano muestra la influencia árabe en toda una serie de construcciones, entre ellas la Capilla Palatina o el santuario de San Cataldo, que data de 1160, con sus curiosas cúpulas en fila. Pero resplandece aún más en el extraordinario palacio de la Ziza. Construido en 1185, este edificio macizo, con su alta fachada a tres niveles, es accesible mediante un pórtico interno, transversal, precedido por el salón para el ceremonial. Esta sala, que forma una especie de *iwan* abierto, está

La mezquita de Tinmal
Construida en 1153 por al-Mumin, la mezquita almohade de Tinmal es un ejemplo de la pureza de formas promovida por las dinastías bereberes del Norte de África. A punto de acabarse, la restauración de este edificio en el que vivió ibn Tumart permitirá contemplar esta obra almohade que data de 1153. Con sus muros coronados de merlones, el edificio es una «Ciudad de Alá».

adornada por una decoración de mosaico, de tipo bizantino, que representa una cacería real sobre fondo de oro, y contiene un surtidor interior que salta bajo una bóveda de estalactitas; unos chorros de agua se deslizan murmurando por un plano inclinado, según una costumbre ya instaurada en la rotonda de la *Domus Aurea* de Nerón, en Roma.

En el primer piso, este palacio árabo-normando repite el tema rigurosamente simétrico del nivel inferior: se inscribe dentro de un rectángulo de 40 x 20 metros. El *piano nobile* está formado en su centro por un suntuoso salón de recepción con *iwans* simétricos. Aquí hay otra fuente, alimentada gracias a un apropiado sistema hidráulico abastecido por un acueducto. El segundo piso repite la misma estructura, con un hueco en la sala de recepción central que ocupa dos niveles. La complejidad de la planta, con sus viviendas provistas de alcobas y de *iwans*, se repite en el tercer piso. La mayoría de las cubiertas son de soberbias estalactitas (*mukarnas*).

La fórmula general adoptada en la Ziza por el soberano cristiano, que recurre a unos arquitectos y a unos artistas árabes, se inspira en un palacio construido por la

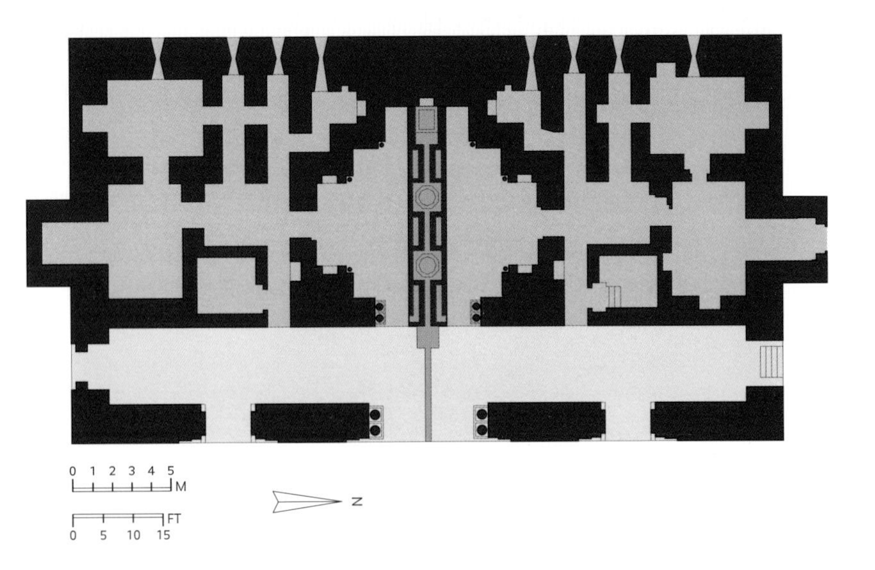

Un trazado rigurosamente geométrico
La planta del palacio llamado la Ziza, en Palermo (Sicilia), edificado en 1185, se inscribe dentro de la tradición de los establecimientos árabes palatinos de planta rectangular y simétrica que se remonta a la época almorávide, como el Castillo de Monteagudo en Murcia. En el centro del *aula regia*, una fuente con surtidores es abastecida por un sistema hidráulico.

dinastía de los Ziríes del Norte de África, que cayó bajo las armas de los Normandos. En efecto, en el palacio en ruinas de Asir (Argelia), que data del siglo X, se encuentra una planta análoga, simétrica y rectangular, aunque mucho más amplia, ya que cubre 72 x 40 metros, con una parte central de 24 x 22 metros, en cuyo fondo se abría un *aula regia* en forma de triconque...

Excepto el mosaico, toda la decoración del palacio del rey Guillermo II de Palermo procede de la ornamentación islámica, demostrando así lo viva que estaba la moda artístico-cultural del mundo musulmán, a finales del siglo XII. Antes de llegar a su fin la época clásica, la arquitectura árabe representa pues una fuente de inspiración tanto para las sinagogas de la comunidad judía de Toledo como para los palacios de los reyes normandos y cristianos de Sicilia. Como lo demuestra la civilización mixta que florece en Sicilia y en España, el arte islámico alcanza su apogeo cuando converge con la cristiandad occidental, en vísperas de la caída del califato de los Abasíes, a mediados del siglo XIII.

La Ziza de Palermo
Bajo una apariencia austera, el palacio árabo-normando de la Ziza de Palermo alza los tres niveles de su fachada maciza en la que se abren tres puertas de distintos tamaños.

Página 196 abajo
Vestíbulo transversal
Detrás de la fachada de la Ziza se abre un vestíbulo abovedado que da acceso a unas salas destinadas al ceremonial situadas en los niveles superiores. En el *iwan* que se abre en su centro, el soberano podía dar audiencias populares.

El Islam unido a Bizancio
La gran hornacina con estalactitas en forma de *iwan* que acoge al visitante en la entrada al palacio de la Ziza, en Palermo, asocia el mosaico bizantino con fondo de oro a las estructuras de estalactitas. El motivo figurativo ilustra de manera alusiva el tema de la caza real.

El juego de estalactitas
En la época de transición del siglo XI al XII se elabora el lenguaje característico de los *mukarnas*, estas estructuras en forma de alvéolos, llamadas «panales», que constituirán, en el futuro, lo esencial de la decoración islámica.

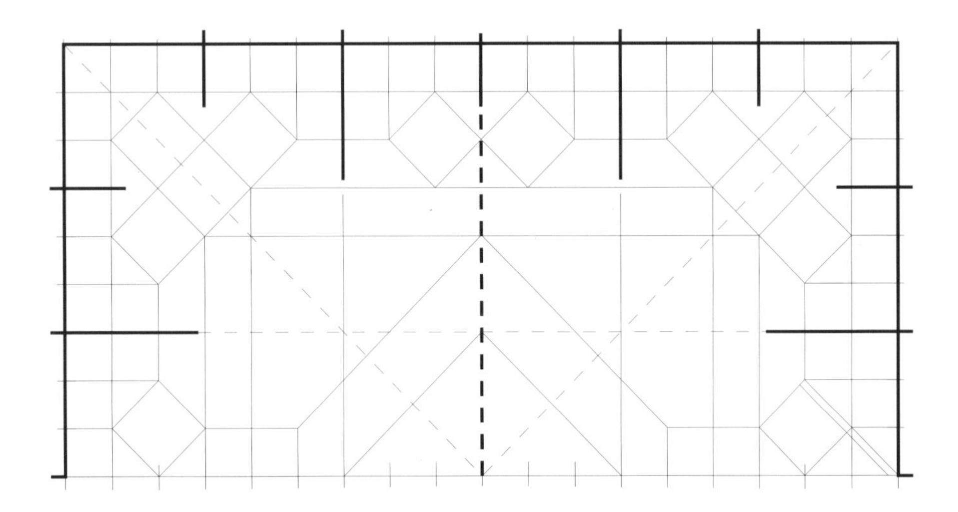

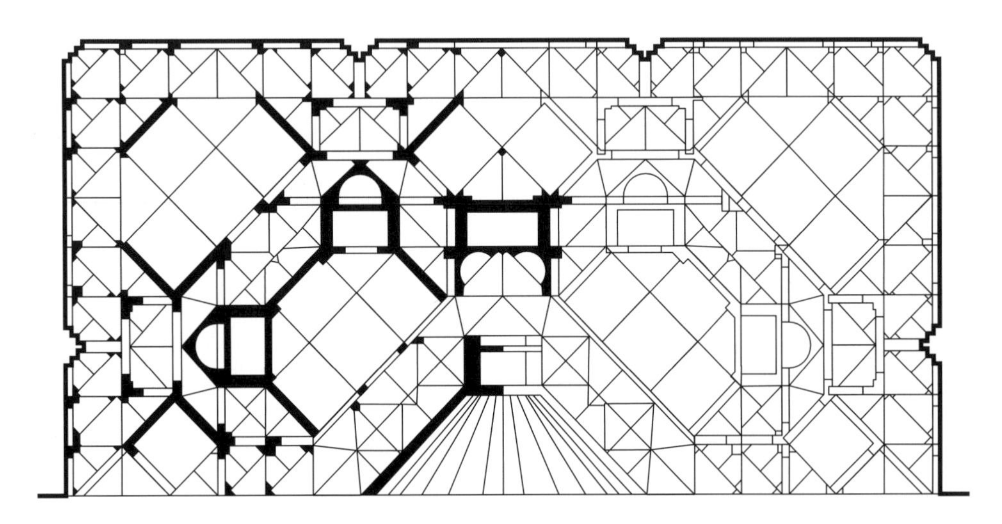

Basado en el doble cuadrado
El trazado de las hornacinas con estalactitas del palacio de la Ziza deriva visiblemente de la planta del palacio, que se basa también en la proporción 1:2.

El estilo árabe en Palermo
Con sus altas cúpulas rojas, la iglesia de San Cataldo, en Palermo, que data de 1160, demuestra a su vez la influencia de la arquitectura islámica en la corte de los Normandos.

Levantamientos en Oriente Próximo

Progreso de los Ayubíes y declive de los Abasíes

Página 201
Decoración geométrica
A finales de la época clásica del arte islámico, los motivos en forma de enrejado, procedentes de juegos de ángulos repetitivos, invaden la decoración de los edificios. Así, por ejemplo, este detalle, basado en el hexágono y el dodecágono estrellado, se obtiene mediante elementos salientes de ladrillo. Adorna la fachada que da al patio de la madraza Mustanzarieh, en Bagdad, que data de la primera mitad del siglo XIII.

La entrada de los Selyúcidas en Jerusalén, en 1079, desencadena en toda la cuenca mediterránea un zafarrancho de combate generalizado: la reacción cristiana se concreta con la puesta en marcha, en 1095, de las cruzadas por parte de los pueblos europeos. Estas expediciones están concebidas a la vez como peregrinaciones al Santo Sepulcro y como guerra santa para liberar a los cristianos orientales de la presencia de los Turcos. Los Selyúcidas irrumpen en Anatolia, y vencen a las tropas bizantinas en la batalla de Mantzikert (1071), lo cual afecta directamente a las comunidades ortodoxas de Asia Menor. Subvierte, además, en Jerusalén, un *statu quo* que se había ido instaurando entre árabes y cristianos de Tierra Santa. La Primera Cruzada consigue, en 1099, expulsar a los musulmanes de la ciudad de Jerusalén y fundar en Palestina un reino latino que subsistirá hasta la caída de San Juan de Acre (Akka) ante las tropas de Mameluk al-Ashraf Khalil, en 1291.

Antes de que termine la dinastía de los califas fatimíes de El Cairo, los cruzados ocupan una parte de Egipto como resultado de las querellas sobre la sucesión que estallan en ese momento. Los Francos llegan incluso a sitiar El Cairo durante algún tiempo. Es entonces cuando Saladino (Salah de-Din Yusuf, 1171–1193) hace su aparición en la historia, primero como prefecto de Alejandría, después como primer ministro de un general sirio en lucha contra el califa Alí en nombre de Nur de-Din Zengi, *atabeg* de Alepo (1146-1174), más tarde de Damasco, a partir de 1154. Saladino, que es el sobrino de Nur de-Din, pone fin al anticalifato de El Cairo en 1171: la caída de los Fatimíes pasa inadvertida en medio de las convulsiones que siguen a los enfrentamientos entre cristianos y musulmanes. Pero este acontecimiento anuncia la creación por parte de Saladino de un poder nuevo, que une en 1183 a Egipto y Siria bajo la égida de los Ayubíes.

Hijo de Ayyub, que reinaba en la región de Baalbek, Saladino es un príncipe de origen kurdo y de obediencia sunnita, aureolado de victorias. Le pide al califa de Bagdad su investidura como soberano de Egipto, provincia que él asocia a Siria, y cuyo territorio incluye la Alta Mesopotamia, para formar un reino poderoso, capaz de vencer a los Francos de Tierra Santa. Gracias a este guerrero perspicaz, las tropas islámicas vencen a los cruzados en Hattin y entran en Jerusalén en 1187. A la muerte de Saladino, el vasto territorio que controlaban los Musulmanes –y que se extendía hasta el Yemen– será dividido en muchos sultanatos pequeños.

Un reloj anafórico monumental
Esta miniatura de mitad del siglo XIII, ilustrada por un tratado de al-Gazari (sabio árabe que vivió hacia 1200, autor de un estudio sobre autómatas) muestra un reloj con sus doce puertas pequeñas que representan las horas. El monumento está coronado por el disco del zodíaco que gira en armonía con la esfera celeste. Unos autómatas tocan música y unas águilas sueltan unas bolitas que, al caer, hacen sonar unas jarras de bronce. El reloj anafórico, patrimonio de los sultanes, permite establecer horóscopos. (Biblioteca de Top Kapi, Estambul)

Las nuevas corrientes de la arquitectura

El período de fluctuaciones que engloba el final del siglo XI y el XII procede de dos causas principales: por una parte, la oleada de poblaciones que acompaña la llegada de los Turcos de Asia central, que traen consigo las costumbres heredadas durante su estancia en Persia; y por otra, la renovación sunnita que aportan estos adeptos recién convertidos, quienes se oponen a los Alíes.

Bajo los Selyúcidas, Alepo añade a su Gran Mezquita un minarete cuadrado, en piedra tallada, construido en 1089 por un arquitecto local llamado Hasan ibn Mufarrag al-Sarmani. El monumento, de 46 metros de alto y 5 metros de ancho, tiene

Un minarete coronado de estalactitas
El minarete de la Gran Mezquita de Alepo, enteramente edificada en piedra, está coronada de *mukarnas*. Construido en 1089, marca la irrupción de los Selyúcidas en la región mediterránea.

Panales que revisten una cúpula
La entrada al Al-Nuri («hospital» de Nur ed-Din), en Damasco, que data de 1154, está coronada por una cúpula cuadrada de piedra, cuya superficie interna está cubierta por estalactitas geométricas. Esta técnica demuestra el virtuosismo de la estereotomía de los artesanos sirios.

cinco niveles y está adornado por arcos polilobulados. La cornisa que tiene en la parte superior, soportada por hileras de estalactitas, o *mukarnas*, está coronada por una galería desde la que el almuédano profiere su llamada a la oración.

A continuación, bajo Nur de-Din Zengi, *atabeg* de Alepo, que se apodera de Damasco en 1154, se observa un desarrollo de las estalactitas que cubren la cúpula del *maristan* (hospital) al-Nuri. Esta obra prestigiosa muestra, en efecto, los extraordinarios recursos de esta estructura en forma de «panal» que permite cubrir el intradós de las cúpulas, reforzándolas al mismo tiempo.

Desarrollo de la arquitectura militar

Si El Cairo está provisto, en 1087, bajo Badr Gamali, de una poderosa muralla de piedra, la irrupción de los Selyúcidas, y después de los cruzados, provoca una intensa actividad arquitectónica en el campo de la poliorcética y de las construcciones defensivas. Es el caso, en particular, de la formidable ciudadela que construye Saladino, a partir de 1176, al sur de El Cairo, sobre los primeros contrafuertes del Mokkatam. La empresa es enorme: constituye una ruptura con la tradición, puesto que la fortaleza se alza fuera de las aglomeraciones de Fustat y de Kahira, en un sitio escarpado que domina netamente los barrios habitados. Se compone de dos partes: el castillo, donde está estacionada la guarnición, y el palacio, donde vive el sultán, cada uno rodeado por su propia muralla. Vuelta hacia la ciudad antigua, la fortaleza presenta unas puertas de acceso impresionantes, mientras que, por el lado sur, en dirección a la montaña, ofrece una poderosa muralla jalonada por torres semicirculares, que fueron construidas, en su mayor parte, después del reinado de Saladino.

Para acabar este proyecto colosal, Saladino recurrió, por un lado a la mano de obra formada por los prisioneros de guerra cristianos, que constituían unos cuantos miles, y por otro a los materiales que ofrecían tanto las pequeñas pirámides de Gizeh como los edificios faraónicos de la región de Abusir. Una primera campaña de trabajos se terminó en 1184, según una inscripción que se refiere a la fortaleza con su muralla de 1700 metros de perímetro, englobando una superficie de 13 hectáreas. Se aplicó aquí toda la técnica militar perfeccionada en el enfrentamiento con los cruzados. La fortificación, de 3,5 metros de grosor, estaba formada por torres y casernas. La amplitud de la construcción era tal que, medio siglo después de la muerte de Saladino, las obras aún estaban en marcha.

En la parte occidental, una segunda muralla contigua estaba destinada a cobijar el palacio del que sólo quedan escasos vestigios. Dominaba el inmenso hipódromo destinado al juego del polo. Este *meïdan*, según la acepción persa, medía 600 metros de largo y 100 de ancho. Era aquí donde tenían lugar las paradas oficiales y donde las tropas del soberano hacían la instrucción. El espacio abierto que representaba este meïdan Salah ed-Din se inscribía dentro de la más pura tradición romano-bizantina y superaba las dimensiones de las plazas del Circo de Roma y del gran hipódromo de Constantinopla.

El hipódromo de Saladino
Al pie de la ciudadela de El Cairo, el sultán de Egipto ha mandado construir una gran plaza: Salah ed-Din amaba las paradas de las tropas y los partidos de polo que practicaban los Ayubíes, lo mismo que sus predecesores, los Fatimíes. (Grabado de Louis Mayer, 1802)

Las ciudadelas de Damasco y de Alepo

Treinta años después de comenzarse a construir la ciudadela de El Cairo, la ciudad de Damasco se protege igualmente con una muralla que rodea su ciudadela, obra del hermano de Saladino, que decide edificarla en 1206. Se trata de una muralla rectangular, orientada en sentido este-oeste, como el *temenos* sobre el que se eleva la cercana Gran Mezquita de los Omeyas. La obra está bordeada al norte por el río Barada, que le sirve de foso. La muralla, de 240 metros de largo aproximadamente, está flanqueada por doce torres rectangulares, construidas con gran aparejo de almohadillado. Estas torres llevan almenas salientes que dominan unas troneras. En las esquinas o en medio de las fachadas externas, estas almenas descansan sobre potentes modillones entre los cuales los defensores pueden disparar sus armas. Su estructura en saledizo, sostenida por un muro detrás del cual se protegen los defensores, es una de las principales innovaciones de la arquitectura militar de la época de las cruzadas. Las murallas están jalonadas, a lo largo de todo su perímetro, por grandes merlones horadados por troneras en forma de saeteras.

La ciudadela de Damasco
En el centro de la antigua ciudad de Damasco, la ciudadela construida en 1206 por el hermano de Saladino está formada por torres de hermoso aparejo en relieve con troneras almenadas. La cruzada obliga a la arquitectura militar a hacer unos progresos extraordinarios en el siglo XIII.

Basándose en las mismas técnicas, llevadas a una escala considerablemente mayor, y dominando un cerro natural en forma de cono truncado, allanado por la mano del hombre para formar un glacis inclinado y empedrado, la ciudadela de Alepo es una de las obras defensivas más impresionantes de todo el Próximo Oriente. Desde la Antigüedad, esta enorme loma rocosa, sobre la que se había concentrado el hábitat a lo largo de los últimos milenios antes de nuestra era, ha constituido un refugio. Pronto, toda la superficie será ocupada y la ciudad sólo podrá ensancharse hacia la planicie. En la época helenística, la acrópolis se compone de las fortificaciones, los templos y el palacio. Sobre la fortaleza romano-bizantina se elevará una plaza fuerte musulmana, construida a finales del siglo XII por el ayubí Zaher al-Ghazi, hijo de Saladino, y terminada en 1209. Más tarde, la ciudadela de Alepo será devastada por los Mongoles en 1258 y no será reconstruida hasta 1292. Arruinada de nuevo por Tamerlán, será restaurada en el siglo XVI por los Otomanos. A pesar de esto, su muralla y sus defensas subsisten esencialmente tal y como han sido concebidas en la época de los Ayubíes.

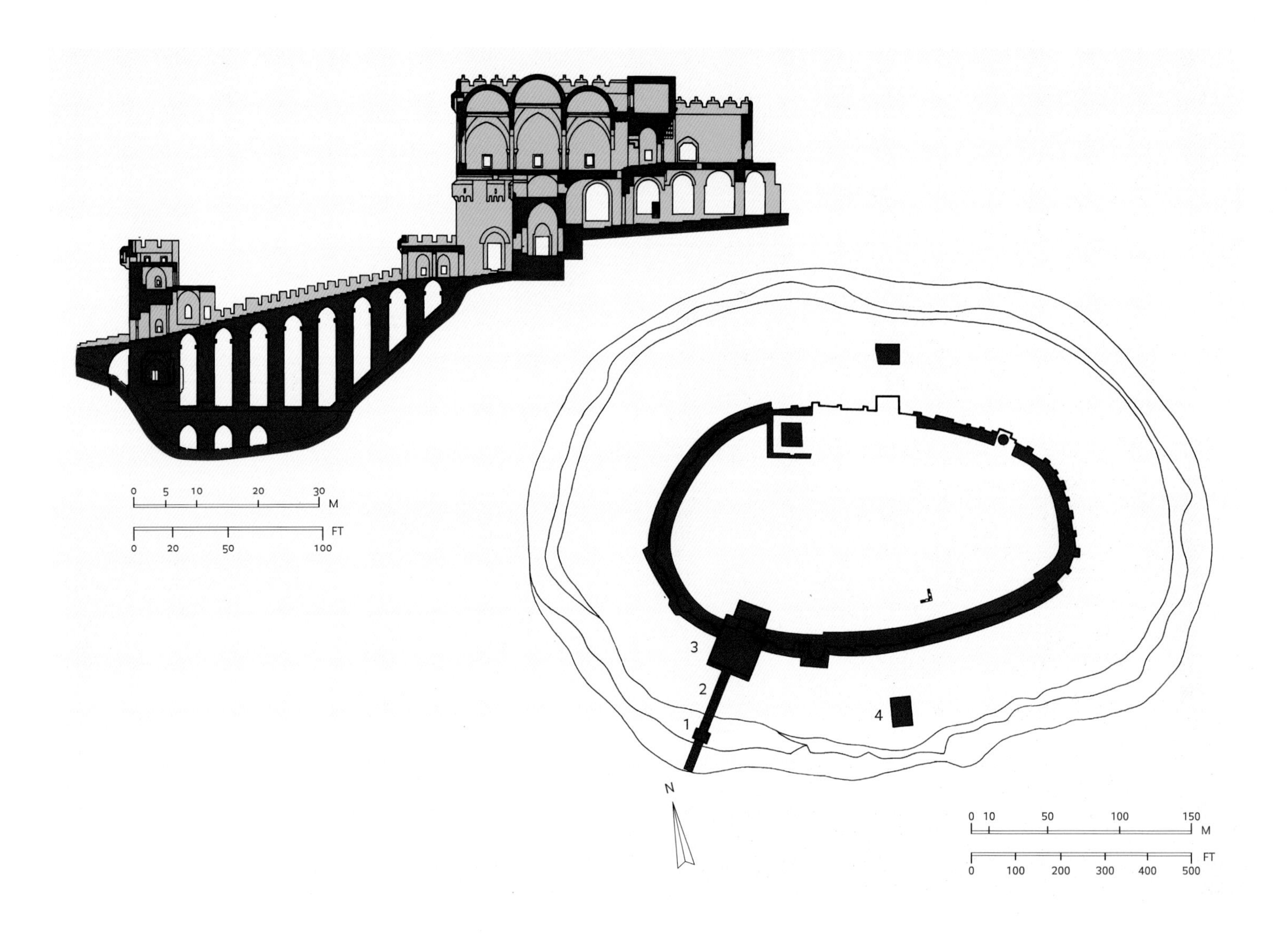

A unos cincuenta metros por encima de la ciudad de Alepo, esta acrópolis presenta en la cima una superficie plana, ovalada, de 300 metros de ancho de este a oeste y de 170 metros de norte a sur. La muralla que la rodea tiene cuarenta y dos torres cuadradas salientes. El acceso se encuentra en el flanco meridional de este conjunto, completamente aislado sobre sus glacis. Para atravesar el gran foso que rodea la construcción, y para escalar este glacis escarpado que conduce al poderoso bastión en forma de torre cuadrada que sobresale en medio de la muralla, los arquitectos han ideado un puente inclinado soportado por siete arcos altos y estrechos. Este puente une la barbacana de la entrada –que tiene la función de cabeza de puente propiamente dicha– con la enorme torre. El tablero rectilíneo, en plano inclinado, está dominado por seis baterías de troneras situadas a media altura en los muros de este bastión, en cuyo seno se abre una parte hundida que corona un arco impresionante. Es aquí donde se sitúa la entrada de la ciudadela. Bajo la bóveda que encierra nuevas baterías de troneras, la puerta se abre del lado derecho, que está en frente del escudo de los asaltantes: los guerreros lo llevan en la mano izquierda para dejar libre en sus movimientos el brazo que combate. Se trata, en efecto, de debilitar la defensa del enemigo. Este sistema de la entrada esquinada a la derecha, ya utilizado en Krak de los Caballeros, impide asimismo el recurso al ariete para abatir el batiente de la puerta. Tras ella, que tiene una barrera de hierro y un «blindaje» forjado con arte, las fuerzas que consiguen superar esos primeros obstáculos se encuentran con un pasillo cinco veces esquinado y enteramente cubierto, que escala los declives que conducen al nivel superior de la fortaleza. Este recorrido obligado, dominado por unas troneras e interrumpido por una serie de puertas, confiere al dispositivo de defensa toda su eficacia.

Alepo: una plaza «inexpugnable»
Alzado lateral de la barbacana de la entrada a la ciudadela de Alepo, que enlaza con un puente inclinado. Planta de la acrópolis fortificada, jalonada por cuarenta y dos torres y rodeada de glacis igualados manualmente:
1. Barbacana
2. Puente inclinado
3. Bastión principal con troneras
4. Casamata avanzada

Página 209
Los progresos de la poliorcética
Uniendo la barbacana con la puerta de la ciudadela de Alepo, un puente inclinado, soportado por arcadas, pone a los asaltantes a tiro desde las troneras. Esta obra, construida por un hijo de Saladino, fue acabada en 1209, y restaurada en varias ocasiones.

Una acrópolis grandiosa
Vista general de la ciudadela de Alepo y de sus glacis: una corona de torres que jalonan el lienzo de la muralla domina el cono natural que una legión de prisioneros han allanado. En primer plano, una poderosa casamata avanzada, que fue añadida en el siglo XV, permitiendo así sorprender a los asaltantes por la espalda.

Las técnicas de riego
La ciudad de Hama, sobre el curso del Oronto, ha sacado partido del río practicando unos originales métodos de riego: recurriendo a enormes ruedas de madera animadas por la corriente y provistas de cangilones, los ingenieros árabes han llegado a abastecer, a más de 10 metros de altura, a los acueductos que distribuían el agua por los campos. Esta técnica es anterior al siglo XIII, como lo atestigua una miniatura árabe de la «Historia de Bayad y Riyad», manuscrito conservado en la Biblioteca del Vaticano.

La *madraza* del Paraíso en Alepo

Cuando Saladino pone fin al anticalifato de El Cairo, en 1171, y funda un imperio que une Siria, Egipto y Arabia hasta el Yemen, consagra un regreso triunfante del sunnismo, tras el eclipse provocado por los califas fatimíes. Si los Selyúcidas eran los protectores de la ortodoxia, también los Ayubíes muestran un considerable celo por la difusión de la doctrina sunnita. Ésta es la razón por la cual emplean sus esfuerzos en la creación de numerosas *madrazas*, o escuelas coránicas.

Originaria de la Persia selyúcida, la fórmula de la *madraza* transmitía unas formas típicas de la arquitectura iraní: por una parte, el *iwan* –ese gran espacio cubierto y ampliamente abierto en la fachada– construido por lo general al borde de un patio y, por otra, las estalactitas, o *mukarnas*, que cubren bóvedas y cúpulas. Las estalactitas sirven de motivo ornamental bordeando las cornisas, subrayando los frisos, decorando los capiteles y las caídas de los arcos, etc. *Iwans* y *mukarnas* caracterizan en Persia tanto las mezquitas y *madrazas* como las posadas para las caravanas y las construcciones palatinas o los mausoleos.

Testimonio del celo de los Ayubíes por la enseñanza religiosa, la madraza Firdows, o madraza del Paraíso, al sur de la ciudad de Alepo, es levantada en 1223 por la viuda de al-Ghazi. Es un edificio macizo y rectangular que exteriormente altos muros desnudos. La construcción se inscribe dentro de un plano simétrico de 57 metros de largo por 45 metros de ancho. Está enteramente construida por un hermoso aparejo calcáreo, de hiladas regulares. Un portal lateral, coronado por una bóveda de estalactitas talladas en piedra, dan acceso a un pasillo esquinado por el cual se llega al patio central cuadrado de 22 metros de lado. En medio, hay una hermosa fuente destinada a las abluciones rituales. En tres de sus lados se desarrolla un pórtico de

El progreso de la *madraza*
La llegada de los Selyúcidas y el espaldarazo del sunnismo inducen a la creación de un nuevo tipo de arquitectura: la *madraza*, o escuela coránica. La madraza llamada «del Paraíso», o madraza Firdows, en Alepo, de 1223, tiene un aspecto austero que desmiente la estructura interna del edificio.

arcadas afiladas soportadas por columnas con capiteles decorados por *mukarnas*. El cuarto lado –al norte– está ocupado por un gran *iwan* cuadrado. Se abre mediante un gran arco, con grandes claves, de 9 metros de uno a otro lado. Es el lugar donde se enseña el Corán. Detrás de los pórticos laterales, dos salas largas con hileras de cúpulas estaban destinadas al estudio. El tercer lado, al sur, forma un espacio idéntico, pero oblongo, que sirve como lugar de oración. Esta pequeña mezquita muestra, en medio del muro de la *kibla*, un soberbio *mihrab* adornado con mármol policromado, con motivos geométricos y arcos entrelazados. En las esquinas meridionales del edificio se encuentran pequeños cuartos cuadrados. La cúpula que cubre cada uno de ellos está provista de pechinas cubiertas de estalactitas. Vista desde fuera, la madraza Firdows totaliza once cúpulas de idéntico diámetro que cubren las dos salas de estudio, la mezquita y los cuartos esquinados.

Esta hermosa *madraza* ilustra perfectamente la fusión entre las formas iraníes –*iwans* y *mukarnas*– inspiradas en las construcciones de ladrillo, y la técnica de la piedra tallada, tratada según la tradición siria que se remonta a la época romano-bizantina. Respecto al tema, evocado por su nombre, del Paraíso prometido al creyente, enlaza con la corriente ilustrada por los mosaicos de la mezquita de los Omeyas de Damasco.

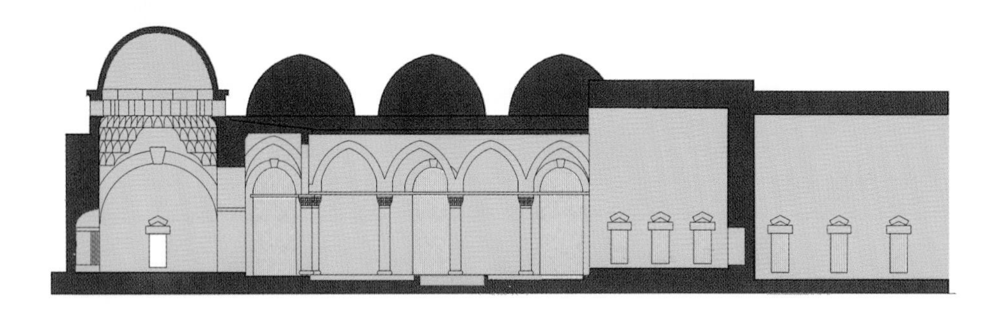

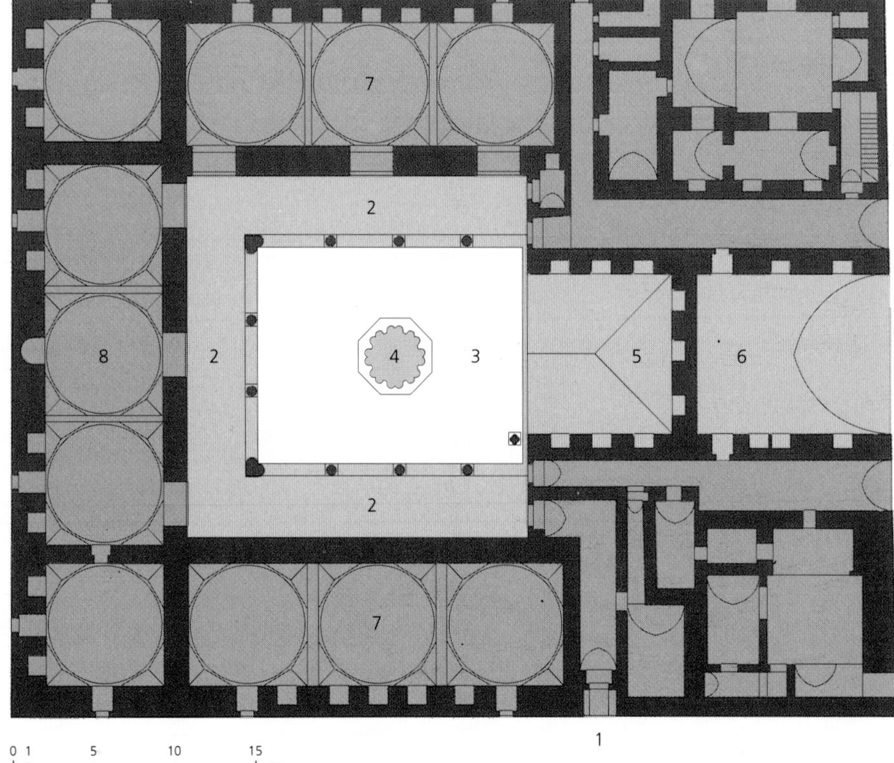

Una disposición centrípeta
Corte longitudinal y planta de la madraza Firdows, en Alepo: la construcción rectangular y simétrica está dispuesta alrededor de un patio central con pórticos, al que da un *iwan* destinado a la enseñanza.

1. Entrada principal
2. Pórticos
3. Patio
4. Fuente para las abluciones
5. *Iwan* interior
6. *Iwan* exterior
7. Dos salas laterales con hileras de cúpulas
8. Pequeña mezquita oblonga

Presencia de los *mukarnas*
Detalle de un capitel adornado por una hilera de alvéolos que forman estalactitas (*mukarnas*) en el patio de la madraza Firdows, en Alepo. La difusión de la decoración en forma de «panal» se generaliza en el mundo islámico en el siglo XIII.

Un mundo cerrado para el estudio del Corán
Delante del *iwan* con bóveda ligeramente apuntada precedido por la fuente para las abluciones, la madraza Firdows tiene sus pórticos situados alrededor de un patio revestido por un enlosado adornado con motivos geométricos.

Un *mihrab* admirable
La pequeña mezquita de la madraza Firdows, en Alepo, ofrece un soberbio *mihrab*, con molduras de admirable coherencia y rigor. Los revestimientos de mármol policromado adoptan, alrededor de la cubierta de la hornacina, unos motivos entrelazados de una gran elegancia que juegan sobre unos vigorosos contrastes de colores.

Unas fórmulas innovadoras
Por encima de la puerta de entrada de la madraza Firdows, el recurso a una decoración de estalactitas esculpidas en la piedra –fórmula que exige una notable estereotomía– permite revestir la bóveda de medio punto bajo la cual hay una inscripción.

Armonía del espacio
Las salas con filas de cúpulas que encontramos en la madraza Firdows, de Alepo, introducen una forma de cubierta innovadora que atestigua la originalidad del edificio que data de la primera mitad del siglo XIII.

Desarrollo de las estalactitas

Análisis de los «panales»
Unas estalactitas dominan la puerta de entrada a la madraza Firdows, en Alepo. Sus composiciones revelan una sabia distribución del trazado poligonal entre 16 y 32 lados (planta abajo). Los *mukarnas* no dejaron de desarrollarse en el arte islámico a partir del siglo XIII.

La técnica llamada de las estalactitas, o *mukarnas*, probablemente desarrollada en Persia, aunque tiene un precedente en el palacio de Harun al-Rasid en Raqqa, que data de finales del siglo X, en un principio se llevó a cabo en ladrillo. La encontramos en Marruecos, en 1135, en una cúpula de estuco de la Karauiyna de Fez, donde tiene una función meramente ornamental por encima de un *mihrab*. Anteriormente ha estado presente en la qubba almorávide de Ba'adiyn, en Marrakech, construida en ladrillo y que data de 1120. En cambio, en al-Nuri, de Damasco, en la mitad del siglo XII, encontramos estalactitas en piedra tallada que demuestra un extraordinario virtuosismo de la estereotomía. Y lo mismo ocurre con la madraza Firdows de Alepo, que data de 1223. A partir de aquí, las estalactitas constituirán una característica ampliamente expandida de la arquitectura islámica: se encuentran en Irán y en Irak, en España y en Marruecos, con su esquema en ladrillo cocido, así como en Turquía, El Cairo y la India, con construcción en piedra. Las estalactitas proceden de la subdivisión de las trompas esquinadas: los alvéolos en forma de triángulos esféricos que resultan de esta subdivisión revestirán los *iwans*, las cúpulas, los arcos, y, empequeñeciéndose, se transformarán en motivos decorativos omnipresentes. Aparecen sobre los capiteles y en las salas abovedadas, donde forman grandes pechinas en los ángulos de las cúpulas. Su presencia es tan constante que aparece en los materiales más diversos y tiene unas dimensiones infinitamente variables. Es un verdadero signo distintivo que traduce el «estilo» que es propio del arte musulmán medieval.

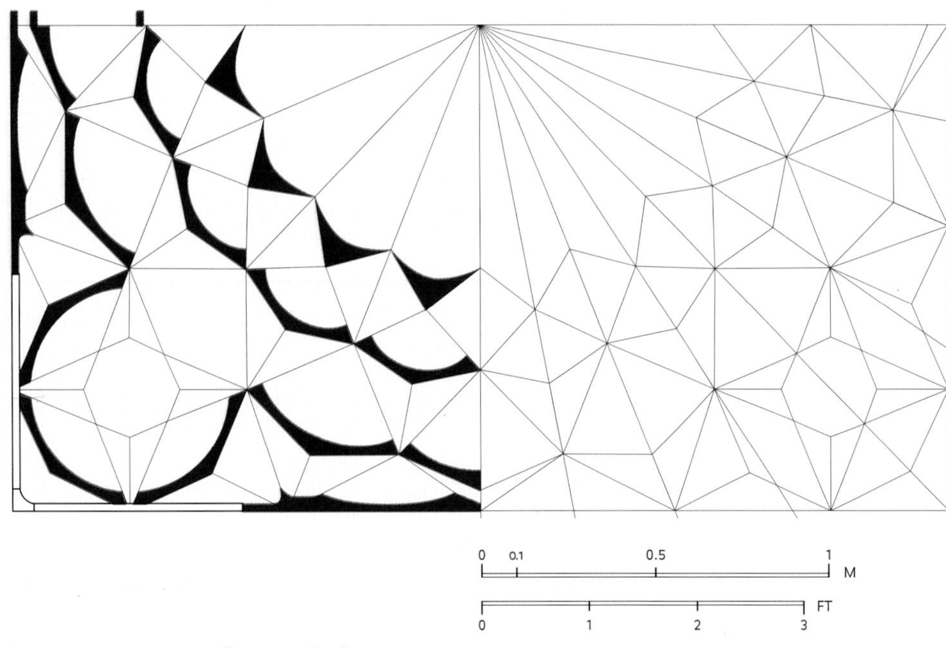

El mausoleo de Zobeïda en Bagdad
La exaltación de las fórmulas con estalactitas de ladrillo estucado aparece en la tumba-torre llamada «de Zobeïda» edificada en los alrededores de Bagdad por el califa al-Nasir a finales del siglo XII. En el interior, la cúpula, dotada de múltiples claraboyas, presenta sus diferentes niveles de alvéolos repartidos sobre un trazado en forma de estrella de 32 lados.

Cúpula en forma de pan de azúcar
Visto desde el exterior, el edificio octogonal del mausoleo llamado «de Zobeïda», cerca de Bagdad, está coronado por una curiosa cubierta cónica con nueve filas de cascarones salientes. El monumento funerario se alza en medio de las tumbas de un cementerio popular.

Los últimos edificios abasíes de Bagdad

Así como en la Siria ayubí se percibe el eco de las formas iraníes, del mismo modo los últimos edificios construidos bajo los califas de la prestigiosa dinastía de los Abasíes –que ya sólo ejercen un poder nominal y religioso– reflejan la influencia de Persia. Desde que los emires Buyid han puesto a los califas abasíes bajo su protección, el sello iraní se ha impuesto en Bagdad. Sin embargo, cuando los Selyúcidas «iranizados» se apoderan de la capital de los Abasíes en 1055, Togrul Begh, en defensa del sunnismo recibe del califa el título de Sultán y soberano de Oriente y Occidente. Estos Turcos rápidamente cultivados –asimilan la herencia de Persia bajo el reinado de Malik Shah en Isfahan (1072–1092) y de su visir iraní Nizam al-Mulk– consiguen promover el arte persa que llevan a un notable apogeo.

Los arquitectos de Persia son ya en todas partes los propagadores de la *madraza*, edificio destinado a la formación de teólogos y juristas. Difunden también los sistemas decorativos basados en las estalactitas e imponen la arquitectura de ladrillo que ellos mismos han adoptado para que sus obras resistan mejor a los seísmos frecuentes en la región de las altiplanicies.

Un siglo más tarde, gracias al debilitamiento de los Selyúcidas en tiempos de al-Nasir al-Din Allah (1180–1225) el califato vuelve a encontrar pronto su capacidad creadora. Este soberano construye en Bagdad unos edificios según el espíritu persa que constituyen el canto del cisne de los «pequeños Abasíes», cuyos reinados caracterizan el fin de la dinastía. Su último representante, al-Motasim (1242–1258), va a caer pronto bajo las armas de los Mongoles, quienes lo ejecutarán sin piedad.

Hay un ejemplo interesante que atestigua la impronta iraní en Irak: la cúpula con *mukarna* del curioso mausoleo de Sitta Zobeïda, construido por el califa al-Nasir, en memoria de la esposa de Harun al-Rasid (siglo VIII). Esta tumba se inspira en la del Imam Dur, que data de 1085, aunque su alta cúpula de nueve niveles de estalactitas no descansa sobre una base cuadrada como la de su modelo, sino sobre un octógono. La obra representa sin lugar a dudas una considerable demostración técnica, con sus sucesivas subdivisiones de alvéolos que se multiplican para formar, a media altura, una estrella de treinta y dos lados. Por encima, una apretada red de alvéolos, en la que se abren pequeñas lunetas para la iluminación (similares a las de las salas de *hammam*), confiere una atmósfera misteriosa a este espacio interno.

Sucesor de este soberano, el califa al-Mustanzir (1226–1242) manda edificar la madraza llamada Mustansiriya de Bagdad. Es un edificio oblongo (unos 100 metros de ancho por 50), con un gran patio (63 x 28 metros) en doble simetría axial subrayada por cuatro *iwans* situados de manera que se correspondan de dos en dos alrededor de un estanque central para las abluciones. Uno de estos *iwans* se sitúa detrás de un gran portal de entrada, a la manera de los *pishtak* de Irán. Otros dos, sobre los lados estrechos del patio, abren sus altas bóvedas afiladas en el seno del majestuoso marco que subraya su presencia. El último, de cara a la entrada, tiene el aspecto de una sala oblonga, con tres entradas, que hace la función de *haram*, o lugar de oración, donde se encuentra un *mihrab*.

Alrededor del patio se despliegan, sobre dos niveles, las arcadas detrás de las cuales se sitúan las celdas de los maestros y de sus alumnos. Hay unas sesenta habitaciones señaladas por hermosos arcos cuyos tímpanos están adornados por delicados motivos geométricos, obtenidos por una especie de mosaico de ladrillo que une unas formas de estrellas y unos sistemas lineales recurrentes. Estos arcos son típicos de Persia, con su trazado de cuatro puntos focales, con dos contrafuertes ligeramente salientes y dos arcos rampantes más empinados. Todo, por otra parte, en este edificio tan esmeradamente aparejado en ladrillo, evoca el arte persa.

Lo mismo ocurre con la Qala, o Palacio de los Abasíes, construida por al-Nasir o por al-Zahir antes de la mitad del siglo XIII, una parte de la cual ha sido reconstruida para devolver al conjunto su unidad. La extraordinaria restauración llevada a cabo permite captar el aspecto original de esta construcción de ladrillo con un patio central polari-

La función de los *iwans* axiales
Centrados alrededor de las grandes hornacinas de los *iwans*, enriquecidos por altos recuadros ornamentales, los dos niveles de celdas de la madraza Mustansiriya, en Bagdad, se reflejan en el estanque destinado a las purificaciones rituales.

La *madraza* con patio
La planta oblonga de la madraza Mustansiriya, en Bagdad, con su patio central y su estanque para las abluciones, demuestra la influencia de Persia. Todo el espacio está regido por el sistema ortogonal de los dos ejes que pasan por los cuatro *iwans* que ocupan cada uno el centro de las fachadas que dan al patio.

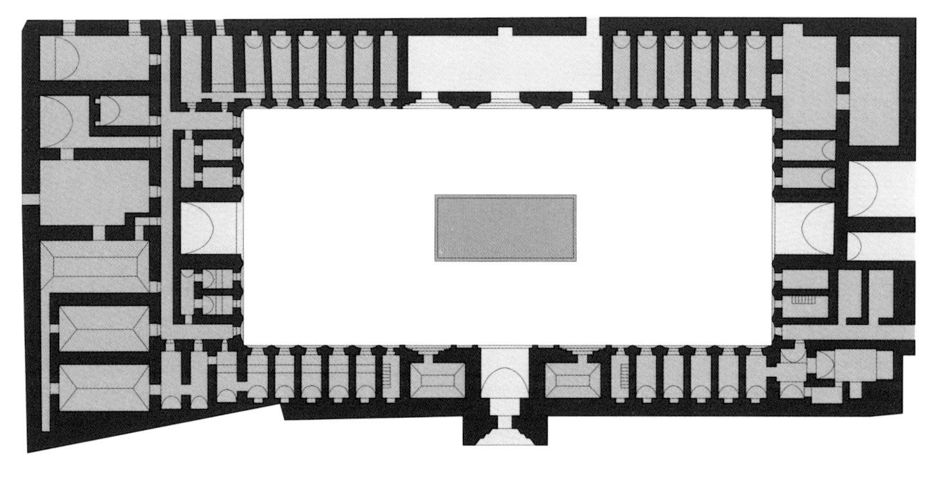

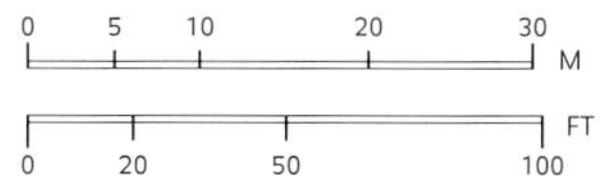

Las formas de expresión del ladrillo
Tanto los *iwans* como los recuadros ornamentales que ritman las fachadas que dan al patio de la Mustansiriya ilustran el desarrollo al que ha llegado la decoración de ladrillo cocido que preside la arquitectura que marca el fin del califato de Bagdad. En realidad, el declive político de los Abasíes va acompañado por una clara renovación estética, llevada a cabo bajo la influencia de Persia.

Un derroche decorativo
La imaginación de los constructores musulmanes da rienda suelta a los enrejados ornamentales de ladrillo, en los motivos siempre variados que cubren las fachadas de la Mustansiriya de Bagdad. Estos esquemas, que tienen como base el octógono, el hexágono o los sistemas estrellados, se basan en un conocimiento profundo de las estructuras geométricas. Los creadores encuentran una infinidad de motivos abstractos para animar las superficies.

Un puente sobre un brazo del Tigris
En la entrada de Bagdad, el Puente abasí es un interesante vestigio de la capital de los califas: entre sus grandes arcos, las aberturas hechas en las mochetas del tablero y la franja con epígrafe que bordea el parapeto son lo único que emerge de las arenas que fueron enterrando cada vez más esta soberbia construcción en el siglo XIII.

zado por dos *iwans* axiales. Está rodeada por una galería que da acceso a unas habitaciones exiguas: en realidad, la observación de la planta demuestra que, a pesar de su nombre pomposo, se trata de una *madraza* más que de un palacio. Esta escuela de 42 x 60 metros aproximadamente presenta, como la Mustansiriya, dos niveles de arcadas detrás de las cuales se sitúan las habitaciones de los maestros y de los estudiantes. Este tipo de planta con patio central de origen persa está totalmente basada en una organización centrípeta: a ejemplo de las mezquitas rodeadas de pórticos, está de espaldas a la calle, y sus fachadas dan al patio. Por eso la decoración se concentra en esta zona más que en la parte externa de la construcción.

La particularidad ornamental de este edificio (que muestra grandes analogías con la Mustansiriya) reside en la galería inferior, que está cubierta de estalactitas, cuyos alvéolos y triángulos cóncavos forman unas cascadas petrificadas detrás de los arcos con molduras en bocel. Esta fórmula tan original demuestra que se está generalizando un sistema que, precisamente aquí, estaba reservado a los elementos más sagrados de los edificios (*mihrab*, *iwan*) o a las estructuras portantes (galerías en saledizo de los minaretes).

Con este arte que florece en la Bagdad de los últimos Abasíes, se constata no solamente el vigor de la marca persa, sino también la renovación y prolijidad del estilo elaborado antes de la mitad del siglo XIII. Es el auge que conocerá la arquitectura árabe tras la caída de los Abasíes, con las obras maestras de los Mamelucos de El Cairo (1250–1517), los Meriníes de Marruecos (1248–1465) y los Nasríes de Granada (1237–1492), autores de la incomparable Alhambra.

Una puerta fortificada de la capital
La Bab al-Wastani de Bagdad sólo es accesible a través del puente echado sobre los fosos de la ciudad. Los lados del tablero están defendidos por un adarve de dos niveles de saeteras, la una cubierta, situada detrás de una serie de arcos apuntados, la otra a lo largo de una fila de merlones formados por troneras con alféizares de diferente orientación.

Un sistema defensivo eficaz
La puerta de Bagdad llamada Bab al-Wastani, que data de la primera mitad del siglo XIII, es un vestigio de la muralla de la Bagdad abasí, edificada durante el último siglo antes de la irrupción de los Mongoles. Esta construcción se inscribe dentro de un bastión circular con patio octogonal rodeado por un foso que es atravesado por un puente.

El Palacio de los Abasíes en Bagdad
Este nombre pomposo indica, en realidad, una *madraza* de ladrillo a dos niveles de arcadas, que data de la primera mitad del siglo XIII. El patio central, que tiene una fuente de mármol, está dotado de un gran *iwan* axial.

Conocida bajo el nombre de Kalah
Esta *madraza* bautizada «Palacio de los Abasíes» ofrece unas arcadas bordeadas de boceles que subrayan sus arcos apuntados (abajo). Los tímpanos que dominan los vanos están adornados con enrejados en relieve, y las hornacinas están revestidas por grandes estalactitas con alvéolos regularmente superpuestos en tresbolillos. El sistema de los *mukarnas* se desarrolla con lógica alrededor de la cubierta en semi-cúpula del *iwan* principal (al lado).

Conclusión

La creación de nuevos espacios

Al final de este repaso de seis siglos de arquitectura árabo-musulmana, podemos constatar que el Corán ha dotado a todo un pueblo de una dinámica irresistible que conduce al establecimiento de grandes imperios -omeyas y abasíes- que han revolucionado la faz del mundo. El arte islámico se basa en un principio en las herencias de Bizancio y de Persia, para crear extraordinarias obras de arte, afirmando siempre sus características a través de los espacios hipóstilos de las mezquitas. Es aquí donde los creyentes se reúnen y adoptan, para la plegaria ritual, una disposición «topológica» en el sentido de la anchura, lo que da origen a la sala oblonga y horizontal.

En el campo de la arquitectura civil, la concepción se inscribe dentro de la continuidad de las construcciones palatinas romanas y sasánidas, dirigidas por un ceremonial áulico complejo, cuyos legados asumen los soberanos, enriqueciéndolos con numerosas innovaciones técnicas. En tiempos de los Omeyas, el centro donde el califa ejerce su poder sustituye a los «castillos» imperiales de la Antigüedad Tardía, con sus patios y su *aula regia*. Las fórmulas que se imponen en la planificación de los grandes palacios abasíes de Samarra son análogas a las que se habían extendido en Ctesifonte bajo los Reyes de reyes de Persia. Pero el tamaño considerable de las residencias de los Príncipes musulmanes, concebidas como ciudades fortificadas, introduce en las formas de expresión árabes la planta ortogonal de los jardines emblemáticos en *tchahar bagh* de Irán.

Durante los primeros siglos del Islam, la decoración es ampliamente tributaria, en Occidente, de las formas y técnicas procedentes de Constantinopla: mosaicos con fondo de oro, revestimientos de mármol policromado, bronces, etc. Unos acuerdos entre califas y *basileïs* permiten una estrecha colaboración artística que produce obras de gran interés.

A partir del siglo XI, las construcciones iraníes extienden sobre amplias regiones islámicas sus alzados y fórmulas procedentes de Persia: es el caso de la *madraza*, escuela coránica cuya concepción deriva de la mezquita persa, y de su órgano característico: el *iwan* que se abre ampliamente sobre el patio. Asimismo, las estalactitas o *mukarnas* -que en un principio eran un elemento estructural- se van transformando en un sistema decorativo. Estos alvéolos en forma de «panal» empiezan a constituir un motivo recurrente del arte musulmán, lo mismo que el arco de herradura se convierte en signo distintivo.

A pesar de que el Corán no menciona una prohibición de la imagen figurativa, el respeto -generalmente observado en los edificios religiosos- del segundo Mandamiento del Decálogo provocó un desarrollo considerable de la ornamentación abstracta y geométrica. En este campo, los artistas musulmanes, transidos de geometría y de trazados recurrentes, dieron prueba de una extraordinaria imaginación que consiguió expresarse en el embaldosado del suelo, los paramentos de mármol, los estucos modelados y sobre todo la decoración de los *mihrab*. Las cúpulas son muchas veces la expresión de un gran virtuosismo tanto tecnológico como decorativo, en el que intervienen unos juegos de estrellas formados por trazados de 4, 5, 6, 8, 12 y 16 puntas que los artesanos saben combinar con rara maestría.

La explosión de los *mukarnas*
Erigida en 1258 en la sala hipóstila de la Gran Mezquita de Córdoba, la Capilla Real, convertida en sala funeraria en el siglo XIV, es contemporánea de la caída de Bagdad ante los Mongoles. Se trata de una obra de estilo mudéjar, construida por artistas moros a petición de Alfonso X. Esta construcción, que resume los avances técnicos y estéticos de la arquitectura islámica a mediados del siglo XIII, se caracteriza por sus arcos festoneados que se entrecruzan y por sus delicados motivos de estalactitas que revisten con sus alvéolos la superficie abovedada.

Todos estos caracteres específicos del arte del Islam seguirán desarrollándose en el mundo árabe tras la caída del califato abasí del siglo XIII, y extendiéndose en las construcciones de Persia, de Turquía y de la India. Se trata por tanto de un lenguaje que es propio de la arquitectura islámica nacida en tiempos de los Omeyas y de los Abasíes, en un área inmensa que va desde las orillas del Atlántico hasta los confines del golfo Pérsico. En ella se han creado nuevos espacios, unos órganos concretos y un sistema ornamental original que hizo de la época del Islam clásico un tiempo de profunda renovación de las formas estéticas.

Tabla Cronológica

La Cúpula de la Roca en Jerusalén conmemora el «viaje nocturno»

La Kaaba, en La Meca, centro espiritual del mundo islámico.

Monumentos

Desde los orígenes hasta el 632

s. II a. J.C.
Templo de Huqqa, Sur de Arabia, edificio con patio, sala oblonga

s. III d. J.C.
2a Sinagoga de Dura Europos, púlpito y hornacina en Thora anuncian el *minbar* y el *mihrab*

después del 622
Lugar de oración en la casa de Mahoma en Medina: *kibla* orientada hacia Jerusalén

630 Orientación de la *kibla* hacia la Kaaba en la casa de Mahoma

632-700
Desde los califas de Medina hasta los Omeyas

638 Primera mezquita de Kufa
642 Fundación de Fostat por el general Amr ibn el-Ass
670 Reconstrucción de la mezquita de Kufa
687-692 Construcción de la Cúpula de la Roca en Jerusalén

Acontecimientos históricos

Desde los orígenes hasta el 632

570 Nacimiento de Mahoma en La Meca
591 Llegada de Cosroes II, rey de los Sasánidas hacia el 595
595 Mahoma se casa por primera vez
610 Heraclio, emperador en Constantinopla
610 Mahoma oye la llamada a «recitar»
614 Jerusalén tomada por los Sasánidas
622 Emigración de Mahoma y de sus fieles a Yathrib, que se convierte en Medina (Medinat al-Nébi): comienzo de la era islámica, la hégira
624 Ruptura con el judaísmo
626 Constantinopla asediada por los Sasánidas, los Eslavos y los Ávaros
627 Heraclio toma Ctesifonte
629 Peregrinación de Mahoma a La Meca
632 Muerte de Mahoma en Medina

El almuédano llama a la oración en la Kaaba («Siyer i-Nebi)

632-700
Desde los califas de Medina hasta los Omeyas

632-634 Abu Bakr sucede a Mahoma
634-644 Omar, califa de Medina
634 Inicio de la expansión árabe: Palestina y Siria conquistadas
635 Los árabes cruzan el Éufrates
636 Heraclio vencido en el Yarmuk
640 Invasión de Egipto
641 Toma de Nínive y de Armenia
642 Victoria de Nihavend, ataque a Persia
644-656 Othman califa
644 Persia es sometida
647 Toma de la Tripolitania, razia contra la Berbería
656 Othman asesinado: Alí nombrado califa
660 Moawiya Califa en Damasco: dinastía de los Omeyas
661 Asesinato de Alí
670 Anexión de Túnez
671 Es atravesado el Oxus
673-678 Asedio de Constantinopla
680-683 Califato de Yazid I en Damasco
680 Asesinato de al-Husayn en Kerbala
683-693 Un anticalifato en La Meca
693 La Kaaba incendiada, el anti-califa ejecutado

El patio de la Gran Mezquita de los Omeyas de Damasco

706 Decisión de construir la Gran Mezquita de los Omeyas en Damasco
707 Mezquita al-Aksa, en Jerusalén
Gran Mezquita de Damasco
Gran Mezquita de Medina
710 Palacio de Kasr Kharana
711 Palacio de Kusayr Amra
714-715 Construcción de la ciudad de Andjar
hacia 730 Palacio de Mshatta
hacia 735 Palacio de Khirbet al-Mafdjar

700-750
Los Omeyas (continuación)

705-715 Califato de al-Walid en Damasco
714 Sumisión de España
724-743 Califato de Hisham
744 Califato de Yazid III
744-750 Califato de Marwan II
Insurrecciones alíes en el Khorasan
750 Derrota de Marwan II: fin del califato de los Omeyas de Damasco

La sala de oración con columnas de la Gran Mezquita de Damasco

785 Mezquita de Córdoba: inicio de la construcción bajo Abd er-Raman
832-848 1ª ampliación bajo Adb er-Raman II
929-961 2ª ampliación: *mihrab*, cúpula con nervaduras y arcadas entrecruzadas; mosaicos
936-961 Construcción de la ciudad-palacio de Medina Azahara
hacia 950 Fortaleza de Gormaz (Soria)
961-976 3ª ampliación de la mezquita de Córdoba bajo al-Hakam II
987 Última ampliación de la mezquita de Córdoba, bajo al-Mansur
999 Mezquita de Bib Mardum en Toledo

755-1031
Los Omeyas de al-Andalus

711 Bereberes y Árabes en España
712 Toma de Toledo
714 La España sometida: Abd el-Aziz gobernador
755-788 Abd er-Rahman I, emir omeya de Córdoba
788-796 Hisham I, emir de Córdoba
796-822 Al-Hakam, emir de Córdoba
822-852 Abd er-Rahman II, emir de Córdoba
912-961 Abd er-Rahman III se proclama califa de al-Andalus en Córdoba en el 929
961-976 Al-Hakam II, califa de Córdoba
976-1009 Hisham II, califa de Córdoba
Desmembramiento del poder en España
1031 Fin del califato de Córdoba

La sala hipóstila con 600 columnas de la mezquita de Córdoba

Pórtico que da al patio de la mezquita del castillo de Ukhaïdir

750 Kufa, capital provisional
762 Construcción de la «Ciudad Redonda» de Bagdad, con palacio y mezquita
772 Raqqa: Puerta decorada con estalactitas
778 Palacio principesco abasí de Ukhaïdir
836 Fundación de Samarra
Palacio de Djawsak Khakani en Samarra
847-861 Abu Dolaf y su mezquita
848 Gran Mezquita de Samarra
850 Palacio de Balkuwara en Samarra
859-861 Abu Dulaf, mezquita de Samarra
862 Mausoleo de Kubbat al-Sulaïbiya en Samarra: primera tumba islámica
883-892 Samarra deja de ser capital

750-945
Los grandes Abasíes

750-945 La dinastía de los grandes Abasíes
750-754 Califato de al-Saggah en Kufa
751 Los Árabes vencen a los chinos en Talas
754-775 Califato de al-Mansur en Bagdad
786-809 Harun al-Rasid, califa de Bagdad
800 Emancipación de hecho de la Ifrigiyya
813-833 Al-Mamun, califa
813-817 El califa al-Mamun reside en Marw
830 El Khorasan de los Tahiríes se proclama independiente
833-842 Al-Motasim, califa de Samarra
847-861 Al-Motawakkil, califa de Samarra
868 Ibn Tulun dirige un Egipto independiente
870-892 Al-Motamid, califa de Samarra y más tarde de Bagdad
883 (892) Abandono de Samarra como capital
908-932 Al-Moktadir, califa en Bagdad
A partir del 945 Los califas bajo la tutela de los emires buyíes

642, 711, 750, 791
Diversas fases de la construcción de la mezquita de Amr ibn al-Ass en Fostat
827 La mezquita de Amr alcanza sus dimensiones definitivas
861 Construcción del Nilómetro de Rodas
876-879 Mezquita de ibn Tulun en Fostat
969 Fundación de al-Kahira por los Fatimíes
970 Mezquita al-Azhar en El Cairo
990-1013 Mezquita al-Hakim en El Cairo
1030-1050 Mausoleo fatimí de Asuán
1087-1091 Murallas y puertas de El Cairo
1125 Mezquita al-Akmar en El Cairo
1160 Mezquita Salih Talaï en El Cairo
1176-1184 Ciudadela de Saladino en El Cairo

800-1250
El Egipto tuluní y fatimí

868 Ibn Tulun reina en Egipto
868-905 Dinastía de los Tuluníes de Egipto
905 Bagdad reconquista Egipto
953-975 al-Muizz, califa fatimí
969 Los Fatimíes en Egipto
970 Los Fatimíes en Damasco
973 El Cairo, capital de los Fatimíes
975-996 Al-Aziz, califa fatimí en El Cairo
996-1021 Al-Hakim, califa fatimí
1009 Destrucción del Santo Sepulcro
1021-1036 Al-Zahir, califa fatimí
1036-1094 Al-Mostanzir, califa fatimí
1171-1193 Saladino, sultán de Egipto y Siria
1171-1250 Dinastía de los Ayubíes

La mezquita al-Azhar fundada por los Fatimíes de El Cairo

Fortaleza que guarda la entrada de la ciudadela de Alepo

1089 Minarete de la Gran Mezquita de Alepo
1154 Al-Nuri en Damasco
Finales del s. XII-1209
Ciudadela de Alepo
1206 Ciudadela de Damasco
1223 Madraza Firdows de Alepo

1078-1258
La Siria selyúcida y ayubí

1078 Los Selyúcidas en Damasco
1079 Los Selyúcidas en Jerusalén
1099 Los cruzados toman Jerusalén
1169-1250 Los Ayubíes en Siria y más tarde en Egipto
1171 Sala ed-Din (Saladino), sultán
1187 Victoria de Hattin sobre los cruzados
1191 Toma de San Juan de Acre por los cruzados
1196 Malik al-Adlil reconquista Jerusalén
1204 Jerusalén en manos de los Árabes
1229-1244 Tratado de Jaffa: Jerusalén devuelta a Federico II:
los Santos Lugares compartidos

Sistema defensivo sobre el patio de la mezquita de Susa

796 Ribat de Monastir
Finales s. VIII, 821
Ribat de Susa
836, 862, 875
Diversas fases de la construcción de la Gran Mezquita de Kairuán
851 Mezquita de Susa
860 Estanques llamados «de los Aglabíes» en Kairuán
La Sicilia Normanda:
1160 San Cataldo, en Palermo
1185 Palacio de la Ziza, en Palermo

632-1200
La Ifrigiyya y Sicilia

647 Los primeros escuadrones árabes llegan a Túnez, o Ifrigiyya
670 Anexión de Túnez: fundación de la ciudad de Kairuán
682 Derrota árabe en Biskra
698 Expedición contra Cartago
702 Derrota de la Kahina y fin de la resistencia berebere
745 Los Kharidjíes en Kairuán
800 La Ifrigiyya aglabí se hace semi-independiente de los Abasíes de Bagdad
800-812 Ibrahim ibn al-Aghlab
817-838 Ziyadet Allah I
827 Los Aglabíes se adueñan de Sicilia
900-934 Al-Mahdi (Obayd Allah) difunde las tesis fatimíes (chiítas)
910 Llegada de los califas fatimíes a Ifrigiyya
953-975 El califa al-Muizz: deja Kairuán y se establece en Egipto a partir de 972-973

Patio de la Madrasa al-Firdaus en Alepo

Salón con estanque del palacio de la Aljafería en Zaragoza

Decoración en ladrillo de la madraza Mustansiriya en Bagdad

857, 912, 933 Fundación y construcción de la mezquita de la Karawiyina, en Fez
1070 Fundación de Marrakech por los Almorávides
1120 La qubba de Baadiyn, en Marrakech
1135 La Karawiyina de Fez reconstruida
1147 Marrakech destruida por los Almohades
1147-1157 Construcción de la Kutubiya de Marrakech
1150 Fundación de Rabat, capital de los Almohades
1153 Gran Mezquita de Tinmal a partir de 1184
Muralla de Rabat
1195 Mezquita (inacabada) de Hasan en Rabat

1031-1091 Bañuelos de Granada
1046-1081 Alfajería de Zaragoza
hacia 1050 Alcazaba de Málaga (no será acabada hasta el fin de la época nasri)
1075-1085 La sinagoga llamada «Santa María la Blanca», de Toledo.
1157 Pabellones de la Alcazaba de Málaga
hacia 1200 La Torre del Oro dodecagonal de Sevilla construída por los Almohades
1258 Capilla Real, Córdoba, construcción mudéjar con estalactitas

1185 Mausoleo de Sitta Zobeïda, en Bagdad
1226 Madrasa Mustansiriya, en Bagdad
1228 Puente Abasí sobre el río Harba, en Bagdad
1230 Palacio de los Abasíes, en Bagdad

800-1258
El Magreb de los Almorávides y de los Almohades

1036-1147 Dinastía de los Almorávides
1061-1106 Yusuf ibn Tashfin, soberano almorávide en Marrakech
1086 Los Almorávides en Andalucía
1107-1143 Ali ibn Yusuf
1121-1128 Mohammed ibn Tumart al Mahdi, fundador de la doctrina almohade
1128-1163 Abd al Mumin, califa almohade
1143-1147 Tashfin ibn Ali, último de los Almorávides
1163-1184 Abu Yakub Yusuf, califa almohade
1184-1199 Abu Yusuf Yakub al-Mansur
1269 Toma de Marrakech por los Meriníes

1031-1258
La España almorávide y almohade

1031-1091 Los Reyes de Taifas
1046-108 Ahmad ibn Solimán al-Moktadir, en Zaragoza
1070-1146 Los Almorávides en España
1147 Los Almohades desembarcan en España
Conquista de al-Andalus por los Almohades
1184-1199 Abu Yakub Yusuf proclamado califa de Sevilla
1181-1213 Abu Abdallah Mohammed, conquista las Baleares
1212 Es derrotado en la batalla de Las Navas de Tolosa

932-1258
Los últimos Abasíes de Bagdad

945-1055 Los emires buyíes ponen al califa bajo su protección
946-974 Al-Motil, califa
1055 Los Selyúcidas toman Bagdad
1094-1118 Al-Mustazhir, califa
1180-1225 Al-Nasir al-Din Allah, califa
1226-1242 Al-Mustanzir, califa
1242-1258 Al-Motasim, último califa abasí
Los Mongoles ejecutan al califa

Cúpula con estalactitas en Qubba Barudiyin en Marraquech

Tumba con cúpula llamada «de Sitta Zobeïda» en Bagdad

Glosario

Abasíes: segunda dinastía de los califas del Islam que, en el 750, sucede a los Omeyas de Damasco. Tras asentarse provisionalmente en Kufa, funda su capital en Bagdad, más tarde en Samarra, para volver después a Bagdad. La ejecución del último califa abasí por los Mongoles, en 1258, pone fin a un período brillante del poder musulmán. Distinguimos, hasta la mitad del siglo X, a los Grandes Abasíes de sus sucesores que sólo dispondrán de una autoridad nominal.

Ablak: sistema decorativo basado en la alternancia de hiladas o claves negras y blancas, u oscuras y claras.

Abluciones: en el marco de las cinco plegarias diarias prescritas por el Corán, las abluciones forman parte de las medidas de purificación ritual que tienen que preceder a la participación en el recogimiento y en la prosternación.

Abrahán: personaje venerado en la Tora y en la Biblia como patriarca de los Hebreos, pasa por ser el padre de los pueblos judío y árabe gracias a sus hijos Isaac e Ismael. Para los musulmanes, es «el amigo de Dios» y habría fundado la Kaaba de La Meca. Es venerado también en el Monte Moria –explanada del Templo, en Jerusalén– donde habría tenido lugar la intervención divina, cuando se disponía a sacrificar a su hijo Isaac.

Abu Bakr: suegro del Profeta, es el primero en convertirse en Califa tras la muerte de Mahoma, y reina desde el 632 hasta el 634.

Aglabíes: dinastía árabe del Norte de África (Ifrigiyya), cuyos gobernadores semi-independientes de Bagdad reinan entre el 800 y el 909 en Túnez, Sicilia y Malta. Kairuán es entonces una capital brillante.

Alfiz: recuadro rectangular, ligeramente en relieve, que envuelve un arco de herradura en un edificio islámico (o influenciado por el arte musulmán).

Alí: primo de Mahoma, se casa con Fátima, la hija del Profeta. Será el cuarto califa, pero la competición con Moawiya, gobernador de Siria, acabará en un cisma entre musulmanes sunnitas y chiítas. Moawiya funda la dinastía de los Omeyas de Damasco y Alí morirá asesinado en Kufa, en el 661.

Alíes: los descendientes de Alí y de Fátima, la hija del Profeta, así como de al-Husayn, segundo hijo de Alí. Más tarde, los partidarios de Alí, que forman la rama chiíta del Islam, reivindican el poder en nombre de una sucesión prometida a los descendientes directos del Profeta.

Almohades: del árabe *al-Mowahhidun*, partidario de la Unidad, según la doctrina de Mohammed ibn Tumart, que profesa la unidad de Dios. Los Almohades, dinastía berebere que sucede a los Almorávides, reinan en el Magreb y en España entre 1130 y 1269, con Marrakech por capital.

Almorávides: del árabe *al-Morabitun*, orden de monjes guerreros. Dinastía de Bereberes saharianos, fundada por Yusuf ibn Tashfin, que reina entre 1061 y 1106 en Marruecos y en el Magreb, más tarde en Andalucía (1086). Predican un respeto escrupuloso de las reglas coránicas.

Almuédano: personaje, en la religión musulmana, que está encargado de llamar a los fieles a la oración. Profiere su llamada modulada desde lo alto del minarete. Según la tradición, el primer almuédano, compañero del Profeta, habría sido un negro llamado Bilal.

Alvéolos: elementos constitutivos de la estructura llamada en «panal» que forma las estalactitas. Derivando de la subdivisión de las pechinas esquinadas en triángulos esféricos, situadas en saliente las unas sobre las otras, los alvéolos pierden progresivamente su carácter estructural para constituir simplemente un aspecto ornamental.

Andalus, al-: el término árabe *al-Andalus*, que designa Andalucía, se aplica a toda la España musulmana. Este nombre deriva de «Vandalusía», o país de los Vándalos, nombre que subsiste tras la marcha de la tribu de los invasores bárbaros que ocupó el país antes de pasar al Norte de África, en el 429 de nuestra era.

Arco: heredero de las arquitecturas romana y bizantina, o bien visigótica, el arte de construir del Islam recurre ampliamente a las técnicas del arco, de la bóveda y de la cúpula. El arco está hecho por medio de claves.

Arcada: elemento arquitectónico formado por arcos que coronan una serie de pilares o columnas para formar un sistema portante rectilíneo o circular. La arcada puede constituir un pórtico.

Arco de herradura: V. herradura.

Arco polilobulado: V. polilobulado.

Arte figurativo: la prohibición de la pintura realista, y más aún de la escultura figurativa, ampliamente extendida en el Islam, no procede de una prescripción del Corán, sino de un estricto respeto del segundo Mandamiento del Decálogo. Se aplica esencialmente a las obras y monumentos religiosos, mientras que el arte de la Corte y los edificios civiles hacen excepción a este regla. El rechazo del arte figurativo ha conducido el mundo musulmán a explorar unos sistemas geométricos complejos (lacerías, ritmos estrellados, arabescos, etc.).

Astrolabio: mecanismo científico que constituye una representación plana de la bóveda celeste y sirve para determinar datos astronómicos, tales como la altura de los astros o las horas. Proporciona también informaciones astrológicas para establecer horóscopos.

Atabeg: título de origen turco que designa a un dignatario musulmán: se aplica en un principio al tutor de un príncipe, después a un jefe militar que detenta el poder, por ejemplo, en Damasco o en Alepo.

Aula regia: sala de ceremonia reservada al soberano.

Ayubíes: dinastía independiente fundada por el Kurdo Salah ed-Din, o Saladino. Reina entre 1171 y 1260 en Siria, la Alta Mesopotamia, Egipto y las ciudades santas de La Meca y Medina, así como en el Yemen.

Basileus, pl. basileïs: título real o imperial anterior a Alejandro, y que llevan los soberanos bizantinos, a partir del 630 de nuestra era.

Buyíes: dinastía de emires de obediencia chiíta que ocupan Bagdad en los siglos X y XI, teniendo al califa abasí bajo su protección.

Califa: jefe de la comunidad islámica que se inscribe dentro de la línea de los sucesores del Profeta. Es el «Jefe de los creyentes». El ceremonial de corte del califa se inspira en el ritual áulico tanto bizantino como sasánida.

Cardo: avenida norte-sur de una ciudad romana. En el centro de la ciudad, es cortado por el *decumanus*, que corre de este a oeste.

Cascarón: dícese de una cubierta en forma de semi-cúpula que corona una hornacina o está situada en los ángulos de una cúpula sobre pechinas.

Chiítas: adeptos de la religión musulmana que se basan en la tradición representada por Alí, esposo de Fátima, hija del Profeta, en el que ven al heredero de la autoridad califal reivindicada para los descendientes directos de Mahoma. Corriente islámica que se distingue del sunnismo ortodoxo en la función destinada al califa.

Circunvalación: práctica religiosa que consiste en dar la vuelta alrededor de un lugar sagrado como signo de veneración y de piedad. La circunvalación islámica se lleva a cabo alrededor de la Kaaba en La Meca y alrededor de la Roca del Monte Moria, en Jerusalén, así como en muchos mausoleos donde se venera a los sabios del Islam.

Claustra: cuarterón de piedra, de ladrillo o de madera calado, que delimita un espacio arquitectónico que recibe, sin embargo, luz y aire.

Corán: literalmente significa «la recitación»: es el libro sagrado del Islam. Reúne las enseñanzas de Mahoma. Las revelaciones del Profeta fueron consignadas, unos cincuenta años después de la muerte del fundador de la religión musulmana, en forma de ciento catorce suras o capítulos de longitud desigual. Su predicación es completada por los *Hadiths*, o frases del Profeta transmitidas oralmente y puestas por escrito en el siglo IX de nuestra era. Forman la *Sunna*, es decir, la tradición que permite aclarar la Ley.

Cúfico: sistema gráfico propio de la escritura árabe, que está formado por un estilo rectangular o cuadrado, supuestamente originario de Kufa. Es una escritura monumental que aparece en los albores del siglo VIII, para unas inscripciones lapidarias, y es utilizada en la época clásica (siglos IX y X) para unas copias del texto sagrado del Corán.

Decumanus: V. *cardo*.

Dikka: estrado desde lo alto del cual el oficiante dirige la oración en las grandes mezquitas. Está sobrealzado para que los participantes puedan ver los gestos que hay que hacer y sintonizar sus prosternaciones.

Diwan: término persa que indicaba en un principio los registros oficiales, después los despachos administrativos del Estado, y finalmente el Consejo del soberano. Distinguimos el *Diwan i-Am*, o Sala de Audiencias públicas del príncipe, que constituye el *aula regia*, y el *Diwan i-Khas*, o Sala de Audiencias privadas, en uso en el ceremonial áulico. El protocolo de los dos patios se encuentra incluso antes de los soberanos helenísticos; se desarrolla bajo los Romanos y se impone en la época sasánida hasta conocer formas múltiples en los patios árabes.

Djami: término árabe que significa «lo que reúne»: se aplica a la Gran Mezquita, o mezquita de congregación, llamada también mezquita del Viernes.

Djebel: término árabe del Magreb y de Oriente Próximo que indica las montañas, las cadenas montañosas.

Djihad: término árabe que indica la guerra santa. El califa, como Jefe de los creyentes, dirige la guerra santa contra aquellos que no se adhieren al Islam, o que adoptan una corriente «desviacionista». El *djihad* es concebido por el Corán como una obligación colectiva.

Duodécima: se aplica a la rama del chiísmo que venera doce *imams* depositarios de la interpretación de la doctrina y de la Ley. El doceavo *imam* está «oculto», es decir, ha desaparecido, y se espera su regreso como Mahdi, que llegará al final de los tiempos, según una creencia escatológica de origen chiíta.

Emir: título árabe (*amir*) que designa a quien detenta un mando militar y más tarde a un gobernador de provincia.

Enjuta: superficie triangular delimitada por la curva externa de un arco y su encuadre ortogonal o subsistente entre dos arcos. Esta zona es a menudo objeto de una ornamentación, en particular alrededor del *mihrab*.

Estalactitas: V. *mukarna*.

Fantasía: cabalgata que hacen unos jinetes alineados en una sola línea y situados uno al lado del otro.

Fátima: hija del Profeta Mahoma, que se casó con Alí y fue la madre de al-Husayn. Es particularmente venerada por los chiítas.

Fatimíes: dinastía chiíta ismaelita, de soberanos independientes, que toma el poder en Ifrigiyya en el 909, se establece en Egipto en el 969, y reina hasta 1171. Es una época en la que florecen las artes y las letras, así como las ciencias musulmanas.

Gasánidas: dinastía pre-islámica, cuyos príncipes son originarios del Sur de África, y que reina en la estepa siria en el siglo III d. C. Vasallos de Bizancio, adoptan el cristianismo monofisita. Su capital es Bosra.

Hammam: instalación de baños públicos o privados, concebidos sobre el modelo de las termas romanas.

Haram: espacio consagrado de la mezquita donde tiene lugar el ritual de la oración. Es esencialmente la sala de oración, pero el *haram* puede incluir toda una zona consagrada, por ejemplo la antigua explanada del Templo en el Monte Moria, que rodea la Cúpula de la Roca.

Hégira: «expatriación» de Mahoma, que deja La Meca para dirigirse a Yathrib, que se convierte en Medina (Medinat al-Nebi), la «ciudad del Profeta». El acontecimiento, que tiene lugar en el 622, marca el comienzo de la era islámica.

Herradura (arco): dícese de un arco que, por debajo de su mayor abertura, vuelve sobre sí mismo mediante una parte de círculo más o menos importante.

Hipóstila: dícese de una sala cuya cubierta está sostenida por columnas o pilares que forman naves e intercolumnios múltiples.

Husayn, al-: hijo de Alí y de Fátima, morirá asesinado en el 680 en Kerbala, y será venerado por los chiítas.

Ifrigiyya: nombre árabe (procedente del latín «Africa»), que indica los territorios del Norte de África que corresponden a la Berbería oriental, es decir, a la actual Túnez. Capital: Kairuán.

Imam: término árabe que indica en primer lugar el que dirige la plegaria ritual (literalmente: «el que se tiene delante»). Entre los chiítas, el *imam* es el jefe de la comunidad religiosa, el heredero de la tradición y el intérprete de la enseñanza del Profeta.

Imposta: en una arcada, bloque de piedra ligeramente saliente sobre el que descansa una caída de arco.

Intercolumnio: unidad espacial transversal en un espacio cubierto. El intercolumnio es opuesto a la nave, que es longitudinal. En un espacio hipóstilo, corresponde a la división entre dos filas de columnas situadas perpendicularmente al eje de penetración.

Intradós: superficie inferior curvilínea de un arco o de una bóveda.

Ismaelita: miembro de la corriente chiíta llamada «séptima», porque cuenta siete *imams*, el último de los cuales es Ismael, en oposición al chiísmo duodécimo que cuenta doce. En ambos casos, el último *imam*, que pasa por ser el *imam* «oculto», reaparecerá al final de los tiempos. La escuela ismaelita suscita el movimiento de los Fatimíes del Norte de África y de Egipto.

Iwan: espacio arquitectónico abovedado ampliamente abierto en la fachada (por lo general da a un patio). Originario de Irán, en particular en la época de los Sasánidas, el *iwan* es un elemento característico de la arquitectura islámica influenciada por Persia.

Jerusalén: la Ciudad Santa de los judíos, de los cristianos y de los musulmanes. Su nombre en árabe es al-Kods (o al-Qods). Tercero de los santos lugares del Islam, es el sitio donde está la Cúpula de la Roca, edificado sobre la roca donde, según se dice, el Profeta habría dejado la impronta de su pie durante el «viaje nocturno», llevado a cabo gracias al caballo Burak que llevó a Mahoma hasta el cielo, en la presencia de Alá; es también aquí donde se alza la venerable mezquita al-Aksa.

Kaaba: centro sagrado del Islam en La Meca, donde se venera la Piedra Negra, en el santuario que habría fundado Abrahán. Es la meta de la peregrinación instituida por el Corán, y que todo musulmán ha de cumplir una vez en la vida.

Kasr (Qasr): término árabe que indica un castillo o palacio fortificado del desierto.

Kharidjíes: nombre dado a los partidarios de Alí, que acabaron por unirse al califa Moawiya, y que forman una secta rigorista e igualitaria.

Kibla: muro de la mezquita orientado perpendicularmente a la dirección de La Meca, en el que se sitúa el *mihrab*. Durante la oración, los fieles hacen sus prosternaciones de cara a la *kibla*.

Kubbat o Qubba: edificio en forma de cúpula, y, por extensión, mausoleo islámico.

Lakmidas: dinastía de príncipes árabes pre-islámicos establecidos en el siglo IV de nuestra era en Irak, y cuyo territorio forma un Estado vasallo de los Sasánidas. Su capital, Hira, está cerca de la futura Kufa.

Llamada a la oración: el almuédano está encargado, cinco veces al día, de modular la llamada a la oración ritual de los musulmanes, tal y como prescribe Mahoma. El primer almuédano, en tiempos del Profeta, habría sido el negro Bilal. La llamada se proferirá desde lo alto de un minarete cuando el uso de estas torres se haya extendido en la arquitectura islámica.

Madraza: escuela coránica, cuyo esquema arquitectónico se inscribe dentro de la tradición de la mezquita con patio iraní, provista de *iwans*. La *madraza* se desarrolla en particular en la época de los Selyúcidas. Estos Turcos recién islamizados la difunden como instrumento de reconquista de la ortodoxia sunnita en un Islam que había pasado, en gran parte, al campo de los chiítas.

Mahdi, al-: es el *imam* oculto llamado a reaparecer al fin de los tiempos en la escatología chiíta.

Maïdan: gran plaza que tiene la función de hipódromo o de terreno de polo, donde tienen lugar las paradas y desfiles del ejército.

Maksura o maqsura: cercado que rodea la zona más sagrada de la mezquita, donde el soberano asiste a la oración. Por extensión, en un mausoleo, los *claustra* que rodean la sepultura.

Martyrium: santuario cristiano consagrado a un mártir. Desde el punto de vista arquitectónico, el martyrium se concibe generalmente como un edificio de planta centrada, coronada por una cúpula.

Mihrab: hornacina dominada por una bóveda de medio punto o pequeño espacio interno precedido por un arco, hecho en el muro de la *kibla*, formando el Sanctasanctórum de una mezquita. El *mihrab* indica la dirección de La Meca hacia la que se hacen las prosternaciones rituales de la oración islámica.

Minarete: torre desde lo alto de la cual el almuédano llama a los musulmanes a la oración.

Minbar: púlpito puesto a la derecha del *mihrab* en las mezquitas. Desde lo alto de las gradas del *minbar* el predicador se dirige a los fieles.

Miradj: V. viaje nocturno.

Mukarna o muqarna: estalactitas de carácter ornamental que decoran las cúpulas o saledizos de un edificio. Estos alvéolos, que han perdido su carácter estructural para adquirir un aspecto decorativo, constituyen un lenguaje característico de la arquitectura islámica.

Nabateos: tribu árabe preislámica que, en vísperas de nuestra era, se estableció en la región de Petra desde donde controlaba el comercio entre la India y el mundo helenístico, y después romano. La lengua nabatea es un idioma árabe con una escritura muy concreta que constituye la transición entre el alfabeto arameo y el alfabeto árabe.

Nave: en arquitectura, espacio longitudinal en un edificio cubierto, contrariamente al intercolumnio, que es una subdivisión transversal. Las naves de la mezquita con frecuencia están formadas por arcadas perpendiculares a la *kibla*.

Noria: gran rueda de madera que sirve para sacar agua a fin de regar las tierras cultivables. Puede ser movida por la corriente del río del que extrae el agua, o por la fuerza de animales, como bueyes, camellos o burros, que dan vueltas alrededor de un eje de arrastre.

Oblongo: dícese de un espacio situado en el sentido de la anchura. Sus proporciones, más anchas que profundas, son características de la sala de oración islámica original que se inspira en la organización de la casa de Mahoma en Medina.

Omeyas: dinastía árabe islámica que, en Damasco, sucede a los primeros califas de Medina. Fundada por Moawiya, en el 660, sufre una fuerte influencia bizantina. Se acaba en el 750 con el asesinato de todos los miembros de la familia, a excepción de uno solo, Abd er-Rahman, que echará raíces en Extremo Occidente, es decir, en la España recién conquistada.

Paradeîsos: término griego de origen iraní (*pairidaeza*) que en árabe se convertirá en *firdows*, que indica el jardín del Edén y la morada de los justos en el otro mundo.

Peregrinación: obligación que hace el Islam a todos los creyentes de ir al menos una vez en su vida a los santos lugares de Medina y La Meca para cumplir allí con un ritual complejo, que culmina con la circunvalación alrededor de la Piedra Negra de la Kaaba.

Pechina: término arquitectónico que indica, en un espacio cubierto por una cúpula, los triángulos curvilíneos que forman el lazo de unión entre la planta cuadrada y la base circular de la cúpula. Se distingue de la trompa.

Períbolo: área consagrada que rodea una iglesia o un templo, y que está limitada por un cercado o un muro.

Pishtak o pishtaq: término iraní que indica un gran portal en forma de *iwan* que da acceso a un monumento islámico (mezquita, *madrasa*, mausoleo).

Píxide: caja hecha de materiales preciosos que sirven, en la Antigüedad, para contener cosméticos, perfumes o joyas.

Plegaria: acto de recogimiento ritual al que están invitados los creyentes. El Corán prescribe cinco plegarias diarias que van acompañadas de recitaciones, gestos y prosternaciones.

Polilobulado (arco): indica un arco formado por una sucesión de pequeños segmentos cóncavos, o festones, de carácter decorativo.

Pórtico: estructura arquitectónica formada por elementos portantes –pilares o columnas– que constituyen un órgano continuado llamado a tener la función de soporte en la fachada o en el interior de un espacio cubierto. El pórtico puede estar formado por arquitrabes o por arcos. En este último caso, se le califica también de arcada.

Preislámico: período de la historia de la península arábiga anterior a la predicación del Profeta. A los ojos de los musulmanes, es una Era de barbarie.

Proskinesis: durante las ceremonias áulicas, prosternación delante del soberano divinizado. La proskinesis es un elemento esencial del ritual de corte entre los califas y soberanos islámicos, que han heredado de los reyes de Persia y de las costumbres de culto grecorromanas.

Qasr: V. *kasr*.

Qibla: V. *kibla*.

Qubba: V. *kubbat*.

Ribat: monasterio fortificado en las fronteras del Islam.

Sahn: patio interior de la mezquita o de la *madraza*.

Sasánidas: dinastía iraní que reina entre el 224 y el 651 d. J.C. en un imperio que va desde Mesopotamia hasta la India. Es el poder al que se enfrentan los Romanos del Bajo Imperio, y más tarde los Bizantinos. Esta dinastía se viene abajo ante el ataque de las fuerzas árabes del Islam. Sus tradiciones culturales son ampliamente retomadas bajo los califas abasíes.

Selyúcidas: dinastía de sultanes de origen turco y de obediencia sunnita, que reina en Irán e Irak en los siglos XI y XII. El primer sultán selyúcida es Togrul Begh (1038-1064). Los Selyúcidas toman Bagdad en 1055. Vencen a los Bizantinos en la batalla de Mantzikert en 1071 y penetran en Anatolia. Después de tomar Damasco y Jerusalén, respectivamente en 1078 y 1079, su jefe funda el sultanato de Rum. Conocen algunos reveses en tiempos de las cruzadas, y se afirman en el siglo XIII, a pesar de su derrota ante los Mongoles en 1243.

Sunna: teoría y práctica religiosa que rige la existencia de los musulmanes sunnitas: ética basada en el conjunto de mensajes de Mahoma, tanto si se trata del Corán como si se trata de los *Hadiths* que constituyen la Tradición.

Sunnitas: adeptos de la ortodoxia islámica que se basan en la *Sunna* y que reconocen como jefes de la comunidad musulmana a los cuatro primeros califas de Medina, y posteriormente a los Omeyas y a los Abasíes.

Tchahar bagh: expresión persa que significa «cuatro jardines». El *tchahar bagh* designa un jardín rodeado de muros, que está subdividido por un sistema de irrigación ortogonal que representa los cuatro ríos del Paraíso. Constituye una representación simbólica del jardín del Edén.

Temenos: término griego que designa un área sagrada: terreno o espacio urbano consagrado a una divinidad.

Teselas: piezas de mármol, vidrio o materiales semi-preciosos que forman parte de la composición de un mosaico.

Tirante: barra de madera o de metal situada entre las impostas de una arcada para asegurar la estabilidad y protección de una estructura arquitectónica.

Tiraz: término árabe: un taller oficial de tejido. Estas manufacturas del Estado aseguran la producción de tejidos preciosos, adornados con hilos de oro, destinados a las vestiduras para el ceremonial de la Corte.

Triconque: espacio de planta trebolada que presenta tres lóbulos, uno axial, precedido por otros dos lóbulos, uno frente al otro, a derecha e izquierda. Esta organización espacial aparece en numerosos edificios del Bajo Imperio romano y se convierte en una característica de las salas de ceremonial en los palacios del ritual áulico en Bizancio.

Trilóbulo: dícese de un arco trebolado, formado por tres lóbulos o segmentos cóncavos.

Trompa: pequeña bóveda dispuesta en diagonal para atravesar un ángulo entrante. Las cuatro trompas de una cubierta en cúpula permiten pasar de la planta cuadrada de base al círculo sobre el que descansa la cúpula, mediante un octógono. El abovedado de las trompas atraviesa por tanto los ángulos mediante una estructura saliente, que puede ser en cascarón o presentar un cañón en plena cimbra o apuntado.

Tuluníes: dinastía fundada por Ahmed ibn Tulun, gobernador de Egipto, que se declara independiente de los Abasíes y toma el poder en Fostat en el 868. Reina en el valle del Nilo hasta el 905.

Visir: primer ministro de un soberano musulmán.

Viaje nocturno: visión por la cual el Profeta fue transportado «en espíritu» de La Meca a «la lejana mezquita» de Jerusalén, y después elevado al Cielo para contemplar allí la imagen divina. Es el *miradj*, mencionado de manera muy alusiva en el sura XVII, 1 del Corán. Este texto misterioso ha dado origen a toda una serie de comentarios teológicos.

Yathrib: nombre original de la ciudad en la que se refugia Mahoma, acompañado por sus fieles, tras la «expatriación» que constituye la hégira y marca el comienzo de la era islámica (622).

Ziríes: dinastía independiente que reina entre el 972 y 1152 en la Ifrigiyya. Se levanta contra los Fatimíes de El Cairo, y reconoce el califato de los Abasíes en 1041. Pero los califas alíes se vengan enviándole a los bárbaros saqueadores de la tribu de los Banu Hilal, que arrasan Túnez.

Ziyada: patio que rodea la mezquita aislándola del contexto urbano.

Bibliografía

Obras Generales

Atasoy, N.A. Bahnassi, M. Rogers: *El arte del Islam*, París, 1990.

Bammate, H.: *Aportaciones de los Musulmanes a la civilización*, Ginebra, 1962.

Cahen, C.: *El Islam desde sus orígenes hasta el comienzo del Imperio otomano*, en : Historia universal/14, París, 1970.

Corán, El, Traducción D. Masson, La Pléyade, París, 1967.

Corán, El, Traducción J. Berque, París, 1990.

Enciclopedia del Islam, 1a edición, Leyde, 1913-1938, 2a edición, Leyde, 1960, en curso.

Ettinghausen, R. y O. Grabar: *El arte y la arquitectura del Islam*, 650-1250, Harmondsworth, 1987.

Grabar, O. y D. Hill: *La arquitectura islámica y su decoración A.D. 800-1500*, Londres, 1964.

Hoag, J.D.: *Arquitectura islámica*, Milán, 1978.

Jazari, Ismail ibn al-Razzaz: *El libro del conocimiento de los ingeniosos mecanismos*, Dordrecht/Boston, 1974.

Papadopoulo, A.: *El Islam y el arte musulmán*, París, 1976.

Renz, A.: *Geschichte und Stätten des Islam, von Spanien bis Indien*, Munich, 1977.

Sourdel, D. y J. Sourdel-Thomine: *La civilización del Islam clásico*, París, 1968.

Stierlin, H.: *La arquitectura del Islam, desde el Atlántico hasta el Ganges*, Friburgo, 1979.

Stierlin, H.: *La arquitectura islámica*, «¿Qué sé yo ?» París, 1993.

Vogt-Göknil, U.: *Mezquitas, grandes corrientes de la arquitectura islámica*, París, 1975.

Viajeros árabes, Traducción P. Charles-Dominique, La Pléyade, París, 1995.

Los Orígenes

Alföldi, A.: *Die Ausgestaltung des monarchischen Zeremoniells am römischen Kaiserhofe*, en: Mitteilungen des Deutschen Archäologischen Instituts, Römische Abteilung, 50, 1935.

Aufstieg und Niedergang der Römischen Welt (ANRW), obra colectiva, Berlín, 1975-1978.

Constantino VII Porfirogeneta: *El libro de las ceremonias*, Texto de A. Vogt, 4 vol., París, 1935.

Gaudefroy-Demombynes, M.: *Mahoma*, París, 1957.

Goodenough, E.R.: *Símbolos judíos en la época grecorromana*, Vol. 9, 10, 11, Simbolismo en la Sinagoga de Dura, Bollingen Series, XXXVII, Nueva York, 1964.

Herzfeld, E.: *Der Thron des Khosro*, en: Jahrbuch der Preussischen Kunstsammlungen, 41, Berlín, 1920.

Kraeling, C.: *La sinagoga: excavaciones en Dura Europos*, Final Rapport VIII, Part I, New Haven, 1956.

Lambert, E.: *La sinagoga de Dura Europos y los orígenes de la mezquita*, en: Semitica, III, 1950.

L'Orange, H.P.: *Estudios sobre la iconografía del reino cósmico en el mundo antiguo*, Oslo, 1953.

Pirenne, J.: *La Arabia pre-islámica*, en: Enciclopedia de la Pléyade, Historia del Arte, El mundo no cristiano, París, 1961.

Rathjens, C. y H. von Wissmann: *Vorislamische Altertümer*, Hamburgo, 1932.

Smith, E.B.: *Simbolismo arquitectónico de la Roma imperial y de la Edad Media*, Princeton, 1956.

Smith, E.B.: *La cúpula, un estudio de la historia de las ideas*, Princeton, 1960.

Stierlin, H.: *Ciudades del desierto, Petra, Palmira, Hatra*, París, 1987.

Stratos, A.N.: *Estudios sobre la historia de la política bizantina del siglo VII*, Londres, 1971.

Stratos, A.N.: *Bizancio en el siglo VII*, Tomo I: *El emperador Heraclio y la expansión árabe*, Tomo II : *Los primeros Heráclides y la lucha contra los Árabes*, Lausana, 1980-1985.

Omeyas y Abasíes

Bell, G.M.L.: *Palacio y mezquita en Ukhaidir, un estudio sobre la arquitectura de los primeros musulmanes*, Londres, 1911.

Crespi, G.: *La Europa musulmana*, La Pierre-qui-Vire, 1982.

Creswell, K,A,C.: *Arquitectura de los primeros musulmanes*, Oxford, 1932-1940.

Creswell, K.A.C.: *Un pequeño informe de la arquitectura de los primeros musulmanes*, Londres, 1958.

Duncan, A.: *El santuario noble*, Londres, 1972.

Ecochard, M.: *Filiación de los monumentos griegos, bizantinos e islámicos*, París, 1977.

Gabrieli, F. y otros: *El califato de Bagdad, la civilización abasí*, Lausana, 1988.

Golvin, L.: *Ensayo sobre la arquitectura religiosa musulmana*, 3 vol., París, 1970-1973.

Herzfeld, E.: *Geschichte der Stadt Samarra*, Hamburgo, 1943.

Sauvaget, J.: *Castillos omeyas de Siria*, en: Revista de estudios islámicos, XXXIX, 1967.

Sauvaget, J.: *La mezquita omeya de Medina*, París, 1947.

Siria, memoria y civilización, Catálogo IMA, París, 1993.

Egipto

Brandenburg, D.: *Islamische Baukunst in Ägypten*, Berlín, 1966.

Canard, M.: *El ceremonial fatimí y el ceremonial bizantino*, en: Bizancio, No 21, 1951.

Creswell, K.A.C.: *La arquitectura musulmana en Egipto*, 2 vol., Oxford, 1959-1960.

Hautecoeur, L. y G. Wiet: *Las mezquitas de El Cairo*, París, 1932.

Raymond, A.: *El Cairo*, París, 1993.

Volkoff, O.V.: *1000 Jahre Kairo, Die Geschichte einer verzaubernden Stadt*, Mayence, 1984.

España y el Magreb

Al-Andalus, las artes islámicas en España, Catálogo MET, Madrid, 1992.

Aziz, P.: *La civilización hispano--morisca*, Génova, 1977.

Glick, T.F.: *La España islámica y cristiana en la Alta Edad Media*, Princeton, 1979.

Golvin, L. y D. Hill: *La arquitectura islámica en el Norte de África, un esbozo general fotográfico*, Londres, 1976.

Lévi-Provençal, E.: *La civilización árabe en España*, El Cairo, 1938.

Lézine, A.: *La arquitectura de la Ifrigiyya, investigaciones sobre los monumentos aglabíes*, París, 1966.

Marçais, G.: *La arquitectura musulmana de Occidente*, París, 1954.

Sánchez Albornoz, C.: *La España musulmana*, Traducción de textos árabes por C. Faraggi, París, 1985.

Staacke, U.: *Un palacio normando en Palermo, La Ziza, La cultura musulmana en los edificios de los reyes*, Palermo, 1991.

Stierlin, H.: *El desarrollo de España*, París, 1990.

Terrasse, H.: *La mezquita Al-Qarauiyn en Fez*, París, 1968.

Torres-Balbas, L.: *La mezquita de Córdoba y las ruinas de Medina Azahara*, Madrid, 1952.

Índice de Monumentos

Índice Onomástico

Agradecimientos y Créditos

Para las fotos que no han sido hechas por Anne y Henri Stierlin, las Ediciones Benedikt Taschen expresan su agradecimiento:
Páginas 94/95: Dibujo de Francesco Corni/Bell´ Europan n. 15, 7/94.
Página 9: Abdelaziz Frikha, Túnez.
Páginas 24, 35, 126, 132, a la derecha: Georg Gerster, Zumikon.
Página 195: Chris Lignon/Fundación ONA, Casablanca.
Páginas 189, 910 arriba a la derecha, 191, 192, 193: Roland y Sabrina Michaud/Rapho, París.
Página 46: Mohammed al-Rumi, Damasco.
Los grabados de Louis Mayer, que datan de 1802, y que figuran en las páginas 138, 143 arriba, 159 y 206, y los alzados de las páginas 99 y 110 a la derecha, extraídos del «Essai sur l'Architecture des Arabes et des Mores en Espagne, Sicile et Barbarie», por Girault de Prangey, 1841, han sido fotografiados con la amable autorización de la dirección de la Biblioteca cantonal y universitaria, Dorigny, Lausana. Deseamos agradecer especialmente a Alberto Berengo Gardin la realización de las plantas de las páginas: 19, 26, 28, 29, 30, 34, 39, 50, 59, 66, 71, 74, 77, 78, 81, 96, 98, 106, 118, 119, 127, 130, 132, 135, 142, 144, 153, 163, 174, 178, 183, 188, 193, 196, 198, 208, 214, 218, 221.